# MONGE URBANO

# Pedram Shojai

# MONGE URBANO

## COMO PARAR O TEMPO E ENCONTRAR SUCESSO, FELICIDADE E PAZ

Tradução de Clovis Marques

BICICLETA AMARELA
ROCCO

Título original
THE URBAN MONK
Eastern Wisdom and Modern Hacks to Stop Time and Find Success, Happiness, and Peace

Copyright © 2016 by Pedram Shojai, OMD

Todos os direitos reservados.
Nenhuma parte desta obra pode ser reproduzida ou transmitida por qualquer forma ou meio eletrônico ou mecânico, inclusive fotocópia, gravação ou sistema de armazenagem e recuperação de informação, sem a permissão escrita do editor.

Este livro se propõe a ser somente uma obra de referência e não um manual médico. As informações contidas aqui objetivam ajudar você a tomar decisões fundamentadas em relação à sua saúde. A intenção não é a de substituir nenhum tratamento que possa ter sido prescrito por seu médico. Se você desconfia de que tem um problema de saúde, recomendamos que busque assistência médica qualificada.

A menção de empresas, organizações e autoridades específicas
neste livro não sugere seu endosso a esta obra, ao autor nem à editora.

Layout e foto: ISABEL W. DE NONNO

BICICLETA AMARELA
O selo de bem-estar da Editora Rocco Ltda.

Direitos para a língua portuguesa reservados
com exclusividade para o Brasil à
EDITORA ROCCO LTDA.
Av. Presidente Wilson, 231 – 8º andar
20030-021 – Rio de Janeiro – RJ
Tel.: (21) 3525-2000 – Fax: (21) 3525-2001
rocco@rocco.com.br
www.rocco.com.br

*Printed in Brazil*/Impresso no Brasil

coordenação da edição
BRUNO FIUZA

preparação de originais
SOFIA SOTER

CIP-Brasil. Catalogação na fonte.
Sindicato Nacional dos Editores de Livros, RJ.

| | |
|---|---|
| S56m | Shojai, Pedram |
| | Monge Urbano: como parar o tempo e encontrar sucesso, felicidade e paz / Pedram Shojai; tradução de Clovis Marques. – 1ª ed. – Rio de Janeiro: Bicicleta Amarela, 2017. |
| | Tradução de: The Urban Monk: eastern wisdom and modern hacks to stop time and find success, happiness, and peace. |
| | ISBN 978-85-686-9644-6 (brochura) |
| | ISBN 978-85-686-9645-3 (e-book) |
| | 1. Espiritualidade. 2. Técnicas de autoajuda. I. Marques, Clovis. II. Título. |
| 16-38751 | CDD–248 |
| | CDU–2-584 |

*À visão de um futuro de paz, sustentabilidade e abundância
para os filhos de nossos filhos. Que possamos agir, evoluir e concretizar este
projeto, pelo futuro de todas as formas de vida.*

# SUMÁRIO

**INTRODUÇÃO** ............................................................... 9

**CAPÍTULO 1**
Estresse: Como me desviar das balas? ................................ 15

**CAPÍTULO 2**
Beber do infinito: A arte de dominar o tempo ..................... 43

**CAPÍTULO 3**
Energia: Por que estou sempre tão cansado? ...................... 65

**CAPÍTULO 4**
Onde foi parar o sono? ...................................................... 91

**CAPÍTULO 5**
Estilo de vida estagnado .................................................. 117

**CAPÍTULO 6**
Ganho de peso e autoimagem negativa ............................ 141

**CAPÍTULO 7**
Sem conexão com a natureza e as coisas reais ................. 165

**CAPÍTULO 8**
Cercado de gente, mas solitário ....................................... 189

**CAPÍTULO 9**
Sempre faltando dinheiro ................................................ 213

**CAPÍTULO 10**
Viver a vida com um propósito ........................................ 239

**PRÓXIMOS PASSOS** ..................................................... 263

**RECURSOS** .................................................................. 267

**AGRADECIMENTOS** ..................................................... 287

# INTRODUÇÃO

Alguma vez você já sentiu culpa por deixar de ir à academia?

Por perder uma aula de ioga?

Aprendeu a meditar em dado momento, para depois largar?

Lamenta não ter horas de boa convivência com os filhos, o cônjuge, os amigos ou os pais idosos?

Tem na mesinha de cabeceira uma pilha de livros na qual bate os olhos toda noite, perguntando-se quando vai conseguir lê-los?

Alguma vez voltou das férias sentindo-se esgotado e menos disposto do que antes da viagem?

Está estressado, cansado ou simplesmente entediado com sua rotina?

Bem-vindo ao mundo moderno.

Nem sempre as coisas foram assim. Nossos antepassados dispunham de mais tempo para viver. Tinham mais espaço. Deslocavam-se caminhando e respiravam ar fresco. Passavam tempo preparando refeições e desfrutando delas com os entes queridos, e tinham mais contato com a natureza e os elementos. A vida era menos estressante, menos ocupada. Estávamos cercados pela família e pertencíamos a uma tribo.

Hoje, temos contas a pagar. Temos milhões de fragmentos de informação a nos bombardear a cada minuto. Notícias a respeito de militantes que querem nos matar muitas vezes são apresentadas ao lado de dados sobre crescente incidência de câncer e crise econômica. Nossos filhos são assediados por interesses econômicos e as calotas polares estão derretendo. Tudo custa dinheiro demais, e nos vemos correndo feito loucos para tentar manter o circo funcionando.

E para quê?

A crise do indivíduo urbano moderno é que precisamos nos desviar o tempo todo de balas zunindo ao nosso redor, e não estamos preparados para enfrentar a situação. Andamos estressados, cansados, sem energia e perdidos. Alguns de nós entramos na onda de que os antigos segredos do

Oriente seriam a resposta para nossos problemas. A partir do momento em que os Beatles trouxeram o Maharishi para o Ocidente e começaram a surgir gurus vindos da Ásia, achamos que a ioga, a meditação, o jejum, o tai chi e as práticas zen nos salvariam. Agora, no meio de uma tempestade, esquecemos de recorrer a essas práticas num momento de necessidade.

Outros se aferraram à religião, tentando manter-se ativos na igreja. No caso de alguns, ajudou, mas no de muitos outros o que há é desilusão e decepção. Muitas das antigas instituições não se adaptaram aos novos tempos com a necessária rapidez, e as pessoas sentem que elas perderam a sintonia e não entendem nossos problemas.

Lemos que é bom exercitar-se, e então fomos para a academia. Nos obrigamos a suportar ar abafado e fedido e multidões se admirando no espelho – eca. Sabemos que temos de nos manter em movimento, mas o simples fato de ir até lá é uma verdadeira luta para a maioria de nós. Movimento? Mas como assim? Quase todos nós passamos mais de uma hora por dia indo para o trabalho e algo em torno de oito horas sentados no escritório. Ao voltar para casa, estamos de mau humor, com fome e sem saco para nada.

Se tudo isso lhe diz alguma coisa, você certamente está no lugar certo. Este livro foi escrito especificamente tendo você em mente. Por quê? Porque eu viajei pelo mundo aprendendo com mestres espirituais, e aprendi técnicas de cura com pessoas muito sérias. Meu treinamento era para me ajudar a trazer equilíbrio e paz ao mundo do qual eu vinha. Quando voltei do Himalaia, não demorei para me dar conta de que meus pacientes, pessoas comuns trabalhando em Los Angeles, não fariam o que eu fiz. Não fariam retiros de um mês inteiro para meditar, não praticariam *qigong* várias horas por dia nem sairiam caminhando sem rumo. Certamente não se tornariam monges. Não tinham como raspar a cabeça e galgar montanhas sagradas para encontrar Deus. Tinham filhos, contas a pagar, cães e muitos problemas para enfrentar na vida cotidiana, exatamente onde precisavam de ajuda. Precisavam de soluções aqui embaixo mesmo.

Passei toda a minha carreira empenhado em trazer a antiga sabedoria do Oriente ao nível da terra para pessoas comuns aqui em nossas cidades, e este livro é produto de milhares de encontros bem-sucedidos com pacientes na minha clínica. O que pude perceber ao longo dos anos foi que existe um terrível mal-entendido no Ocidente, que leva ao sofrimento de milhões de pessoas.

O problema é que as práticas esotéricas trazidas da China, do Tibete e da Índia eram quase sempre derivadas de tradições ascéticas, mas estavam sendo praticadas por chefes de família aqui no Ocidente.

O asceta é alguém que renunciou ao mundo. Abriu mão de dinheiro, sexo, família e outras atividades mundanas, em busca de uma conexão mais profunda com Deus, o Tao, sua natureza búdica ou seja qual for a tradição escolhida. Leva uma vida de austeridade em meio a práticas muito específicas, que o mantém ocupado durante horas diariamente, ano após ano. É o caminho que escolheu, e que, francamente, funciona para ele.

E quanto a nós? Bem, nós sentimos culpa por perder a aula de ioga porque o jogo de futebol do nosso filho foi além da hora. Comprometemo-nos a meditar à noite, mas ficamos batendo cabeça de sono porque tivemos de destrinchar planilhas eletrônicas no escritório o dia inteiro. Tentamos ingerir alimentos saudáveis, mas comida de aeroporto não é exatamente o que os monges mastigam. Tentamos extrair o melhor possível das vidas enlouquecidas que levamos, mas existe uma falha essencial nessa interface. Os ascetas renunciaram ao mundo. Mas nós temos hipotecas, aluguéis, mensalidades escolares e carros a serem abastecidos. Precisamos de princípios diferentes que nos ajudem a navegar num mundo com dinheiro, estresse, tempo apertado e muita gente disputando nossa atenção. O mundo em que vivemos não é muito tranquilo e raramente se mostra pacífico. Como é então que vamos encontrar serenidade e manter a coisa toda de pé exatamente aqui onde vivemos?

## ENTRA EM CENA O MONGE URBANO

Este livro está cheio de práticas valiosas que você pode usar na vida cotidiana, aqui e agora, para encontrar paz e ter mais energia. Em vez de ficar furioso com a senhora à sua frente no caixa do supermercado, que não consegue encontrar a moedinha do troco, você poderia agradecer-lhe, pois ela acaba de lhe proporcionar um inestimável presente: tempo. Você agora dispõe de cinco minutos para praticar a respiração consciente e acessar a fonte inesgotável de energia e paz que é seu direito inalienável.

Eu trabalhava como residente de Medicina na Universidade da Califórnia em Los Angeles quando descobri o tai chi. Em seguida, conheci um abade taoista que me ensinou kung fu e *qigong*. Tornei-me monge taoista e viajei pelo mundo, visitando muitos mestres, e desde então estudo práticas esotéricas. Mas fui criado em Los Angeles. Tive amigos normais e estudei em escolas normais. Frequentei festas com estrelas de rock e estive em choupanas na Amazônia. Tornei-me doutor em Medicina Oriental e atendi milhares de pacientes, o que me ajudou a entender o sofrimento humano. Não de um jeito esotérico e abstrato, mas na realidade concreta. Durante anos ajudei pessoas normais a enfrentar crises na vida real. Divórcios acontecem. As pessoas morrem. Os filhos se envolvem com drogas. Os casais podem ter problemas para engravidar. É a vida normal nas nossas cidades, exatamente onde precisamos de ajuda. Esqueçamos por um momento os elevados ensinamentos espirituais para botar os pés na terra. Uma vez que tenhamos conseguido organizar essa meleca toda em casa, aí sim, teremos um incrível reino de misticismo a explorar, mas vamos começar onde estamos... onde sofremos.

Eu tenho mulher e filhos. Sou um chefe de família. Tenho cães e uma hipoteca. Entendo onde você está. Fundei a Well.org, faço filmes, televisão e tenho uma empresa grande que me solicita o tempo todo. Sei que a folha de pagamento está sempre rondando e que não param de chegar contas e impostos. Faz parte do jogo. Um chefe de família gera empregos e tem a responsabilidade de cuidar de muitas pessoas no seu universo. Um chefe de família faz as coisas acontecerem mês após mês e não foge da raia quando o negócio fica difícil. Um chefe de família precisa primeiro aprender a sobreviver, para depois prosperar.

Vamos então arregaçar as mangas e passar ao que interessa. Eu me considero um Monge Urbano, e o convido a fazer o mesmo no fim deste livro. Por quê? Porque o mundo precisa que você ocupe seu terreno e viva a vida plenamente. Nossos filhos precisam que você ajude a proteger o meio ambiente e faça escolhas mais acertadas na hora das compras. Sua família precisa que você seja mais consciente, presente e amoroso quando estiver com ela. Sua empresa precisa que você interfira no sentido de trazer mais abundância para o seu mundo. E, sobretudo, você precisa ter você mesmo de volta.

Vamos aprender a abrir nossos caminhos e ser as pessoas que estamos destinados a ser exatamente aqui em nossa casa, nosso escritório e até durante as longas horas de trajeto para o trabalho.

O livro se estrutura em dez capítulos, cada um deles discutindo uma questão importante em nossa vida no mundo moderno: estresse, escassez de tempo, falta de energia, questões ligadas ao sono, estilo de vida estagnado, dietas nocivas, desconexão com a natureza, solidão, questões de dinheiro e falta de sentido e propósito. Começamos cada capítulo com um pequeno relato a respeito de um paciente. Esses contatos se deram no contexto das milhares de interações que tive regularmente com pessoas ao longo dos anos, como médico e sacerdote. Os nomes foram alterados e as histórias, modificadas, para proteger as identidades; algumas foram ligeiramente combinadas e adequadas, mas todas remetem a contatos e recomendações reais dadas a pessoas de verdade ao longo dos anos. Passamos então à primeira seção, intitulada "O Problema", na qual ajudo a analisar a questão em pauta e a examino com você sob uma nova perspectiva. Isto nos encaminha à seção seguinte, "Sabedoria do Monge Urbano", inspirada na filosofia esotérica do Oriente e de culturas xamânicas, proporcionando-nos uma outra maneira de encarar os problemas e encontrar uma saída. Entramos então nas soluções. Primeiramente, vêm as "Práticas Orientais", provenientes de antigas sabedorias e tradições mais antigas – práticas consagradas que são simples, refinadas e de comprovada eficácia ao longo dos milênios. Seguem-se as "Ferramentas Modernas", exercícios práticos, aplicativos e outras técnicas que considero eficientes para os problemas contemporâneos que enfrentamos. Cada capítulo é encerrado com outro caso concreto que fecha a história inicial com uma resolução. No fim, fornecerei algumas receitas e um plano de ação que transformará radicalmente sua vida para melhor. A prática chama-se Gong, e a tenho ensinado aos meus alunos há anos. Trata-se de uma prática de finalidade específica que você escolhe (com base nos princípios e lições deste livro) e que lhe fornece um plano, um mapa do caminho e um contexto para o sucesso. Com este modelo, ajudei milhares de pessoas como você, e tenho certeza de que o ajudará também.

Você pode escolher por onde começar, mas recomendo uma leitura do livro inteiro, pois provavelmente você pensará em muitas pessoas que estão na sua vida e poderá identificar-se melhor com elas quando se der conta de que também enfrentam dificuldades. Quando estiver preparado para saltar no seu primeiro Gong, você vai querer se remeter às práticas deste livro por anos e anos.

Desfrute do livro e faça anotações. Tome notas nas margens e deixe que ele o ajude a pensar nos aspectos de sua vida onde há energia parada. Ele lhe ensinará a aproveitar a viagem e encontrar no caminho o seu poder pessoal.

Estou feliz por encontrá-lo aqui.

CAPÍTULO 1

# Estresse: Como me desviar das balas?

Robert é da velha-guarda. Foi criado numa época em que um rapaz tinha três possibilidades na vida: ser médico, advogado ou engenheiro. Estudou direito sabendo que teria um emprego estável e seguro. Muitas horas de estudo sério, prova na ordem dos advogados, 70 horas de trabalho por semana, muito café e o trato com gente difícil foram os obstáculos necessários em seu caminho para o sucesso. Ele lutou muito para ascender na escala e hoje é sócio-júnior numa empresa bem boa. Os dias continuam muito longos, e o estresse chega a ser ridículo. E ele com certeza está mais careca.

Sua mulher deixou de trabalhar depois do nascimento do segundo filho, de modo que hoje ele carrega sozinho o fardo financeiro da família.

Ele mora numa casa muito agradável num bairro bom. Eles têm uma piscina e uma banheira de hidromassagem na qual ele não entra desde o ano passado. O casal aluga uma casa de veraneio que é motivo de estresse: "temos que ir!". Os preços dos planos de saúde sobem anualmente e o filho menor tem asma e algumas alergias alimentares bem estranhas – e tudo isto custa dinheiro e tempo, gerando mais desafios em casa. Mesmo com a ajuda de uma babá em meio expediente, parece que eles não conseguem dormir direito, e as últimas férias em Maui geraram mais problemas que descanso. Ele voltou exausto e desanimado.

A vida de Robert é puro estresse. Embora tenha um teto, carros e muita comida, bem lá no fundo ele vive aterrorizado. Sabe que não pode manter esse ritmo. Tem a sensação de que um dia vai cair duro, mas não pode. Afinal, todos ali dependem dele. Ele toma café, frequenta a academia, ingere alguns complexos vitamínicos e de vez em quando curte uma massagem, mas enquanto isso sua mente está cheia das pressões para manter a coisa toda funcionando.

Um bom advogado precisa ter um Lexus.

Os bons pais mandam os filhos para escolas particulares.

Ginástica e aulas de piano são obrigatórias.

Os outros pais estão mandando os filhos para o acampamento de verão da moda. Claro que nós também vamos...

A alegria já era. O estresse faz sentir seu peso, e ele está constantemente tentando manter a cabeça erguida. Seu pai lhe ensinou que "homens de verdade" nunca desistem; entram na boa luta pela família e nunca demonstram fraqueza. Ele assiste ao noticiário da manhã enquanto come cereal com os filhos. Sente-se um pai ausente que não os viu crescer, e o lamenta. Robert sente que a fraqueza ganha terreno, e morre de medo de perder a batalha. Afinal, com todos esses gastos, eles mal têm dinheiro guardado, e se ele parar de trabalhar a família toda estaria em dificuldades em questão de poucos meses. O seguro de vida vai desembolsar uma quantia decente se ele bater as botas, e uma ou duas vezes ele já pensou a respeito, o que o deixou apavorado.

Robert se sente imobilizado. Falta adrenalina, e não parece haver luz no fim do túnel. Ele não enxerga a luz no fim do túnel, e a cada dia uma espécie de desespero mudo vai aumentando nos recantos sombrios da sua psique – uma ameaça à própria sobrevivência da família. Robert continua lutando, mas o médico já advertiu que a pressão está alta demais. Há muita coisa em questão, e os fatores se agravam. O que ele pode fazer?

## O PROBLEMA

De certa maneira, todos enfrentamos o problema de Robert. Nosso corpo se desenvolveu e evoluiu ao longo de milhões de anos em reação a fatores previsíveis de pressão no ambiente. "Luta ou fuga", a reação de estresse agudo, é um sistema maravilhoso que nos ajudou a sobreviver em um mundo perigoso, cheio de predadores e marcado pela escassez. Ele evoluiu para nos ajudar a escapar de situações em que nossa vida está em risco, otimizando nosso metabolismo para entrar em modo de crise. Quando corremos perigo, os níveis de cortisol e/ou adrenalina disparam para ajudar a desviar fluxo sanguíneo para os grandes músculos que nos ajudarão a lutar contra um adversário ou fugir de um predador. São hormônios de estresse que exercem controle sobre vários sistemas do nosso corpo, e as menores flutuações em seus níveis afetam o corpo inteiro. Eles atuam em conjunção com um refinado mecanismo de comutação no sistema nervoso. Nosso sistema nervoso simpático mobiliza as reações de estresse agudo e rapidamente ajuda a direcionar a energia para onde é necessária em momentos de crise. O lado oposto desse interruptor é o sistema nervoso parassimpático, que pode ser considerado nosso modo de descanso, no qual o corpo é capaz de curar, decompor os alimentos e promover a desintoxicação e a excreção. Em momentos de perigo, o corpo é capaz de refinadamente drenar o fluxo sanguíneo dos órgãos internos, do sistema imunológico e de partes do cérebro associadas à alta cognição e encaminhá-lo para o quadríceps, para que possamos correr feito loucos se necessário. É maravilhoso quando tudo está dando errado, mas vamos investigar a vida de Robert e ver por que é uma má notícia para um advogado moderno.

O estresse de Robert não decorre de um incidente crítico. Claro que às vezes o carro na pista ao lado desvia abruptamente e faz o seu batimento cardíaco (e o dedo médio) subir, mas não é isso que o está matando. É o estresse crônico. O antílope africano não fica pensando na probabilidade de um ataque de um leão. Ele come, anda por aí, faz muito sexo e, quando surge uma ameaça, sai correndo. Se sobrevive, deixa para lá e volta ao que interessa. Mas nós, não. Ficamos repetindo o acontecimento mentalmente, passamos a associá-lo a emoções e o visualizamos ocorrendo de diferentes maneiras; não o deixamos mais de lado. O antílope foi em frente, mas nós continuamos falando a respeito na terapia, ou, pior ainda, reprimindo. Não entramos no modo de descanso o suficiente para equilibrar esses sistemas, e assim ficamos tensos.

*O estresse crônico mata.*

Robert tem pequenos momentos de "vida ou morte" toda vez que um cliente ameaça cancelar ou um juiz abre um processo. Outro dia, sua mulher chegou em casa com uma bolsa da moda, e seu estômago revirou. "Quanto custou?"

Esses fatores modernos de estresse podem ser considerados uma morte lenta. Nosso conceito abstrato de dinheiro ou moeda está ligado à própria sobrevivência, ativando os mesmos circuitos. Mexe com a gente e nos deixa estressados. O orçamento está apertado, e no fundo isso significa algo que o nosso corpo entende de maneira visceral. A liberação de níveis baixos de cortisol num período prolongado tem terríveis consequências para o corpo. Podemos dizer que o sistema nervoso simpático de Robert vive em marcha acelerada, tendo esquecido como é desligar um pouco e relaxar. Com a constante interrupção do fluxo sanguíneo para os sistemas vitais, eis alguns dos efeitos colaterais adversos.

## Menor quantidade de energia para o sistema imunológico

Um corpo sob constante estresse é como um país em guerra, no qual todo o dinheiro, as tropas e os recursos são enviados às linhas de frente (reação de estresse agudo). Quem fica na retaguarda para policiar as ruas? Como enfrentar gangues locais e células terroristas? Não é possível. Elas se infiltram, assumem o controle e se manifestam como doença. Quando você finalmente convoca as tropas de volta da linha de frente, o mal já foi feito e será necessário despender muito mais energia para repará-lo.

Não é um problema de projeto. O sistema imunológico humano é incrível. É um universo complexo que nos ajuda a reconhecer objetos que não pertencem ao nosso corpo, para nos livrarmos deles. Quando as coisas vão bem, é maravilhoso observar a precisão e a eficácia do nosso sistema imunológico. Mas no mundo moderno a maioria das pessoas sofre das consequências de uma imunidade comprometida. O Centro de Controle e Prevenção de Doenças dos EUA (Centers for Disease Control and Prevention, CDC) considera que o estresse é a causa de 90% das doenças crônicas. É um número enorme. Robert acabará pegando uma doença crônica bem desagradável com o constante enfraquecimento do seu sistema. É apenas uma questão de tempo.

O problema é a vida de Robert.

Diariamente, mesmo que involuntariamente, ele faz coisas que drenam recursos do seu sistema imunológico, tornando mais difícil para o corpo manter o equilíbrio. Passado algum tempo, as coisas acabarão se rompendo e ele adoecerá.

## Bloqueio da energia para o sistema digestivo e os órgãos internos

Quando o corpo recebe um sinal dizendo que um leão se aproxima, drena sangue das vísceras (os órgãos internos) e o conduz aos músculos que devem ajudar-nos a sobreviver ao "ataque". Quando isso acontece, os órgãos são castigados. O fluxo sanguíneo para os órgãos é diminuído à medida que é desviado para os grandes músculos de fuga. Isso corta a energia e os nutrientes levados aos órgãos vitais. Pense em termos de economia de guerra. Não sobra dinheiro para os livros escolares, o conserto das calçadas ou o auxílio-alimentação.

Quando a energia é regularmente desviada do trato digestivo, começamos a ter questões de absorção deficiente, carência de nutrientes, constipação ou intestino solto, indigestão, inchação, fadiga e eventualmente "síndrome" de impermeabilidade intestinal (que será explicada mais adiante no livro). O modo de descanso é quando nos curamos, mas o que acontece quando não nos permitimos chegar lá? Olhe ao seu redor. Existe uma indústria trilionária de planos de saúde que ganha dinheiro com doenças crônicas decorrentes de estilos de vida equivocados e do estresse descontrolado.

## Uma montanha-russa de açúcar no sangue

Quando aumentam os níveis de cortisol, acontece todo tipo de coisas. Como dissemos antes, o fluxo sanguíneo é direcionado para os músculos de fuga, mas também tem um impacto enorme na taxa de glicose no sangue.

*Cortisol é como um cartão de crédito.*

Numa situação de crise, o corpo precisa de energia imediatamente, de modo que o cortisol é como inserir um cartão para obter gratificação instantânea. Ele ajuda o corpo a drenar energia das reservas de glicogênio no fígado para nossas necessidades imediatas, o que tem algumas consequências sérias. Quando a taxa de glicose no sangue começa a aumentar, o pâncreas o percebe e libera insulina para se apropriar desse açúcar e levá-lo para as células. Tudo isso é muito bom, exceto quando as coisas começam a sair dos trilhos. Depois de anos nessa montanha-russa de energia do cortisol, o pico de insulina muitas vezes erra o alvo da liberação de açúcar (energia), o que por sua vez nos faz ficar com fome ou ter vontade de mais açúcar ou carboidratos para equilibrar as coisas. Isso pode se refletir em mau humor, irritabilidade, dores de cabeça e fadiga; muitas vezes leva-nos a beber café para sair de uma queda de energia. E quem sabe aquele bolinho não vai ajudar?... Vamos falar do papel da adrenalina nessa loucura mais adiante, no capítulo sobre o sono.

Muitas pessoas têm tantos altos e baixos por causa disso que já se sentem exaustas ao meio-dia da terça-feira, sonhando com o fim de semana.

## Devastação no sistema endócrino

Dezenas de atletas de elite confessaram secretamente no meu consultório que não conseguem mais ter ereções. O motivo muitas vezes é o cortisol. Esses atletas esgotam suas glândulas suprarrenais com um nível elevado de estresse crônico, que acaba drenando a testosterona, o estrogênio, o DHEA e várias outras reações hormonais. Roubar de Pedro para dar a Paulo parece ser o hábito na nossa era moderna, o que certamente se reflete no corpo. Hoje, homens como nosso amigo Robert tomam energia emprestada do dia de amanhã para chegar ao fim do dia de hoje, sem tomar conhecimento das taxas de juros nesse tipo de transação. É uma droga. Talvez dê para sustentar esse ritmo na faixa dos trinta, até que você se depara com um muro e seu corpo entra em greve. Uma vez privados dos hormônios, ganhamos peso, nos arrastamos exaustos e levamos prejuízo na cama... poxa, desculpe, só um minutinho...

Naturalmente, existem remédios que podemos tomar para todas essas questões, mas a causa frequentemente é uma economia energética equivocada, decorrente do nosso índice de consumo de adrenalina. Remédios muitas vezes têm efeitos colaterais, e o problema subjacente tende a persistir.

## Levando prejuízo no cérebro

A pior coisa que pode acontecer quando estamos cronicamente estressados provavelmente é o bloqueio do fluxo sanguíneo para o córtex pré-frontal. É a parte do cérebro que nos distingue dos macacos. Ajuda-nos no pensamento abstrato, na solução de problemas, na cognição mais elevada e nas altas considerações de ordem moral. É a parte do cérebro que ajuda na negação dos impulsos. Nas tradições antigas, é chamada de terceiro olho, devendo ser cultivada e valorizada. O problema é que o sistema de comutação do corpo sabe que essa parte do cérebro não é necessária para escalar uma árvore ante o ataque de um rinoceronte, de modo que desvia sangue

### JORNADAS PESSOAIS

Quando voltei do Himalaia, decidi enfrentar a questão da crise do sistema de saúde com minha exuberante energia e meu profundo senso do dever. Achava que poderia consertar de dentro um sistema defeituoso, e assim fundei um grupo de médicos que rapidamente estaria com três consultórios. Aparecíamos nos jornais por nossas inovações no terreno da medicina complementar e recebíamos belos elogios, mas eu sabia que era pura embromação. Basicamente, eu me formara em prevenção e previsão de doenças, e ali estava agora num modelo de ação no qual tinha de esperar que alguém desse defeito e apresentasse uma doença diagnosticável. Ficava tentando encontrar paliativos nesse sistema sem pé nem cabeça e constantemente tinha de enfrentar empresas de seguros que seguravam o dinheiro. O nível de estresse era impressionante, realmente testando minha capacidade de meditação.

Consegui sustentar aquilo durante anos, até que caiu a ficha: por melhor lutador que você seja, se ficar no ringue durante muito tempo, vai acabar sendo esmurrado. Foi quando me dei conta de que poderia fazer um trabalho muito melhor e mais significativo nos terrenos do bem-estar e da mídia. Saí da linha de mira das balas de estresse e minha vida ficou ótima. A lição? Às vezes precisamos pensar fora da caixa a que estamos presos para nos dar conta de que o estresse autoimposto pode ir-se com uma simples decisão.

e energia para o metencéfalo, que contribui para os comportamentos reflexivos imediatos. Mais uma vez, o impulso do corpo é "tire-me daqui ou destroce esse cara que está querendo tirar o que é meu".

Na improvável eventualidade de encontrar um leão em Chicago, pode ser de grande ajuda. Também ajuda a saltar para o meio-fio quando um táxi não nos vê atravessando a rua, mas o desvio crônico de energia para as reações de estresse agudo nos mantém reativos, desconfiados, menos empáticos e incapazes de tomar decisões ponderadas de longo prazo. O alto raciocínio moral é o que de fato nos tornou o que somos. Religião, ética, honra e autoconsciência derivam dessa boa matéria cinzenta, e nossa incapacidade de usá-la é uma tragédia. A maioria das pessoas leva a vida em "modo de sobrevivência" e sabe do que estou falando. Também é um dos motivos pelos quais tantas pessoas fazem coisas prejudiciais a si mesmas apesar de saberem o que estão fazendo. Sabemos que fumar não faz bem, mas muitos ainda assim fumam. Sabemos que torta engorda, mas comemos mesmo assim. Sabemos que é má ideia, mas ainda assim acabamos telefonando para quem nos deu um pé na bunda. Sem um amplo acesso ao córtex pré-frontal, deixamos de usar a parte do cérebro que nos capacita a reprimir impulsos prejudiciais ao corpo. Levando a vida em estresse crônico, ficamos sem acesso a essa área do cérebro, o que nos torna mais impulsivos e inconscientes.

## É a vitalidade que equilibra os danos

Em meu primeiro filme, falei do conceito de vitalidade, a energia vital que nutre os órgãos, energiza as células e abastece o cérebro. É a moeda corrente da vida, e também o campo de força que nos protege das doenças e dos efeitos danosos do estresse. Quando o estresse de Robert supera sua vitalidade, começam as dificuldades. Depois que o corpo passa do ponto crucial de sustentação da reação de estresse agudo, os problemas batem à porta, e não é nada bonito. Quando já gastamos as "economias" e nosso nível de energia cai a um nível em que o corpo não é mais capaz de equilibrar entradas e gastos, começamos a precisar sacrificar sistemas. É quando a coisa fica feia e acabamos sentados numa sala de espera, até que venha um jaleco branco jogar pílulas para nós. É quando entramos em pânico e tememos por nossa vida.

A mortalidade está sempre por perto, sempre nos lembrando que a sobrevivência não está tão longe assim. É algo que podemos usar em proveito próprio.

## SABEDORIA DO MONGE URBANO

Simplesmente sobreviver não basta. Nós queremos prosperar. O Monge Urbano pisa em bases sólidas e avança na plena consciência. Aprendemos a sair do modo de sobrevivência em direção à cobertura no arranha-céu que é o corpo humano. O que isso significa?

*Procure desenvolver seu córtex pré-frontal.*
*Fortaleça seu terceiro olho.*

Vários estudos demonstram que até novatos na meditação desenvolvem maior densidade nos neurônios corticais do córtex pré-frontal. Isso é ótimo: significa que ainda somos capazes de deliberar o desenvolvimento dessa parte do cérebro, que nos ajuda a manter a calma sob pressão e facilita a navegação por situações de estresse. O arco de desenvolvimento do pânico frenético à calma centrada é a jornada do Monge Urbano. Chegar lá é fundamental, e dançaremos em torno desse tema ao longo do livro, pois boa parte dos componentes básicos estão ligados a uma dieta pura, bons hábitos de sono, um pleno espectro de movimentação, momentos de sossego e uma disposição mental saudável.

### O mestre mantém a calma

O mundo enlouqueceu. Nossa vida nos empurra na direção do frenesi e do pânico. Se não segurarmos a onda, estamos perdidos. É importante viver no olho do furacão, onde as coisas são calmas e o caos não impera.

Boa parte da sabedoria dos antigos mosteiros foi preservada durante milênios em centros de excelência – templos, escolas, cavernas e academias isentos das instabilidades e oscilações do mundo exterior. Nossa tarefa consiste em trazer novamente essa paz a nossas cidades e dar o tom de uma vida equilibrada aqui e agora.

No Ocidente, deixamo-nos seduzir pelo falso pressuposto de que a meditação é algo que devemos fazer quando já estivermos estressados. É como dizer que você precisa alongar depois de distender um músculo. Claro que pode ajudar, mas já é um pouco tarde.

Aqui vai uma maneira de encarar a questão que pode ajudar:

A maioria das pessoas usa a meditação como um ícone na tela do computador. Quando estão estressadas, dão um duplo clique, inspiram e expiram algumas vezes, sentem-se um pouco melhor e voltam às doze janelas que têm abertas, mergulhando de novo no caos.

*Tente usar a meditação
como um sistema operacional.*

Isto significa escanear constantemente a consciência em busca de calma. Você percebe os pensamentos que o deixam reativo e inquieto, e aprende a deixá-los passar. Não permite que o derrubem do galho.

*A mente é reativa.*

Vivenciamos alguma coisa e em seguida ligamos essa vivência a uma lembrança de algo correlato no passado; se houver uma carga emocional não resolvida associada a essa lembrança, sentimos tudo novamente e começamos a ficar inquietos. Esse desconforto nos leva a roer as unhas, pegar um cigarro, mudar repentinamente de assunto ou qualquer outra coisa que costumamos fazer para evitar essa sensação ruim. O dia inteiro... é o que fazemos.

Aprender a sair da reatividade é o que importa. Isso significa viver sem paixão? Claro que não. Viva, ame, ria e aprenda – simplesmente não seja viciado em drama. Leve a vida com entusiasmo e propósito, e não seja manipulado pelo plano que outros têm para você. Você é que comanda. Melhor ainda, deixe o seu Eu Superior assumir o comando, enquanto você relaxa.

## O desejo é a causa do sofrimento

Buda tinha muito a dizer sobre isto, e olhe que não era de falar muito. Ele identificava a origem do sofrimento humano em duas coisas: aversões e anseios. Ou não gostamos de algo e da maneira como nos faz sentir, tratando de nos afastar, ou então gostamos e ansiamos por essa coisa, o que nos faz desejar sempre mais.

Passei boa parte da vida estudando o budismo e percorrendo o Himalaia, até voltar para casa e comandar meu próprio navio nos negócios. Enquanto me aprofundava no marketing e nos subsequentes anos de mergulho no desconhecido, eu ficava horrorizado com o conflito entre meus dois mundos. Como sacerdote taoista e estudante do budismo, eu estava voltado para o alívio do sofrimento humano; como dono de um negócio, era induzido a ver o desejo como minha arma mais forte na promoção de vendas. É uma indústria que se alimenta das fraquezas das pessoas. Você pode se transformar num parasita vivendo de fantasmas famintos, em vez de salvá-los. Claro que existem no sistema pessoas boas trabalhando e dando o melhor de si, mas o principal desafio está em simultaneamente coagir as pessoas e ajudá-las. Felizmente, encontrei um caminho saudável e tenho usado meu desejo de transformação para ajudar a despertar as pessoas, no sentido de ajudarem a si mesmas e ao mundo, mas aquele choque inicial foi difícil de superar.

E o que isso tem a ver com você? *Tudo*. Todo dia, o dia todo, somos bombardeados com publicidade. A coisa realmente se transformou numa batalha pelas mentes da humanidade. Do cartaz no ponto do ônibus à mensagem de spam que você recebe, as empresas disputam sua atenção e seu dinheiro o tempo todo. Estão em toda parte, e não desistem. Se baixar a guarda, você pode acabar pegando um terrível vírus mental (chamado meme).

## *Vírus mental?*

Exatamente, tipo "Preciso daquela caminhonete, pois macho que é macho dirige caminhonete".

Ou que tal "Preciso dessa bolsa porque Suzy está com uma bolsa nova incrível e todo mundo só olha para ela".

Ou então "Meus filhos têm de usar essa roupa de grife para os outros pais saberem que a gente é uma família de classe".

E a lista não tem fim. Corremos o dia inteiro de um lado para outro para ganhar dinheiro, para em seguida gastá-lo muitas vezes em porcarias de que não precisamos realmente, em função dos roteiros e "necessidades" entranhados na mente. Não demora, e estamos sem dinheiro e preocupados em chegar ao fim do mês. Lembra do Robert? Ele ganha muito dinheiro, mas ainda assim está duro. É o sistema em que vivemos. O dinheiro é vinculado à sobrevivência. Quando o tem, você fica preocupado em perdê-lo. E por mais que tenha, nunca é o bastante.

*Um Monge Urbano não se preocupa com status; logo, é livre.*

Seu senso de identidade se alicerça em sólidas bases internas. Ele cultiva a respiração e se abebera na ligação com todo o Universo. Não importam os elogios. O que o fortalece é a vida, a natureza, pois sua exuberância e seu entusiasmo emanam de dentro.

## Selecionar as informações

Não é por acaso que os mosteiros em geral estão encarapitados nas montanhas, longe da loucura do mundo. A expressão "somos o que comemos" também se aplica à informação que ingerimos. O noticiário diário nos convence de que o mundo é um lugar perigoso e de que precisamos ficar estressados. É uma excelente maneira de enlouquecer sua adrenalina e te levar para um consultório médico.

Acompanhar o circo de fofocas na vida cotidiana é um gerador de drama que polui a mente e nos priva de clareza. O Monge Urbano trata de se tornar seletivo quanto à informação que digere, voltando-se para conteúdos que enriqueçam sua experiência. Existem por aí professores, pessoas, livros e cursos incríveis com os quais podemos aprender. Se levarmos a sério a máxima de que "somos o que comemos", enxergamos por um novo filtro tudo que acolhemos na vida. Aprender, crescer, desenvolver-se e manter a calma – é esse o caminho a seguir.

Quer dizer que não devemos nos interessar pelas atualidades? Não. Diariamente eu percorro uma vez as manchetes do meu noticiário online, certificando-me de estar informado das coisas importantes que preciso saber. De vez em quando, detenho-me em algo interessante, mas *seleciono* a informação que chega a mim, com a ajuda da tecnologia. Ferramentas não faltam; eu uso Google Alerts. Seleciono cinco a dez temas que me interessa acompanhar, permitindo que só esse conteúdo chegue a mim. Desse modo, mantenho-me a par de informações relevantes. O mais recente escândalo público de uma celebridade bêbada não tem a menor relevância na minha vida e é um desperdício de espaço cerebral.

## Recalibrar o balde do estresse

Combates mortais já foram um estilo de vida. Os meninos tornavam-se homens enfrentando a morte – olhando-a bem nos olhos. As menininhas sabiam evitar predadores e serpentes venenosas. Leões podiam aparecer nas aldeias e havia bandidos por todo lado. A vida era muito mais perigosa, e a morte tinha uma cara diferente. Quando estava aprendendo a rastrear leões na África, eu já fizera dezenas de milhares de horas de treinamento de kung fu e estava acostumado a lutar e a pagar o preço de ficar em segundo lugar. Mas nem isso me preparou para a sensação de me ver diante de um leão selvagem em seu hábitat. Existe algo primevo na sensação de estar perto de um predador tão enorme e forte, um choque que nos joga de volta ao nosso corpo. Lembro-me de termos rastreado um leão macho por um vale e afinal nos aproximado tão perigosamente dele que estaríamos em maus lençóis se o vento tivesse mudado de direção e ele sentisse nosso cheiro. Quando me ocorreu que estávamos tão perto e que o leão poderia estar *em qualquer lugar* num raio de 15 metros, todos os pelos do meu corpo se arrepiaram e todas as células subitamente despertaram. *A morte está por perto. Acorde.*

Tenho a lembrança de me sentir transformado nesse dia, pois nenhuma das pequenas coisas importava mais. Estávamos vivos, o que era sensacional. Acho que é por isso que tantas pessoas praticam esportes radicais e fazem coisas perigosas – *para se lembrar de como é estar vibrantemente vivo*. Existe um sentimento especial do qual todos nos distanciamos, e é esta a tragédia do mundo moderno: não nos sentimos vivos. Quando passamos algum tempo sem calibrar ou recalibrar o balde do estresse, qualquer contrariedade pode marcar o limiar do que vai estressar e sobrecarregar nosso sistema nesse dia.

*Estamos jogando com a bola baixa,
o que é uma vergonha.*

Recalibrar o balde do estresse pode ser tão fácil quanto fazer todo dia algo que nos amedronte. Pode ser, por exemplo, finalmente convidar aquela colega para sair, viajar sozinho para o Peru, pular de um avião de paraquedas ou qualquer outra coisa que nos jogue para fora da monótona realidade que embota os sentidos. Nos velhos tempos, os monges tinham de se defender sozinhos dos animais selvagens, bandidos, soldados imperiais e quaisquer outras ameaças que aparecessem. Pensando bem, aos nossos antepassados não faltavam espírito pioneiro e perigos. Você e sua família estavam entregues à própria sorte, e sua sobrevivência estava nas próprias mãos. O médico mais próximo estava a dois dias de distância a cavalo, de modo que era melhor prestar bastante atenção ao atravessar o rio.

Assumir as rédeas da própria vida realmente ajuda na gestão do estresse. Se as pequenas coisas o estão puxando para baixo, passe a fazer coisas maiores. Mais adiante neste capítulo, abordaremos uma série de maneiras de fazê-lo. O principal é ganhar altura e olhar para trás, para achar graça das coisas que nos incomodavam. Não há nada melhor que se sentir vivo para zerar os níveis de estresse. Henry Ford disse certa vez: "Obstáculos são as coisas assustadoras que vemos quando tiramos os olhos da nossa meta."

## Aprender a ouvir

Milhões de fragmentos de informação passam pelo seu cérebro a cada segundo. Da posição dos pés ao vento que bate no rosto, tudo são dados que se refletem na mente como ruído. Há também um constante fluxo de recordações, traumas, emoções e dor que o cérebro constantemente tenta manter a certa distância. É mesmo uma barulheira. A maioria das pessoas percebe isso pela primeira vez quando tenta meditar e entra em pânico ao se dar conta de que... *o caos na verdade está dentro*. É a maldição e também a bênção da condição humana. Ao nos darmos conta de que a paz é um jogo interno, devemos aprender a acalmar a faladeira na cabeça. Aprendemos a ser menos reativos ao ruído e nos tornamos menos impulsivos. Com o aperfeiçoamento nesse sentido, aprendemos um dos maiores milagres da vida.

*O mundo exterior começa a mudar
quando mudamos nosso estado interior.*

Começamos a enxergar no mundo ao redor o reflexo da nossa recém-conquistada paz quando vêm as primeiras manifestações de um ciclo de realimentação ou *feedback*. O caos se ordena. O drama se dissolve. Pessoas mais legais aparecem no nosso caminho. As desagradáveis se afastam.

"O que está em cima é como o que está embaixo, o que está dentro é como o que está fora, o que está no universo é como o que está na alma..."

– HERMES TRISMEGISTO

O antigo axioma hermético resume tudo perfeitamente. Basicamente, nosso mundo externo é um reflexo do nosso mundo interno, e à medida que começarmos a encontrar a paz e a nos modificar, veremos essa mudança refletida no mundo ao redor. É o biofeedback original. Vamos explorar mais e dar uma olhada em alguns dos métodos para alcançá-lo.

## PRÁTICAS ORIENTAIS
### O sistema operacional do Monge Urbano

Aprender a sentar com serenidade é o modo de ser do Monge Urbano. Significa um estado não reativo no qual não negamos as sensações de desconforto que vão surgindo. Observamos nossos pensamentos à medida que se manifestam e se vão e aprendemos a não nos apegar a eles. Atribuir qualidades emocionais aos pensamentos que surgem é o modo de ser do sofrimento humano. Prender-se a lembranças do passado afasta do agora. O Monge Urbano aprende a observar passivamente os pensamentos e as emoções à medida que emergem e *os deixa estar*. À medida que nos aperfeiçoamos nesse sentido, começamos a perceber uma profunda sensação de paz e bem-estar na vida.

Como fazê-lo? Praticando. O Monge Urbano constantemente escaneia o corpo em busca de sentimentos e sensações. Ao identificar algum desconforto, respira nele. Procura perceber onde essa sensação se encontra em seu corpo e volta a luz da consciência nessa direção – e não na direção oposta, como de hábito em nossa cultura. Isso mantém nossa consciência no momento presente, conduzindo-nos à realidade de nossa situação. Nossa mente é tão incrível que tem uma capacidade extraordinária de flutuar para a abstração, distanciando-se do momento presente. O que é ótimo quando queremos pensar, sonhar acordados, criar ou vagar, mas quando estamos imersos nas atividades da vida cotidiana é melhor estar presente. O Monge Urbano está no quarto. Vivo, consciente e atento ao que faz no momento, lidando com sua tarefa com atenção e propósito. Em seguida, brinca como uma criança e relaxa profundamente.

Ao longo deste livro, serão propostas várias práticas para ajudá-lo a alcançar esse estado de espírito. Procure valer-se delas e encontrar o sentido de cada uma. Prontamente você terá uma noção desse estado de consciência. Despertará para uma potente versão de si mesmo que o ajudará a atravessar as teias de aranha dos maus hábitos em direção a um futuro radiante.

## Meditação para aliviar o estresse

Aprender a pôr um termo à loucura e acalmar a mente é o primeiro passo para o domínio da vida. Se as águas turbulentas do mar revolto da insanidade ficarem entregues a si mesmas, começamos a nos sentir mais ansiosos, irritadiços, desatentos e, de modo geral, esgotados. Acalmar o estresse recorrendo à respiração é fácil, mas requer prática.

*O Monge Urbano é alguém que se dispõe a agir.*

Crescer na meditação requer alguma prática e pode ser frustrante no início, mas, ultrapassado esse limiar, as recompensas são imensas e você colhe frutos pelo resto da vida. É um grande investimento.

O primeiro princípio a ser tratado aqui é a visão oriental da respiração. A respiração é portadora da força vital. É nossa ligação com a natureza essencial do Universo e nossa âncora no Grande Mistério. A expansão e contração do próprio Universo é espelhada na nossa respiração. Inspiração e expiração são ciclos da natureza circular da vida, e os momentos entre uma e outra são particularmente importantes. O alto da inspiração e a base da expiração, no exato momento em que estamos para trocar, é um grande momento para permanecer um pouco e prestar atenção.

Que fazemos, então, com isso? Vamos treiná-lo num exercício que vai permitir-lhe começar para valer e montar um contexto de constante exploração desse incrível Universo interior. Rapidamente ele vai equilibrar os hemisférios direito e esquerdo do seu cérebro e também as energias yin e yang.

Aqui está o exercício:

o Sente-se num lugar confortável, com a coluna ereta, e limite as causas de distração ao redor (o que significa deixar seu celular no modo avião).

o Estabeleça um tempo para a prática; cinco a dez minutos são um bom começo.

o Agora que o celular está desligado (para variar), acione o cronômetro para dar alerta no fim do período de prática. Assim, você pode relaxar na meditação sem se preocupar em perder a noção do tempo. É importante dar-se *autorização* para estar aqui sem a sensação de estar se atrasando para alguma coisa. Disponibilize o tempo e *o dedique* à prática.

Agora, a prática.

o Inspirando e expirando pelo nariz, direcione o ar para a parte inferior do abdômen, cerca de três dedos abaixo do umbigo. Isso será feito na maioria dos nossos exercícios.

o Repouse a mão esquerda no joelho esquerdo com a palma para cima e os dedos polegar e indicador se tocando.

o Com a mão direita, você vai alternar abertura e fechamento das narinas. Ponha o polegar na narina direita e fique com o anular a postos para pressionar a narina esquerda.

- Expire suave e completamente pela narina esquerda enquanto tampa a direita com o polegar, e em seguida inspire pela mesma narina (esquerda).

- Agora tampe a narina esquerda com o anular (sempre usando a mão direita ao longo do exercício) e expire pela narina direita plenamente, para em seguida inspirar novamente pela direita.

- Continue alternando e repetindo esta sequência até soar o alarme.

- Ao concluir, simplesmente expire pelo lado no qual estiver e em seguida respire normalmente umas duas vezes (sem uso da mão, por ambas as narinas). Inspire pelo nariz e expire pela boca para limpar os canais e volte sua atenção para o ambiente.

## Sacudindo a poeira

Limpar os canais do corpo e descarregar energia presa é o que interessa. Se observar o que um antílope faz depois de conseguir escapar de um predador, você verá que ele treme e se sacode por um ou dois segundos. É o sistema nervoso descarregando a energia (e os hormônios) do estresse causado naquele momento, para zerar seus circuitos e voltar ao modo de repouso. Mas nós, que fazemos? Levamos flechadas o dia inteiro, vemos um pouco de televisão e vamos para a cama ligadões e estressados, e depois não entendemos por que não conseguimos dormir. A estagnação emocional e mental nos joga para baixo. Este exercício vai levantar um pouco de poeira, e se você respirar profundamente durante ele, aprenderá a permitir que as coisas passem, sem se aferrar a sentimentos que se manifestem; e haverá de se sentir mais leve e de ter mais liberdade.

Esta prática deriva de uma forte tradição *qigong* que ajuda a limpar a energia bloqueada, descarregar a estagnação, aliviar o estresse e revigorar o sistema. Você pode fazê-la por quanto tempo quiser. Recomendo começar aos poucos e evoluir para sessões mais longas. Trabalhar o desconforto será muito terapêutico em termos emocionais. Se doer uma articulação, vá com cuidado e consulte primeiro um médico.

Será interessante retirar-se para um local mais privado para este exercício, pois poderá parecer meio estranho quando você o praticar. Eis a prática:

- Fique de pé com os pés separados na largura dos ombros e as mãos na frente do tronco.

- Volte as palmas das mãos para o peito, como se estivesse abraçando uma árvore ou uma bola.

- Dobre ligeiramente os joelhos e toque o céu da boca com a ponta da língua.

- Inspire suavemente pelo nariz e expire também pelo nariz na direção da parte inferior do abdômen.

- Mantenha os ombros, os punhos e todo o corpo relaxados.

- Esta é a chamada Postura da Árvore.

- Relaxe nesta posição e respire algumas vezes na direção da parte inferior do abdômen.

- Deixe o corpo começar a mover-se sutilmente nos limites dessa posição. Isso significa manter as mãos mais ou menos onde estão e a postura intacta.

- Comece a se deixar levar pelo movimento. Pode ser lateralmente ou de frente para trás. Muitas pessoas começam com leves sacudidelas ou um movimento de tremor.

- Como quer que seja, o principal é começar a se soltar e permitir que a energia que circula pelo seu corpo comece a se expressar. Passamos muito tempo reprimindo energia em nossa vida; esta é a sua oportunidade de soltá-la e fluir com o movimento.

- Tente manter a respiração lenta, mas depois de algum tempo tudo bem se sua respiração também se alterar com as sacudidelas e o movimento, desde que você se lembre de retornar à respiração lenta caso se sinta desconfortável ou sobrecarregado.

- No início, não prolongue muito o exercício, chegando talvez a três ou cinco minutos. Talvez não sinta nada inicialmente, mas comece devagar, e sempre poderá mergulhar mais fundo quando se sentir mais confortável.

o Quando sentir que basta, comece a tornar mais lenta a respiração e gradualmente retarde o movimento ou as sacudidelas, até voltar à posição da "Árvore", depois de algumas respirações de desaceleração.

o Respire cinco vezes, inspirando pelo nariz e expirando pela boca, finalmente soltando os braços e retomando as atividades do dia.

Este exercício será um empurrão e tanto; prepare-se para sentir sujeira velha saindo. O objetivo é continuar respirando e deixar tudo passar. Pare de tentar reprimir e deixe a energia se mover; liberte-se das restrições que impôs a si mesmo. Abra caminho com cuidado para não se exceder, mas use esta prática para realmente começar a limpar as teias de aranha do passado. Use-a para encarar suas possíveis limitações e se apropriar da sua força.

Com o tempo, verá que esta prática libera os mais diversos tipos de energia bloqueada, ajudando a vencer dores e incômodos do corpo, além dos bloqueios mentais que você possa ter. Você irá a lugares onde às vezes pode sentir-se emocionalmente desconfortável. Se tiver alguma história pessoal envolvida, trabalhe com seu terapeuta para usar esta prática como válvula de escape. Cave fundo, mas não tente abarcar o mundo com as pernas – continue vivo para enfrentar um outro dia. Você poderá ver um vídeo desta prática em theurbanmonk.com/resources/ch1.

### Ervas e chás relaxantes

Existe no Oriente uma velha e sofisticada tradição de herbologia. As plantas têm força vital. Têm consciência. A medicina espiritual das plantas é a forma original da medicina no planeta. Os xamãs e curandeiros do passado e do presente têm uma ligação com as plantas que cultivam e as usam como aliadas para nos ajudar a voltar ao nosso caminho.

Enumero abaixo alguns poderosos remédios herbóreos em forma de chá que podem ser usados para aliviar o estresse. Recomendo ter sempre esses chás em casa para usá-los quando necessário. Um bom armário de chás medicinais realmente pode mudar sua vida.

Manjericão-sagrado (Tulsi). Esta simples e elegante erva revelou-se capaz de moderar a liberação de cortisol e ajudar a conter os efeitos nocivos da agitação suprarrenal. Beber uma ou duas xícaras por dia é uma maneira fácil de administrar o estresse.

**Kava.** Esta erva tradicional da Polinésia é usada há milênios em cerimônias, sendo conhecida por seus efeitos calmantes na mente. É mais indicado tomar kava à noite, pois durante o dia pode deixá-lo zonzo, e seu patrão talvez não goste. Uma xícara de kava depois do jantar é uma excelente maneira de baixar a bola e relaxar após um dia intenso.

**Hortelã.** Simples e refinada, uma xícara de chá de hortelã ajuda a acalmar a mente e facilitar o fluxo da energia. Contribui para mover o *qi* (energia) do fígado e romper qualquer estagnação no corpo. De maneira geral, a família da hortelã é boa para movimentar o fluxo do *qi* suave no corpo e deixar-nos relaxados e levemente revigorados sem precisar recorrer ao café, que tende a deixar mais ansiosa a maioria das pessoas. A difusão de óleo de essência de hortelã pela casa também tem efeito muito calmante.

**Chá verde.** Embora este chá contenha cafeína, o outro principal ingrediente é a L-teanina, de já demonstrado efeito calmante na mente. O chá verde é usado por monges zen há milênios para estimular e ao mesmo tempo acalmar a mente – que combinação maravilhosa! Quando os pesquisadores fizeram a mesma descoberta, isolaram a L-teanina, a parte calmante, que agora também é vendida como suplemento (o que funciona). Uma xícara de chá verde pode animá-lo e ao mesmo tempo mantê-lo zen, o que o torna um excelente substituto do café.

**Xiao Yao San.** Esta fórmula clássica é uma combinação de um punhado de ervas chinesas que, em pílulas ou na forma de chá, opera maravilhas no sentido de acalmar o estresse e ajudar o corpo a otimizar seu funcionamento. O herbalismo tradicional é muito sofisticado, e em geral os pacientes recebem uma fórmula individualizada com base em suas disposições e sua assinatura energética pessoal, mas esta fórmula em particular trata o estresse de maneira universal, ajudando a maioria das pessoas presas no beco sem saída urbano. O melhor é procurar um herbalista e individualizar o tratamento, mas quando a coisa está difícil essa fórmula é muito boa para a maioria das pessoas.

*Nota*: Certifique-se de obter ervas chinesas de um fornecedor orgânico de confiança.

### Visualização matinal

A maioria das pessoas começa o dia brigando com o despertador, para em seguida sair tropeçando pela rotina. Um chuveiro quente, café, o noticiário da manhã, alimentar as crianças – qualquer que seja a rotina, em geral acaba desembocando no caos bem depressa. Quando começar a desenvolver suas habilidades como Monge Urbano, você vai querer dar uma de ninja e assumir o comando das suas manhãs. O que significa ter um plano na noite da véspera. Antes de ir para a cama, veja o que você terá de fazer no dia seguinte e providencie o que for necessário. Visualize o dia e procure vê-lo fluindo com elegância e naturalidade nessa visualização. Pinte o quadro na sua tela mental e diga ao subconsciente que está gravando bem essa imagem para que sua mente possa adiantar o serviço para você enquanto dorme. Ao despertar, percorra novamente a visualização antes de sair da cama, e então se levante e comece a pôr em prática. Nos próximos capítulos, você aprenderá um punhado de práticas de *qigong* capazes de estimular o início do seu dia. Seu interesse é marcar presença e dar o tom do dia em plena consciência e propósito focado. Para isso, nada melhor que *qigong*.

Você se levanta, visualiza, pratica seu *qigong* e dá início à sua manhã sem tirar os olhos do objetivo e se certificando de que não deixa passar os itens importantes do dia. À medida que se torna mais capaz de manter o foco, as pequenas coisas deixam de interromper sua consciência e você tem cada vez mais êxito no empenho de se manter no rumo. Melhorar o desempenho na vida começa pela manhã, portanto se esforce para levar isso a sério.

## FERRAMENTAS MODERNAS

### Aprenda a se defender

Em outros tempos, nós lutávamos pela sobrevivência. Também corríamos para salvar a vida. As noites eram frias e os invernos, muito duros. A comida era escassa, e às vezes ficávamos com fome por tempo insuportável. Em essência, desenvolvemos resistência enfrentando esse desafio do sistema de sobrevivência. *Ele nos tornou mais fortes.*

Hoje, é muito fácil engordar e ficar preguiçoso na cidade. Controlamos o clima e comemos até sem estar com fome. A polícia está aí para nos defender, e os leões, no zoológico. A sociedade moderna trouxe-nos todo tipo de coisas legais, mas também nos tornou preguiçosos e fracos. O Monge Urbano deixa para trás essa vida de silenciosa complacência para retomar uma vida de ação, aventura, constante desafio e puro poder.

Não é preciso saltar de paraquedas com uma espada de samurai num navio pirata somaliano e começar a destroçar, mas realmente será necessário começar a sair das suas zonas de conforto. A vida não é um esporte para espectadores, e por isso a televisão é um veneno.

*Seja a pessoa que um programa de televisão fantástico gostaria de apresentar.*

Quais são seus sonhos e aspirações? O que você sempre quis fazer? O que será necessário para fazê-lo? Tome uma atitude e comece a fazer planos.

Você não conseguirá fazê-lo sem mente e corpo saudáveis, o que em geral é a armadilha para a maioria de nós. Falta-nos *energia* para ir em frente, e é onde entra o treinamento de sobrevivência. Por isso, escalada e montanhismo podem ajudar. É assim que o kung fu pode resolver o problema. Ao começar a seguir os princípios deste livro, você começará também a ter mais saúde e energia. Poderá então canalizar essa energia para fazer mais coisas incríveis, despertando assim seus genes de guerreiro e sobrevivente. Chegando a essa etapa, você ultrapassou o limiar, e pode começar a sentir a vida voltando às suas veias. A energia aumenta com o seu entusiasmo, e você começa a sair da casca – começa a voltar à vida.

Encontre uma boa academia de artes marciais e ponha as mãos à obra. Sejam homens ou mulheres, velhos ou jovens, os Monges Urbanos sabem se defender. Mesmo se você tiver 90 anos, o tai chi é fantástico para potencializar sua energia. Crescer ou morrer: é uma necessidade da vida, determinada pela natureza e por nossos genes da sobrevivência. Apropriar-se desse poder é um fator determinante do quebra-cabeça. Ajuda-o a sentir-se seguro, vivo, realizado e pronto para enfrentar novos desafios. Na seção de Recursos, incluí alguns exercícios das tradições de tai chi nas quais fui treinado, para você experimentar.

## Detox de cafeína

Milhares de pacientes me procuraram com ansiedade, e uma ferramenta muito simples resolveu seu problema. Uma das mais fáceis é cortar a cafeína. Leva alguns dias para sair da névoa, mas do outro lado está a claridade, o foco e menores níveis de estresse. A cafeína tende a nos estimular com energia emprestada. É como aumentar o volume da música para acalmar uma criança que chora – não é exatamente a melhor tática. Em vez disso, usamos nossas práticas do Monge Urbano para mover a energia e acalmar o sistema nervoso e assim conquistar clareza e paz.

Muitos pacientes apresentaram queda espetacular dos níveis de estresse depois de um mês sem cafeína. É possível começar com uma série de substitutos do café ou simplesmente experimentar uma vitamina ou suco verde e sair para dar uma corrida. O negócio é mudar os rituais e avançar para outros melhores. Podemos estimular o corpo com uma ducha fria, uma caminhada rápida, uma sessão de ginástica ou, de preferência, uma das práticas de *qigong* que compartilho com você neste livro. Experimente no seu primeiro Gong. A probabilidade é de que nunca queira voltar atrás.

## Escaneamento mental ativo

O estabelecimento de um novo "sistema operacional" mental é a chave da meditação budista essencial, mas estou trazendo o tema de volta porque você não precisa de nenhuma linguagem floreada para resolver a coisa. Simplesmente crie um ambiente onde possa aprender a "escanear" a consciência com uma pergunta muito simples:

*"O que estou fazendo neste exato momento?"*

Qualquer que seja a resposta, simplesmente *pare* e relaxe. Este exercício destina-se a treinar sua mente a perder o hábito de estar eternamente "fazendo" para entrar no estado mais saudável de simplesmente "ser". Com a prática, você verá que quase toda vez que for verificar, estará fazendo alguma coisa tola. Por exemplo, a resposta pode ser: "Eu estava tentando imaginar o que aconteceria se minha mulher não voltasse a tempo da ginástica e eu me atrasasse no trabalho."

É um tipo comum de pensamento que de alguma forma está sempre passando no fundo da nossa mente. Em geral, temos uma hipótese do tipo "se isto, então aquilo"... e então algum drama ou ansiedade... preocupação... minha reação... estou com fome... minha perna está coçando... onde está meu filho?... balão azul... onde foi que deixei as chaves?... mas onde diabos foi que ela se meteu?... será que eu esqueci de mandar aquele relatório por e-mail?... que saco, o tempo está nublado... Parece familiar? Todos nós fazemos isso.

Aprenda a escanear regularmente a mente e verifique o que está fazendo. Não se enfureça por ter uma cabeça barulhenta – acontece com todos nós, até com o Dalai Lama. A diferença entre o Mestre e a pessoa comum é que o Mestre aprende a observar o ruído e a não reagir a ele. Observe e deixe ir, não entre de cabeça. Toda vez que se apanhar sendo levado pela corredeira com os pensamentos, simplesmente reconheça o que está acontecendo e pare de fazer o que quer que esteja fazendo mentalmente. Essa confusão acontece na forma de pensamentos descontrolados, ansiedade, inquietação, tédio ou qualquer outra coisa que nos tire do presente momento.

*Relaxe.*

Aprender a relaxar é fundamental para adquirir domínio. Viver nesse lugar é o paraíso. É a morada do Monge Urbano – calma no centro de um mundo caótico. Fugir para Maui não resolve nada. Não é possível ir atrás da paz; vamos achá-la dentro de nós.

## Exercícios

Sabidamente, a prática de exercícios é uma maneira incrível de diminuir os níveis de estresse. O sangue é bombeado e as endorfinas fluem. A espécie humana começou a evoluir num ambiente em que se movia praticamente o dia inteiro. Pulando à frente alguns milhares de anos, vemos que passamos da cama ao carro, do carro à mesa de trabalho, desta ao carro e depois ao sofá e de volta à cama. Água parada é veneno, e por isso é que tantas pessoas ao seu redor estão doentes e infelizes.

Comece simplesmente caminhando. Alongue-se pela manhã e trabalhe um pouco no quintal. Pratique uma arte marcial e faça diariamente o seu *qigong*. Faça ginástica se for sua preferência, ou dê um jeito de levantar alguns pesos em casa. Aprenda a dançar. Você precisa se mexer, e uma rotina física adequada para ficar em forma é o ponto de partida para quem quiser levar uma vida feliz e saudável. Nada disso é novidade, mas vou forçar um pouquinho mais e acrescentar que um Monge Urbano busca sempre estar no máximo da forma. Você seria capaz de escalar um penhasco? De saltar sobre um barranco? De subir uma ladeira carregando baldes d'água? Nossos antepassados faziam esse tipo de coisas o tempo todo. Fazia parte da vida. Está nos seus genes.

### Variação dos batimentos cardíacos

Este cálculo simples ajuda a monitorar nossa reação de estresse e a capacidade do corpo de se recuperar de acontecimentos estressantes. Maior variação significa maior resiliência. A verificação da variação dos batimentos cardíacos apresenta resultados positivos de saúde e tem sido usada em todo o mundo como uma ferramenta moderna para lidar com o estresse. Consulte mais a respeito na seção Recursos.

## O PLANO DE AÇÃO DE ROBERT

Robert estava totalmente descompensado, mas dava para consertar. Vazava vitalidade por todos os poros, e a primeira necessidade era conter a sangria. Desligamos a televisão e substituímos o cereal do café da manhã por ovos e proteínas em pó. Sugerimos um plano financeiro para a aposentadoria, o que o ajudou a ver o dinheiro que vinha desperdiçando com a família. Ele e a mulher relaxaram aos poucos na preocupação com as aparências, o que foi excelente. Eles viajaram com a família para acampar, foram pescar e frequentaram o parque, deixando de comprar cada novo videogame que saía. Surpreendentemente, as crianças *não* se queixavam da falta de novos brinquedos, pois finalmente estavam convivendo com o pai.

Trocamos o café de Robert por chá-verde e lhe ensinamos a meditar. Seu celular passou a dar um alarme de 25 em 25 minutos, lembrando que estava na hora de se levantar, se alongar e sacudir o *qi*. Ele saía de casa e se movimentava ou ficava de pé junto à janela meditando por alguns minutos. Seguia-se um grande copo d'água, e então ele fazia um rápido exercício de *qigong* antes de voltar ao trabalho. Perguntava a si mesmo: "O que estou fazendo neste exato momento?", e passava em revista suas metas para aquele dia. Em que estava se empenhando? O que precisava ser concluído e qual era a prioridade? Em seguida, voltava ao trabalho por mais 25 minutos, trabalhando de pé em sua nova mesa alta. Esse esquema de 25 minutos ligado e cinco minutos desligado realmente funcionou no seu caso.

No início, preocupava-se, achando que nunca conseguiria concluir nada, mas não tinha contabilizado o acréscimo de eficiência e clareza. Na verdade, acabava antes do habitual, trabalhava melhor e chegava em casa mais cedo para passar mais tempo com a família. Como a televisão estava desligada a maior parte do tempo, a família saía para passear com os cães e passava bons momentos junta toda noite, até que as crianças voltavam ao dever de casa e Robert se reconectava com a esposa.

Ele instituiu em sua empresa um regime de trabalho voluntário para uma causa local, e de fato conseguiu elevar o moral no escritório. Resumindo, foram necessários alguns meses para sacudir um bocado as coisas, mas agora os resultados dos exames médicos de Robert estão ótimos e ele recuperou sua energia. Ainda precisa lembrar-se com frequência de respirar, pois seu emprego é agitado por natureza, mas é outro homem, e todo mundo percebe isso.

CAPÍTULO 2

# Beber do infinito: A arte de dominar o tempo

ASHLEY TEM DOIS FILHOS PEQUENOS. Voltou a trabalhar em tempo integral desde que o menor entrou para a pré-escola e está tentando pegar o ritmo. Não conseguiu repor o sono perdido com os dois filhos, e a luta tem sido grande nos quatro últimos anos. Ela nunca tem tempo para nada.

Ashley se formou em planejamento fiscal e está feliz por retomar a carreira, mas a rotina diária tem sido difícil. Ela se levanta às 5:30 para correr uns 25 minutos na esteira antes de as crianças acordarem. A partir daí, é só caos: ela precisa vesti-los e alimentá-los, pegar o carro e deixá-los em duas escolas diferentes, e enfrentar o trânsito para chegar ao trabalho por volta de 8:30. Com frequência se atrasa e nem se lembra da última vez em que pôde sentar com calma para tomar um café da manhã decente.

O trabalho é agitado, e ultimamente ela vem bebendo mais café que o habitual, pois sente que está perdendo a clareza mental. Um certo sentimento de culpa começa a surgir, pois ela se sente pessoalmente responsável pelas recomendações que faz a pessoas que nela depositam sua confiança para cuidar de dinheiro ganho com o suor do trabalho. Recentemente, deixou passar um detalhe num documento, o que quase custou muito dinheiro a um cliente e lhe valeu uma severa repreensão do supervisor.

Atualmente, o marido de Ashley pega as crianças na escola, pois ela simplesmente não consegue mais sair do trabalho a tempo. Essa ajuda foi um alívio, mas quando ela enfrenta de novo o trânsito para voltar para casa, já está na hora de fazer o jantar, dar banho nas crianças e botá-las na cama.

Exaustos, Ashley e o marido desmoronam na frente da televisão e veem um ou dois programas antes de subir para se deitar. Ela tenta ler na cama, mas geralmente cai no sono antes da quinta página. Tem na cabeceira uma pilha de 11 livros, que vão chegando com rapidez maior que a da leitura, o que só contribui para aumentar o estresse e a culpa. Ela e o marido simplesmente estão sempre cansados demais para fazer sexo.

Os sonhos de Ashley são movimentados, e seu sono, agitado. Ela tenta compensar um pouco o sono perdido no fim de semana, mas há sempre um jogo, um evento ou uma visita de algum parente, de modo que ela constantemente tem de se manter sociável e ativa.

Ashley não tem energia e a toma emprestada (com café e estimulantes) ao dia de amanhã, para conseguir chegar ao fim do dia de hoje. Vive "carente de tempo" e sofrendo por não dispor do espaço mental necessário para descomprimir e relaxar. Some-se a isso o sentimento de culpa por querer fazer mais ioga, conquistar um certificado avançado no trabalho e falar com as amigas, e Ashley não sabe mais o que fazer, sem ver luz no fim do túnel.

## O PROBLEMA

Todos nós temos compromissos em excesso e coisas demais para fazer em muito pouco tempo. Sofremos da Síndrome de Compressão do Tempo. Ela se manifesta quando tentamos encaixar mais coisas num determinado período de tempo do que seria razoável esperar. A Síndrome de Compressão do Tempo causa estresse e uma consciência cansada, soterrada sob o peso do tempo. Nossa alma fica tensa. Nos tornamos mestres na arte de apertar tantos itens no nosso calendário que sair de casa chega a doer.

Repousar e relaxar não são coisas aceitáveis na nossa sociedade, sendo vistas como sinal de preguiça e fraqueza. A produtividade é tudo. Sem tempo para nos recuperar, tentamos acumular mais coisas no nosso dia, tentando esticá-lo a limites impossíveis, e estamos constantemente estressados com a eventualidade do atraso e de não ter tempo para fazer tudo. É pura fome de punição; sonhamos com o dia em que finalmente chegaremos lá e poderemos diminuir o ritmo, mas não o tornamos possível.

*O seu "depois" será sempre o mesmo*
*se o seu "agora" for caótico.*

Dizem que a maneira como fazemos alguma coisa é basicamente o jeito como fazemos tudo. Se não for capaz de relaxar e desfrutar do momento presente, você estará em sérios apuros. A maioria das pessoas adia tanto as coisas que nunca poderá recuperar o atraso. Isso leva a uma incômoda sensação de incompletude. Estabelece um padrão de ansiedade do qual parece difícil livrar-se.

*Tempo é dinheiro, e o tempo está acabando.*

As mães ficam estressadas com os encontros dos filhos com os amiguinhos. As crianças recebem deveres de casa demais. Os pais fazem barba segurando o bebê. Os cães mal conseguem alguns minutos de passeio, e depois ficamos nos perguntando por que estão mordendo a mobília...

Os padrões de sucesso da indústria e as inovações do mundo dos negócios deram um jeito de se infiltrar na nossa visão pessoal das coisas, levando-nos a acreditar que precisamos da mesma eficiência racionalizada em

### JORNADAS PESSOAIS

Fiquei empolgado ao "descobrir" o tai chi. Ele se tornou parte da minha nova identidade: passei a ser o cara espiritual, o que foi uma mudança de imagem bem legal na faculdade. Sempre me recordo da vez em que me atrasei muito para a aula de tai chi, tentando driblar o trânsito para chegar a tempo. Furava o sinal e cantava pneu nas curvas, numa pressa enlouquecida de chegar a uma aula onde aprendia a diminuir o ritmo. Estava numa tal fúria de chegar lá que não vi um colega de faculdade tentando atravessar a rua. Tive de pisar fundo no freio para não atropelá-lo. Uma tragédia foi evitada por pouco e eu pedi desculpas. Seguindo em frente, tive uma epifania tão forte que precisei parar o carro. Sentei debaixo de uma árvore numa praça próxima e fiquei pensando no que acabara de acontecer, dando-me conta de que o tai chi não é uma aula. É um modo de vida. Eu tinha entendido tudo errado e quase matei uma pessoa. Nesse dia, aprendi muito sobre o tai chi, algo que não tinha nada a ver com movimentos corporais. O ingrediente que estava faltando era justamente a quietude, o que não podia ter ficado mais claro para mim.

todas as facetas da vida. Isso evoluiu para certos padrões que se tornaram dominantes em nossa sociedade, a um alto custo. As pessoas têm colapsos nervosos o tempo todo. As vendas de pílulas contra a ansiedade explodem. Os laboratórios farmacêuticos registram lucros anuais de bilhões de dólares e compram quase todo o tempo de publicidade na televisão, e mais um pouco, para despejar seus comerciais ridículos.

Qual é a mensagem? "Você não tem tempo para parar, babaca, então tome esta bosta e vá em frente."

O tempo está acelerando com a tecnologia, e nós temos a sensação de estar ficando para trás. Há sempre algo novo de que ainda não ouvimos falar, novas tecnologias, um novo restaurante, a mais recente tendência da moda, um novo concorrente nos negócios, coisas demais em tempo de menos. Aceitamos uma visão de mundo segundo a qual precisamos parecer sempre ocupados, caso contrário, não somos importantes. Temos de agir e nos vestir de determinada maneira para nos sentir fazendo parte.

A necessidade de estar sempre acompanhando é muito concreta. Surgiu por exemplo a expressão FOMO, de Fear of Missing Out (medo de deixar passar), muito conhecida já na blogosfera. Todos nós sentimos isso; mas houve também quem assumisse posição contra, em movimentos como JOMO, de Joy of Missing Out (alegria de deixar passar). Simplesmente ser já não faz parte do diálogo na comunicação geral. Com o advento dos *reality shows*, já não basta acompanhar nossa própria realidade; agora precisamos acompanhar a vida de muitos outros personagens sem nenhuma relação conosco, numa infindável sequência de dramas e eventos que serão tema de conversa entre os amigos.

Hoje em dia, conheço muita gente que recorre a sistemas de navegação para ir a qualquer lugar, mesmo aos quais já foi várias vezes. Isso leva essas pessoas aos lugares de um jeito que as faz perder o clima do percurso, privando-as de uma parte essencial da experiência humana. Que experiência? A associação do tempo *ao espaço*. O lugar onde estamos no Tempo/Espaço pode ser considerado como nossas Coordenadas Universais, mas agora o GPS nos privou da consciência disso. Estar perdido em ambos é ter certeza de que se vai tropeçar ao longo da vida sem a menor ideia de como se chegou lá. Podia haver incríveis jasmins no caminho, mas o perfume não foi sentido. O carvalho gigantesco não era mencionado no sistema de navegação, tampouco o inacreditável pôr do sol que podíamos ter parado para contemplar. O que fizemos foi apenas correr do aeroporto para o hotel, e agora podemos ver a "realidade" na televisão.

### O tempo pode ser nosso maior dom ou nosso mais sério desafio.

Em sua maioria, os atarefados habitantes do mundo urbano encaram o tempo com desânimo, como um problema de escassez. Morremos de vontade de dispor de mais tempo, e no entanto usamos aquele de que dispomos em coisas que a longo prazo não são proveitosas nem revigorantes. Reclamamos de não ter tempo, mas o desperdiçamos em coisas tolas que não vão ao encontro de nossos sonhos nem de nossa vitalidade.

Um ser humano tem em média 2,5 bilhões de batimentos cardíacos ao longo de uma vida inteira. Parece muito, mas diariamente são aproximadamente 100 mil batimentos. A questão é examinarmos de que maneira estamos gastando esse tempo. Será que esse emprego do tempo nos está aproximando de mais felicidade, esclarecimento, melhor saúde e mais aventura? Para a maioria das pessoas, o problema é que esses preciosos batimentos cardíacos ressoam na direção errada. Milhões de pessoas passam o dia inteiro estacionadas numa cadeira de escritório fazendo algo que não lhes inspira a menor paixão. Ganham peso, comem mal e estão sempre à procura de distrações vazias para passar o tempo.

### Desperdiçar tempo é desperdiçar a vida.

Não temos como recuperar tempo, e a maneira como o gastamos reflete-se em cada aspecto da nossa vida. Ou bem nos encaminhamos para maior consciência ou mergulhamos mais num sono sombrio. Veja ao seu redor. Pessoas como Ashley tornaram-se verdadeiros zumbis porque abriram mão do bem mais valioso: o tempo. A economia funciona na base da troca de tempo por dinheiro, mas esse modelo é profundamente equivocado. As empresas pagam por trabalho e resultados, e não por tempo morto. Esse equívoco prejudica a economia e certamente estragou a mente de milhões de pessoas que se limitam a bater o ponto na hora de entrar e de sair. Um Monge Urbano desperta dessa realidade sombria e resgata seu tempo.

Nunca o desperdiça e o *investe* deliberadamente no sentido de avançar na vida e *crescer como pessoa*.

## SABEDORIA DO MONGE URBANO

Para os antigos monges do Oriente e do Ocidente, o tempo sempre foi um dos grandes mistérios da vida. O que chamamos de "tempo convencional" é um constructo linear e sequencial muito diferente do "não tempo" dos monges.

Nós acompanhamos o tempo convencional pelo relógio. Ele está ligado ao movimento da Terra em torno do Sol, à rotação do planeta, à fase da Lua e à nossa posição no sistema solar. Ajuda-nos a ter uma linguagem e convenções comuns para marcar o local e o momento dos encontros. Esse tempo social permite o funcionamento de aeroportos e escolas. Funciona e é uma maravilhosa ferramenta de que dispomos para saber "quando" estamos no Universo. Uma *convenção* extraordinariamente útil na sociedade, e que nos ajuda a funcionar juntos. É mais fácil organizar um encontro com amigos para tomar chá em torno da noção de "16:45" do que "por volta do pôr do sol".

Mas essa concepção do tempo convencional nada diz da *qualidade* do tempo que vivenciamos. O tempo se distende. Anda mais depressa ou mais devagar dependendo do estado de ser ou de consciência em que nos encontramos. Quando estamos freneticamente envolvidos na agitação diária, o tempo parece voar, e está sempre faltando. Em duas semanas de férias no Havaí, contudo, permitimos que ele se alongue e nos apanhamos inquietos, olhando para o relógio e perplexos com o fato de ainda serem 11 horas da manhã. Como isto é possível?

Quando saio de férias, tento tirar pelo menos duas semanas. Permito-me fazer na primeira semana apenas aquilo que *tenho vontade* de fazer, em geral algo em torno de um bocado de nada. No início parece que incomoda – tentar diminuir o ritmo de toda aquela insanidade. Na semana seguinte, faço algumas coisas se tiver vontade. Por quê? Porque *fazer* é uma doença da modernidade, e *ser* é uma arte há muito perdida. Nas férias, permito-me uma cota extra de preguiça. Tirar uma soneca se estiver cansado. Comer quando tiver fome. Fazer apenas coisas que me pareçam boas.

Em compensação, a maioria das pessoas programa tantas atividades para as férias que fica parecendo apenas uma terça-feira qualquer justaposta ao paraíso. Passeios, mergulhos, atividades, circular de carro pela ilha, museus e shows: tudo parece muito bom quando não se está exausto e contando o tempo. Permitir-se dizer "não" a mais coisas e criar *espaço* mental e temporal para relaxar é um bom remédio. Voltar cansado das férias é loucura. É como correr uma maratona na noite da véspera da sua grande corrida e ficar se perguntando por que o desempenho ficou comprometido.

Os antigos entendiam bem os ciclos de repouso e recuperação. Para começo de conversa, viviam muito mais perto da natureza e dos ritmos das estações. Também tinham uma compreensão fundamentalmente diferente do tempo. Para um Monge Urbano, a dilatação do tempo faz parte de uma tradição viva e pulsante que ainda hoje floresce em mosteiros de todo o mundo.

### *O tempo também é relativo. Ele é infinito.*

O Universo não sabe o que é tempo. Fora da nossa estreita faixa de identidade autoconsciente, o tempo faz o que quer. Nos lembramos de acontecimentos da infância que podem deixar-nos irritados ao inundar de repente com moléculas o nosso fluxo sanguíneo, desencadeando emoções e aumentando o ritmo dos batimentos cardíacos. Sonhamos com algo no futuro e somos levados a um mundo de fantasia onde nos sentimos cheios de felicidade na contemplação, até que o telefone toca e nos traz de volta à mesa de trabalho.

### *Viajamos no tempo o tempo todo.*

Nossa consciência tem acesso a coisas em toda a linha do tempo cronológico, e muitas vezes nos tira do momento presente. Puxa-nos para algum "outro tempo", onde podemos gastar muito da nossa energia. Pode afastar-nos do "agora" e manter-nos fixados em um evento traumático "daquela época" ou na previsão de algum acontecimento "em breve". Na verdade, parece que nos especializamos em passar boa parte do nosso tempo em "outro tempo".

O essencial para nos liberarmos do tempo é entender este grande axioma hermético: "Todo o Poder que jamais existiu ou existirá está aqui agora."

O momento presente é onde temos pleno acesso a todas as nossas faculdades. É onde podemos voltar a atenção para o que temos de fazer *agora*, e fazê-lo bem. Onde nosso corpo está relaxado e as ondas cerebrais da nossa mente estão em padrões mais saudáveis. Quando aprendemos a voltar ao momento presente, dispomos de maior acuidade mental, de um sistema nervoso mais relaxado e de melhor expressão epigenética dos genes saudáveis, sendo capazes de tomar decisões muito melhores.

Quando aprendemos a acessar certas partes da nossa consciência, podemos encontrar o "não tempo" e "beber do Infinito". É o estado de *fluidez* dos atletas e de *zen* dos meditadores. Ele de fato nos leva de volta ao banco do motorista, conferindo-nos poder pessoal para *escolher* como empregar o tempo. E também nos torna muito mais eficientes, de maneira a podermos fazer mais (e melhor) mantendo a calma. No atleta profissional, parece fácil. Os melhores praticantes das artes marciais mostram-se elegantes. Os movimentos de dança mais audaciosos parecem tão graciosos, e no entanto essa aparente facilidade deriva de muita prática, foco e determinação. Nos esportes de alto desempenho, é preciso estar presente para não fracassar. Na vida, não é diferente. Despertar significa viver a vida plenamente e estar absolutamente presente e consciente; significa acender a consciência.

## Assumir o controle da maneira como lidamos com o tempo

Podemos desacelerar a qualidade do tempo com a respiração, a mente e o controle dos nossos biorritmos. Dispor de tempo para nós mesmos é a coisa mais importante que podemos fazer pelo nosso desenvolvimento pessoal e a nossa saúde mental. A capacidade de escolher com sabedoria e despender o valioso tempo com nossas metas é o verdadeiro sinal da mestria.

A maioria das pessoas tenta se ocupar simultaneamente com dezenas de coisas e depois se pergunta por que quase sempre não dá certo. Cada uma dessas tarefas requer tempo e energia mentais. Na maioria das vezes, exaurimos nossa vitalidade e nossa força de vontade tentando voltar-nos para um excesso de ideias, ocupações, compromissos sociais e projetos porque nunca *paramos o tempo* de fato para entender devidamente onde estamos. Parar o tempo? Sim, um Monge Urbano aprende a sair do tempo e a existir num poderoso espaço sem tempo.

*No mundo moderno, não temos um centro,
e assim, rodopiamos.*

Quando aprendemos a respirar na parte inferior do abdômen e acalmar a mente, começamos a nos sentir inteiros de novo. A partir desse estado, podemos examinar mais calmamente a vida e nossos compromissos no tempo, avaliando onde é que estamos desperdiçando muita energia. Sem uma perspectiva calma, o macaquinho enlouquecido da mente nos convence de que mais é melhor, de que mais um cafezinho poderá resolver o problema, acumulando ainda mais loucura. Encontrar nosso centro ajuda-nos a controlar a percepção do tempo e alcançar a paz.

## Conectar-se com o silêncio significa mover-se com o Universo

Uma leitura equivocada das antigas escrituras leva muita gente a tentar deter o tempo e evitar qualquer movimento. O que não é possível. O Universo inteiro moveu-se desde que você leu a última frase. Tudo se move e cresce a cada segundo que passa. O Monge Urbano sabe disso e relaxa num *fluxo harmônico* com o Universo. Ao deter o tempo, deixamos na verdade de lutar contra o movimento da Realidade e nos movemos *com ela*. Pode parecer quietude, mas também pode ser equiparado a sentar-se numa balsa que flutua rio abaixo. Você vai no fluxo, sem lutar contra a corrente.

## A mestria está na negação

Isso significa aprender a dizer "não".

Digamos assim:

Se meus amigos me convidam para um drinque esta noite, meu impulso pode ser imediatamente dizer "sim". Afinal, não os vejo assim com tanta frequência, estarei com fome à noite, ando estressado e tive uma longa semana, de modo que *mereço* e vai ser divertido. Parece razoável, não?

Mas ao dizer "sim", eu na verdade disse "não" ao tempo que meus filhos passariam com o pai, ao meu cônjuge, que também anda ocupado e com o qual não tenho estado o suficiente, à minha série de ginástica, que já estava planejada e supostamente seria uma prioridade, às minhas horas de sono, de cuja carência estou sempre me queixando, às leituras que considero necessárias para avançar mais uma etapa na carreira, e, naturalmente, ao meu pobre fígado.

Todas as coisas importantes com as quais já me tinha comprometido *no tempo* foram assim comprimidas na minha agenda, por causa dessa decisão impulsiva. Isso desencadeia uma cascata de acontecimentos que conturbam ainda mais minha agenda e comprimem o próprio tempo na minha psique. É a clássica Síndrome de Compressão do Tempo, da qual todos sofremos.

Qual seria a melhor maneira de lidar com isso?

Pare um pouco e pense. Inspire profundamente até a parte inferior do abdômen, dê uma avaliada na agenda e veja que ondulações isso provocaria no seu mundo. Você tem como botar mais uma planta no seu jardim, ou ela drenaria água de coisas mais importantes para você?

## *O Monge Urbano mantém-se calmo e sereno.*

A ciência moderna hoje já está em dia com o que os antigos mestres vêm dizendo há tanto tempo. A meditação nos ajuda a ser menos impulsivos. Estudos funcionais de imagens por ressonância magnética evidenciam maior densidade dos neurônios corticais no cérebro de pessoas que meditam. O que é incrível, pois, como vimos no capítulo anterior, o córtex pré-frontal é a parte do cérebro incumbida do controle dos impulsos e da consciência moral mais elevada. São exatamente as coisas que nos ajudam a tomar decisões mais acertadas e assumir o controle da nossa vida. O que só é possível quando deixamos de ser reativos e entendemos o movimento do tempo.

Meu fascínio com tudo isso levou-me a montar um laboratório de estudos cerebrais numa das minhas clínicas. Contratamos um médico genial que fazia investigações avançadas de análise quantitativa de eletroencefalografia das ondas cerebrais associadas a experiências religiosas e estados de fluidez. Eu lhe apresentava pessoas que praticam meditação e estudava a "assinatura cerebral" que deixavam, tomando muitas notas. Com o tempo, descobrimos como ensinar as pessoas a "engatar a embreagem" e sair da "marcha rápida" na via expressa do Tempo.

No laboratório, examinamos esse maravilhoso conceito de "não tempo" universal no qual entram aqueles que meditam, que contrasta com a ideia do tempo cultural limitado aos blocos do nosso calendário. Precisamos entender *ambos*, pois estão em polos opostos de uma plena realização. Ser capazes de vivenciar o tempo nessas diferentes posições, parece ser fundamental na compreensão de quem de fato somos.

É importante entender quem somos *no tempo*. O Universo se move, e nós nos movemos com ele. Se nos fixarmos em determinado ponto no tempo, todo o Universo terá avançado, e nós estaremos agarrados a algo que não flui mais no rio da vida. Toda a energia do Universo se move com ele, e essa força reside num ponto específico: o *agora*.

*A mudança é a única constante no Universo.*

A chave para superar a compressão do tempo é viver no agora e aceitar a mudança. Quando um Monge Urbano percebe que as coisas não parecem ir bem, volta ao agora. Por quê? É onde está o nosso poder. É onde podemos acessar as vastas correntes de energia que podem fluir por nós, e onde residem a paz e a sabedoria. No momento presente, temos clareza e percepção para *interferir* em nossa vida e tomar decisões mais acertadas. Controlamos o tempo e nossa percepção dele. *Autorizamos* certas coisas em nossa vida e desautorizamos o resto. Fixamos limites adequados e *selecionamos* os acontecimentos que queremos manter no calendário. As coisas dão errado? As pessoas se deparam com emergências? Claro. Nós controlamos o que está em nossas mãos e, portanto, temos suficiente *agência* para nos adaptar às grandes surpresas.

O Mestre move-se com o tempo e se adapta constantemente, como um bom surfista faz microajustes para se manter na onda que avança e vai quebrando ao redor.

*A rigidez nos faz cair.*
*O medo da mudança nos paralisa.*

Donde o grande paradoxo: manter-se quieto significa *mover-se* com o tempo, mover-se com o Universo. A quietude na verdade é o estado de mover-se em uníssono com o Universo.

Viajei um bocado de mochila pelo interior do país na minha época. Pegava carona para algum lugar nas montanhas, encontrava um prado com um regato e ali fazia minha morada por alguns dias. O objetivo é sempre postar-se junto à água e manter-se em silêncio. Não há nada melhor que um regato ou um rio para mostrar que "a mudança é constante". Funciona como um lembrete constante de que o Universo flui e o tempo flui. Quando o som da precipitação dos meus pensamentos finalmente é levado pela suave sonoridade do regato, eu sei que "dei aquele trago" e voltei a um lugar de equilíbrio. É quando volto à cidade, levando comigo a dádiva da natureza. A quietude é o nosso maior trunfo, e aqueles que a trazem consigo vivem a vida com clareza e propósito. Ensino esta prática mais detalhadamente no Capítulo 7.

Na natureza, as coisas movem-se com a luz do sol e as estações. Na sociedade, nada disso parece importar. Num mundo cheio de conceitos artificiais e tempo comprimido, a única maneira de se manter são é assumir o controle do próprio tempo pessoal. Acessar a atemporalidade é algo que nos liga à Vida ao nosso redor, ajudando-nos a nos sentir parte da trama do Universo. Ficamos assim conectados, o que nos ajuda a assobiar enquanto trabalhamos. As paredes não desmoronam. Estamos equilibrados e sintonizados com a vida fluindo ao redor e não caímos do galho toda vez que a frequência ou a "marca temporal" de alguém invade nosso espaço. Costumo me referir a essas interrupções como poluição temporal. É quando alguém que está numa frequência diferente contamina nosso espaço e agita nosso estado mental. Um Monge Urbano mantém-se ancorado no seu próprio tempo – intencionalmente regulado para a atividade do momento – e imune a quaisquer frequências infiltradas que não lhe sirvam.

Podemos escolher manter-nos no espaço central atemporal e ser uma fonte de alívio e inspiração para os que nos cercam. Desse lugar, apuramos a percepção do nosso Eu Eterno e nos libertamos da servidão do tempo.

*Ser escravo do tempo é o supremo fracasso*
*quando se trata de entender quem somos.*

## PRÁTICAS ORIENTAIS

### Respiração meditativa em quatro tempos

Esta é a prática meditativa essencial do Monge Urbano, que ajuda a acalmar a mente e aprimorar o foco. Destina-se a nos dar uma "âncora" para a consciência: algo concreto em que focar a atenção, como a respiração. A ideia essencial é uma prática repetitiva de contar as respirações, fazendo uma pausa entre a inspiração e a expiração. Quando se apanhar divagando e se distraindo (o que vai acontecer), simplesmente retorne à prática e vá em frente. Com o tempo, ajuda a acalmar a mente, diminuir a reatividade e potencializar os lobos frontais do cérebro, o que o ajudará a pensar antes de incluir mais algum item na sua agenda. Trata-se de uma prática essencial da meditação da plena atenção, voltada para pessoas que estão começando. Dito isso, o fato é que mestres experientes adotam esta prática diariamente, então não se deixe enganar pela simplicidade. Acessar o tempo Universal é algo que começa quando nos voltamos para nossa respiração. Você pode efetivamente praticar a dilatação do tempo uma vez que tenha aprendido a controlar e entender a sua respiração.

o Sente-se confortavelmente com a coluna ereta.

o Leve a ponta da língua ao céu da boca.

o Comece a inspirar e expirar suavemente pelo nariz, com a boca fechada.

o Leve a respiração a um ponto cerca de cinco centímetros abaixo do umbigo conhecido como *dantian* ou *hara*. (Vamos respirar nessa direção em todo o nosso *qigong* [trabalho de energia] e em muitas outras práticas de meditação ao longo do livro. Fica basicamente três dedos abaixo do umbigo, bem no centro do seu corpo. É um espaço vazio onde podemos respirar, cultivar a energia e acalmar a mente.)

o Infle (na inspiração) e esvazie (na expiração) essa região a cada respiração.

o Na próxima inspiração, leve lentamente o ar à parte inferior do abdômen e conte até quatro, lenta e regularmente.

o Prenda a respiração e conte até dois.

o Expire lentamente contando até quatro; esvazie-se completamente do ar, marcando o tempo de maneira a conseguir fazê-lo.

o Prenda a respiração contando até dois.

o Novamente inspire contando até quatro...

o Prossiga nesse circuito enquanto for confortável (ou desejável).

o Certifique-se de manter a mesma cadência de contagem na inspiração e na respiração. Conscientize-se em particular do espaço no alto da inspiração e na base da expiração.

Pronto, é isso. Recomendo cultivar essa prática por pelo menos 10 minutos por dia. Programe o alarme do seu celular, deixe-o no modo avião e trate de nutrir o seu cérebro de tempo comprimido. Saia do tempo social sincronizando com a respiração. Equilibrar a respiração é fundamental, e portanto se certifique de que a inspiração e a expiração tenham a mesma duração. Isso vai operar maravilhas na sua mente.

### *Qigong* em movimento, com prática de dilatação do tempo

Este exercício destina-se a ajudar a romper nossa fixação no tempo e alterar nossa consciência. Requer um pouco de prática, mas vale a pena. A ideia básica é um simples movimento respiratório ao qual nos conectamos. A partir daí, começamos a ajustar nossa velocidade de movimento nas mãos, ao mesmo tempo mantendo a respiração suave e lenta. Cultivar esta prática por alguns minutos realmente pode gerar uma interrupção de padrão, ajudar a mente a se libertar da luta do tempo comprimido e levar-nos a mergulhar na vividez e na respiração do momento presente, cheio de potencial e energia.

o Fique de pé com os pés na largura dos ombros e os braços ao longo do corpo.

o Inspire e expire pelo nariz, com a ponta da língua tocando o céu da boca.

o Expire lentamente na direção da parte inferior do abdômen (a região conhecida como *dantian*, como no exercício anterior).

o Uma vez conectado com sua respiração, já agora mais lenta, toque o alto das coxas com as palmas das mãos na próxima EXPIRAÇÃO.

o Em seguida, levante lentamente os braços à frente, mantendo-os distantes na largura do ombro NA INSPIRAÇÃO.

o Lentamente leve os braços de novo ao ponto onde as palmas das mãos tocam a parte superior das coxas NA EXPIRAÇÃO.

o Repita esta prática suavemente cerca de 10 vezes, de maneira lenta e agradável.

o Olhe com suavidade para o espaço entre as mãos.

o Agora mantenha a respiração no mesmo ritmo e DESVINCULE dela os movimentos dos braços, acelerando-os para o dobro da velocidade.

o Faça isso por cerca de dez a vinte repetições e veja como se sente.

o Agora mova os braços quatro vezes mais rápido, mantendo a respiração lenta e baixa (e desvinculada do movimento dos braços).

o Faça isso por cerca de dez a vinte repetições e veja como se sente.

o Volte ao ritmo original de conexão entre os movimentos dos braços e da respiração (um lento movimento ritmado vinculado à respiração).

o Retorne à posição de pé inicial e lentamente respire mais dez a vinte vezes no *dantian*.

## Meditação da vela

Esta prática destina-se a ajudar a conectar nossa consciência com o "elemento" primordial do fogo. Praticada durante milhares de anos nos mosteiros taoistas, a meditação da vela ajuda a nutrir o espírito e a centrar a atenção no coração. Projetar a atenção na chama de uma vela ajuda a "deter o tempo" e desligar nossa fixação nos detalhes triviais.

- Prepare um local tranquilo sem perturbações nem interrupções, onde possa estar sozinho por alguns minutos.

- Escureça bem o ambiente – quanto mais escuro melhor, de modo que é bom desligar aparelhos eletrônicos ou pelo menos cobri-los.

- Coloque uma vela cerca de um metro à sua frente, mais ou menos na altura do seu queixo, considerando o lugar onde vai sentar.

- Apague as luzes.

- Sente-se confortavelmente com a coluna ereta (voltado para a vela).

- Inspire e expire pelo nariz na direção do *dantian*.

- Leve a ponta da língua ao céu da boca.

- Leve o olhar suavemente à parte azul da chama.

- Continue respirando na direção da parte inferior do abdômen, mas conduza sua atenção para a chama.

- Abrande o olhar e permita que seus olhos se concentrem na chama.

- Procure não piscar, mas não se machuque.

- Respire várias vezes enquanto relaxa; cinco a dez minutos devem bastar.

- Quando quiser terminar, expire pela boca e cubra as têmporas com as palmas das mãos.

- Respire mais dez vezes na direção do *dantian* e em seguida abra lentamente os olhos, voltando ao ambiente.

- Procure permanecer sentado em tranquila meditação por mais alguns minutos. A respiração meditativa em quatro tempos seria ideal.

É uma prática de grande eficácia que ajuda a alterar a consciência e nos traz de volta no momento presente.

## FERRAMENTAS MODERNAS

### Jejum de mídia

Quando se trata de potencializar nossos desejos e anseios insatisfeitos, não há nada melhor que a televisão. O noticiário nos bombardeia permanentemente com histórias sobre o caráter assustador e perigoso do mundo. Isso nos atinge num nível bem primitivo, provocando nosso medo ligado à sobrevivência. Por isso os Monges Urbanos aprendem a se proteger e a proteger os entes queridos. É ótimo quando se tem a polícia e o exército por perto, mas trocar nossas liberdades civis por "segurança" é uma ladeira escorregadia que certos elementos menos recomendáveis de nossa sociedade estão sempre ansiosos por explorar.

> *O noticiário é capaz de envenenar a mente rapidamente.*

A programação de TV também é quase sempre uma corrida para o fundo do poço. Drama, intriga, infidelidade, violência, assassinato e avareza são os elementos que vendem. Sociopatas são transformados em heróis, e depois de algum "tempo ocioso" vendo esse tipo de coisa, padrões sutis começam a se incrustar em nossa psique, e nos deixamos seduzir. Seduzir pelo quê? Por uma visão de mundo equivocada e pessimista, que nos leva a sentir-nos inseguros, sem amor, sozinhos e sem atrativos. É a perfeita fórmula para o consumidor distraído, e é ela que move a máquina econômica global – milhões de pessoas comprando porcaria de que não precisam para se sentir melhor ou mais adequadas.

Um Monge Urbano rejeita tudo isso categoricamente. Escolha os meios de comunicação de que você faz uso e faça uma seleção, uma curadoria. A internet é perfeita para isto. Dê atenção ao que o enriquece e aprenda. Não há nada errado no entretenimento, e excelentes programas são produzidos atualmente, mas a questão é: se você ficar parado ali assistindo distraidamente a um programa de uma rede de televisão, com publicidade e tudo, alguma coisa está errada. Escolha o que é bom e lembre-se de que "somos o que comemos" também se aplica aos meios de comunicação que consumimos.

*Lixo que entra tem de sair por algum lugar (sabedoria tecnológica sobre arquitetura de bases de dados)*

Um grande exercício, no caso, consiste em passar *um mês* evitando ligar a televisão ou entrar em qualquer rede social. Veja o que acontece com o seu tempo. Em média, um americano assiste a mais de cinco horas de televisão ao vivo diariamente e passa mais de três horas por dia usando mídias sociais. São mais de oito horas! Assim, presumindo que trabalhamos oito horas e dormimos mais oito (como deveríamos), passamos, segundo essas estatísticas de 2014, quase todo o resto do nosso tempo vendo televisão ou perambulando pelas mídias sociais. Como estranhar, desse modo, que a maioria das pessoas nunca chegue a realizar seus sonhos ou aspirações? Você poderá argumentar talvez que as pessoas passeiam pelas mídias sociais *ao mesmo tempo* que assistem à televisão... OK, está certo... bem-vindo, então, ao mundo do transtorno do déficit de atenção.

O "tempo ocioso" é uma mentira. Você não está repousando na verdade, e ficar passeando pela vida dos outros é quase sempre uma perda de tempo. Procure reabsorvê-lo. O tempo está ligado à sua força vital. Tomá-lo de volta significa recobrar energia e clareza para voltar sua força para coisas que realmente importam. Inicialmente, pode ser frustrante, e talvez você fique entediado, sem saber o que fazer. Mas é apenas o impulso dos maus hábitos puxando-o para comportamentos doentios. À medida que você trata de reabsorver, notará o quanto havia desperdiçado. Em vez de chorar o leite derramado, desfrute do que acaba de liberar e vá em frente.

O Monge Urbano resgata o seu tempo. O tempo é o mais valioso tesouro de que dispomos. É um absurdo desperdiçá-lo com televisão e mídias sociais. Fique de fora durante um mês e veja o que acontece. No início, você não vai saber o que fazer consigo mesmo. Tudo bem. Vai acabar descobrindo. Caminhadas, academia, tempo com os filhos, livros, estudar à noite para sair daquela droga de emprego, socializar com os amigos e tudo mais de bom nesta vida: são as opções à sua espera. A vida está à espera.

## Interrupções na agenda:
## Como usar seu calendário corretamente

Quando pergunto às pessoas quais são suas prioridades, a maioria fala da família, da saúde e de viagens. É aí que lhes peço que me mostrem suas agendas no celular. *Raramente* algum tempo é reservado ainda que de longe para qualquer das prioridades mencionadas acima. A maioria das pessoas *diz* que se importa com certas coisas, mas, como essas coisas não conseguem vaga em suas agendas, pouco ou nenhum tempo é dedicado a elas.

Nós votamos com o tempo de que dispomos, e ao deixar nossas prioridades fora da agenda, estamos de fato dizendo ao Universo que não nos importamos com elas de verdade. Eu agendo minha caminhada com minha mulher, as crianças e os cães toda manhã. A menos que eu esteja fora da cidade, minha agenda me informa que é com isso que estou comprometido, e raramente permite que alguma coisa (que não seja de enorme urgência ou relativa à diferença de fusos horários) me afaste desse valioso emprego do tempo. Eu também agendo blocos de "recuperação" em determinados dias, para me recarregar. O que significa total ausência de intrusos: deixem-me ser e descansar.

Sua missão aqui é fazer o mesmo: pegue suas maiores prioridades e trate de deixá-las blindadas na sua agenda. Se é realmente o que você quer, sustente. Vai ficar surpreso de ver como funciona bem e como desafia seus maus hábitos.

## Bloco de tempo para e-mails

O fato de estarmos constantemente mudando de canal, toda vez que entra um e-mail, é terrível para o nosso foco, tornando-nos lamentavelmente ineficientes. Tira-nos da atividade do momento e nos leva a mais distração, maior estresse e em geral menos eficácia. Um Monge Urbano assume o controle neste departamento, decidindo quando se comunicar com o mundo exterior. Isso significa verificar os e-mails apenas em momentos predeterminados do dia. Nos dias mais criativos, eu só olho os e-mails depois das 11 horas, o que me dá três horas de tempo ininterrupto para realizar meu trabalho, antes que venha o mundo bater à porta com demandas que não estavam na minha agenda. A maioria das pessoas bem-sucedidas nesta prática estabelece dois ou três blocos de tempo (30 a 60 minutos devem bastar) para ler os e-mails e responder quando for o caso.

A maioria dos programas de correspondência eletrônica hoje em dia tem ferramentas ótimas como etiquetagem, estrelinhas e categorização para nos ajudar a fazer a triagem. A regra geral é que, se for possível cuidar de um e-mail e responder em menos de cinco minutos, deve-se fazer na hora. Se for mais demorado, é o caso de marcar com uma estrela, encaminhar ou agendar para tratar do assunto mais tarde. Desse modo, não ficamos para trás na troca de comunicações e também reservamos um tempo adequado para tratar de questões importantes por e-mail.

Também é fundamental dispor de bons filtros contra spams e aprender a se descadastrar de fontes de informação sem interesse. Uma boa maneira de fazê-lo é dispor de um endereço eletrônico secundário para cadastros aleatórios online, que serão encaminhados para essa cesta. Você sempre poderá verificar o que consta nessa caixa, se quiser, mas desse modo esses e-mails promocionais ou irrelevantes não poderão distraí-lo do seu cotidiano.

Com o tempo, vai aprender a se sair melhor nessa tarefa, e sua produtividade aumentará. Isso não significa necessariamente que você tenha de trabalhar mais. É possível que sim, se assim quiser, mas o acréscimo de eficiência também pode representar mais tempo para dar uma corrida, voltar para casa uma hora mais cedo e ver os filhos ou fazer um curso noturno para impulsionar sua carreira. Quem sabe também uma soneca...

Mais uma vez, devemos lembrar que o tempo é incrivelmente valioso, e um Monge Urbano não o desperdiça. Faça as coisas deliberadamente, com propósito, e não permita que a constante bateria de e-mails o distraia das metas do dia.

## Trilhas de meditação nas ondas cerebrais

Ao longo dos anos, tenho examinando tecnologias capazes de ajudar com o estresse e a compressão do tempo, verificando que algumas podem ser incríveis. Eu tinha um laboratório de estudos cerebrais, e examinei milhares de horas de dados de eletroencefalogramas de pessoas que meditam e praticam ioga entrando em estados alterados. Verifiquei que certas rotas de ondas cerebrais são particularmente úteis no sentido de ajudar as pessoas a se livrarem da compressão do tempo, e por isso as recomendo. Por quê? Porque o cérebro humano nesses estados alterados tem sido estudado em laboratório, e isso é corroborado por dados interessantes. O cérebro funciona com as ondas cerebrais em muitos estados diferentes, e a qualquer momento um em geral é mais dominante que os outros. Quando estressados e com o tempo comprimido, em geral, estamos em Beta (12 a 19 hertz) ou Beta Alto (19 a 26 hertz). Fazer com que o cérebro caia para Alfa (7,5 a 12,5 hertz) e ainda mais, até Teta (6 a 10 hertz), pode ser muito terapêutico e relaxante. Vemos que meditadores experientes são capazes de cair em estado Alfa muito rapidamente, e outros podem chegar ao Teta e até ao Delta (1 a 3 hertz) quando em estados alterados. Algumas dessas novas tecnologias podem servir de ferramentas para preparar o cérebro para mergulhar nesses estados com mais rapidez, com menos anos de "preparação".

Na seção de Recursos você encontrará alguns links para trilhas que criei.

## O PLANO DE AÇÃO DE ASHLEY

Examinando a vida de Ashley em busca dos possíveis resultados mais rápidos com o mínimo esforço, percebemos que a primeira parada era o tempo que ela passava diante da televisão. Quanto desperdício de força vital! Conseguimos que ela desligasse todo tipo de mídia "passiva", como televisão e rádio tradicional, passando a selecionar as informações e os conteúdos que entravam na sua vida. Resultado: muito mais tempo diariamente para caminhar com a família, fazer jardinagem e praticar um pouco de ioga à noite. Ela também começou a fazer leituras relacionadas ao trabalho à noite, e rapidamente começou a desaparecer a ansiedade associada ao sentimento de estar sempre ficando para trás.

Em seguida, Ashley e eu trabalhamos na sua rotina matinal. Correr na esteira não era uma grande ideia para uma pessoa como ela. Seu perfil de adrenalina evidenciava um real desafio nesse ponto, e a corrida estava agravando as coisas. Ela começou a fazer treinamento de períodos alternados de vigorosa intensidade e repouso e alguns exercícios de movimentação de todo o corpo no período que anteriormente passava correndo. Isso foi associado a períodos exclusivos de recuperação. Resultado: mais energia, melhor humor e um corpo mais rijo e tonificado. Também acrescentamos uma série de 10 minutos de *qigong* nas manhãs, o que realmente a ajudou a se centrar e clarear a mente. Ela estava sempre se esforçando para "recuperar o fôlego" na vida, e essa prática a ajuda a beber da Fonte antes de começar o dia.

Ashley se disciplinou para registrar suas prioridades na agenda do celular e também para programar pausas regulares ao longo do dia de trabalho. No início, ficou meio apavorada, de modo que as pausas não eram longas, temendo críticas dos superiores. Tirar cinco minutos para respirar no baixo-ventre revelou-se uma enorme mudança para ela. Ao começar a se dar conta de como estava melhor e do maior grau de clareza com que trabalhava depois dessas pausas, algo mágico aconteceu. Ela tornou-se mais eficiente. Começou a superar a média dos colegas e, passados uns dois meses, *acabava* de trabalhar às cinco da tarde e voltava para casa mais cedo. O que significava mais tempo com a família e para si mesma. A qualidade do seu trabalho também melhorou, e alguns meses depois ela foi promovida.

Outro fator importante para Ashley foi aprender a desligar à noite. Ela estava tão acostumada a funcionar sem parar o dia inteiro, que por impulso se sentia compelida a manter o movimento durante a noite. Ela e o marido começaram a curtir uma ou duas noites à luz de vela por semana, e ela deixava o *tablet* de lado à noite, em troca de um bom e velho livro. Ao cabo de uns dois meses, seus níveis de energia estavam melhores e mais constantes. Ela se queixava menos de cansaço e fazia enormes progressos na eliminação de itens da sua lista. Aquelas noites românticas à luz de vela também estimularam uma libido há muito em baixa, que voltou a se manifestar.

Foram necessários apenas alguns ajustes no seu estilo de vida e uma mudança de *orientação* para realmente fazer diferença. Ao assumir o controle do seu tempo, Ashley recuperou sua vida.

CAPÍTULO 3

# Energia: Por que estou sempre tão cansado?

JESSICA NÃO PERCEBEU quando tudo começou. Estava levando a vida como qualquer pessoa normal, e lentamente, mas de maneira bem perceptível, começou a ficar sem energia. No início, tudo bem. Ela se encontrava com as amigas à tarde para tomar café e falar da vida. À noite, tomava um drinque e jantava com a galera de sempre, e em geral as coisas continuavam sob controle. Ela estava pelo fim da faixa dos vinte, vivendo em Nova York. É o que as pessoas costumam fazer.

As manhãs começaram a ficar mais difíceis. Ela costumava andar de bicicleta e em seguida levantar um pouco de peso na academia, mas o entusiasmo já não era o mesmo. Tudo começava a parecer que requeria esforço demais. Durante algum tempo, ela tomou pílulas para emagrecer recomendadas por alguém; funcionaram, mas a deixaram realmente agitada e impaciente. Com o tempo, ela deixou cair a peteca e recuperou todos os quilos – não muitos, mas o suficiente para fazê-la sentir-se "gorda" o tempo todo.

Suas últimas férias tinham sido na Europa. Ela foi com uma amiga a 12 cidades em 14 dias. Museus, boates, passeios de barco, caminhadas o dia inteiro e mais museus – uma saudável dose de cultura, muitas fotos e uma tosse que a acompanhou na volta para casa.

A carreira de Jessica tem sido difícil. Ela se formou em jornalismo e tem experimentado vários empregos temporários. Das relações públicas ao jornalismo investigativo, ainda não encontrou aquela que é de fato sua paixão. O dinheiro é muito apertado, e é quase impossível chegar ao fim do mês na cidade grande. Ela aperta de todos os lados e ainda consegue manter sua vida social, muito importante para ela. Parece que nunca pede outro prato senão salada, e não entende por que está sempre tão cansada, com uma dieta tão saudável. Afinal, está fazendo tudo certo. Por que anda tão exausta?

## O PROBLEMA

Jessica não é a única. A queixa número um nos consultórios médicos hoje em dia é a fadiga. Todo mundo está cansado, e a coisa vai-se tornando uma epidemia. Nosso corpo está dizendo que algo anda errado, mas estamos ocupados demais para lhe dar ouvidos.

A energia é como o dinheiro. No Oriente, damos-lhe o nome de *qi*. É uma *moeda* que flui. Precisa mover-se pelo nosso corpo num ciclo de abundância. Se nos mantivermos equilibrados, nossa energia será saudável, fluindo como deve. Falaremos muito disso mais adiante neste capítulo, mas vamos começar a criar uma imagem aqui.

Você está numa loja, e vê algo que deseja. Mete a mão no bolso para pegar dinheiro e se dá conta de que acabou de gastá-lo esta manhã. Nos velhos tempos, você sairia sem levar o artigo, possivelmente aprendendo em seguida a administrar melhor as finanças. Hoje, não precisamos enfrentar essa realidade: temos crédito! Pegamos um cartão na carteira e o enfiamos numa máquina. Pronto! O objeto está na bolsa, e você sai sorridente de volta para casa, até receber a conta e se dar conta de que precisa providenciar o dinheiro. A cena é conhecida? É o que fazemos diariamente com nossa energia.

Jessica poderia ter ido para um retiro nas montanhas e lido um livro, tirado muitas sonecas, feito um pouco de ioga, sentado diante de uma lareira durante uma semana e recarregado totalmente as baterias, mas, em vez disso, gastou todo o seu dinheiro *e a sua energia* desfilando pela Europa. Na verdade, passou a maior parte da viagem metendo o cartão em máquinas, e agora está superestressada com as contas.

*Agora, ela está cansada e mais agitada. Torrou completamente seu* qi *e se sente esvaziada.*

Como não repousa, ela não se recupera. É um princípio básico: O que sobe tem de descer. O yin e o yang devem sempre equilibrar-se para que a energia flua.

Jessica de fato encontra equilíbrio, mas não de maneira saudável. Ela força a barra e continua forçando até que o corpo desiste e ela fica prostrada na cama durante uma semana para se recuperar – nada de jantares, nem consegue falar, tomando remédios para gripe e vendo reprises de *Friends*.

## A cafeína é como um cartão de crédito de energia

Numa sociedade capitalista, a dívida é usada para alavancar o crescimento e gerar riqueza. Pode ser interessante tomar dinheiro emprestado para comprar uma casa e imediatamente revendê-la com lucro. Sua linha de crédito pode ajudar com problemas de fluxo de caixa quando o seu negócio sofre tropeços – e está tudo bem.

O problema está numa Economia Energética equivocada.

Ninguém pode gastar mais energia do que gera. Era uma matemática bem simples, entendida pela maioria das pessoas, mas agora jogaram areia na engrenagem. A vida é rápida e frenética. O tempo nunca basta (consulte no capítulo anterior a parte sobre Síndrome de Compressão do Tempo), de modo que parar um pouco para descansar e respirar parece loucura. "Não posso parar", pensamos. "Vou tomar café e comer alguma coisa..."

Como o tempo é tão curto na nossa percepção, parar para comer é uma inconveniência, um estorvo. Trata-se de um grave problema contemporâneo que afeta a maioria de nós, e que está tirando a vida das pessoas dos trilhos: A vida e os rituais costumavam ocorrer em torno das refeições, mas agora nem sequer temos tempo de sentar para fazer uma refeição. Esse ato perdeu o significado, e assim *aquilo* que comemos tampouco tem maiores consequências; simplesmente engolimos uma barra de proteínas e vamos em frente. Problema: essa porcaria não é comida.

## Os alimentos não são mais os mesmos

É dos alimentos que tiramos energia, mas agora nós estragamos tudo. Mexemos, experimentamos, modificamos geneticamente e realçamos artificialmente uma parte tão grande do que comemos que nosso corpo encontra dificuldade para reconhecer tudo isso como alimento. O que acontece é que o sistema imunológico está sendo confundido, sem mais saber distinguir entre "amigo" e "inimigo" e atacando partículas de alimentos nos intestinos. Isso desperdiça uma enorme quantidade de energia, deixando-nos cansados, inflamados e com a cabeça confusa. Examinaremos a questão muito mais detalhadamente nos Capítulos 6 e 7, mas por enquanto cabe registrar que a moral da história é comer *alimentos de verdade*, saídos organicamente da terra e isentos de manipulação. É a melhor aposta em matéria de saúde, nutrição e bem-estar geral.

## As toxinas estão nos sufocando

Trinta e quatro bilhões de quilos de produtos químicos são jogados diariamente no nosso ambiente, e muitos são danosos para as mitocôndrias, extremamente suscetíveis a lesões. As mitocôndrias são minúsculas organelas nas nossas células, e nos ajudam a gerar energia. Uma vez danificadas ou comprometidas, nossa produção de energia cai e nos queixamos de desânimo e cansaço.

Estamos experimentando uma epidemia de toxicidade que nos bombardeia de todos os lados. À medida que o corpo perde resistência, as mitocôndrias são lesadas, e passamos a dispor de menos energia para o sistema imunológico, as vias de detoxificação e a excreção. Em essência, é uma espiral negativa de toxicidade e fadiga. Quando a luz começa a tremular, o cérebro fica confuso e nós, irritáveis e mal-humorados, loucos por uma pílula ou uma xícara de café. Mas não é aí que está a resposta. Ela está nos produtos domésticos, nos alimentos processados, no ar e na água poluídos e nos cosméticos a que nos submetemos diariamente. Meu segundo filme, *Origins*, examinava profundamente esta questão, mostrando os efeitos negativos para a saúde dessa grande experiência química de que todos passamos a fazer parte. Desviar o olhar dessas coisas assustadoras não resolve nada. O Monge Urbano trata de limpar sua seleção de alimentos e se dá conta de que "você é o que você come" se aplica a muito mais coisas que a comida simplesmente.

Existe também um problema de mofo tóxico, que é um ladrão silencioso de energia na nossa sociedade. O mofo aciona o sistema imunológico e pode causar toda uma série de sintomas, que vão do esgotamento mental às reações autoimunes. Nem sempre podemos vê-lo, e seus efeitos nocivos podem ter caráter cumulativo. Se achar que pode ter sensibilidade a mofo, verifique na seção de Recursos algumas ferramentas que poderão ajudá-lo.

## O corpo foi feito para se movimentar

Um fator crucial do quebra-cabeça da baixa energia é o estilo de vida sedentário que adotamos na vida moderna. No Capítulo 5, mergulharemos mais fundo nessa questão, explorando as nuances. O que precisamos entender é que nosso corpo é elétrico por natureza e que o carregamento se dá pelo movimento. O movimento das pernas direciona sangue e íons para energizar o sistema nervoso, ajudando-o a se comunicar adequadamente com o cérebro. As endorfinas entram em ação e nossos sentidos passam a trabalhar em três dimensões. É o que somos: seres vibrantes e cheios de energia capazes de escalar muros de pedra e saltar sobre ribanceiras.

Saltemos para o que se passa hoje, e nos vemos estacionados por trás de escrivaninhas ou em carros, na esperança de passar algum tempo andando numa esteira depois do trabalho. Estamos quase sempre sentados em vez de estar de pé e dirigindo em vez de caminhar. Isso bloqueia o ciclo natural de fluxo energético conhecido do corpo. Começamos então a estagnar e a adormecer. Nossos genes deixam de se programar para o desempenho ideal, e nós ganhamos peso. Começamos a envelhecer e a degringolar, pois um sistema robusto e saudável é aquele que se move e explode com cargas de energia.

## A energia precisa ter para onde ir

Falamos da energia como se ela se acumulasse numa conta bancária, e é por isso que engordamos. Lembre-se: a energia precisa mover-se. Não pode ficar parada no mesmo lugar, e sua estocagem ocorre em forma de gordura, algo que não queremos necessariamente no corpo. Como, então, conciliar as coisas?

*Proporcione sempre um escoadouro para a energia.*

Um Monge Urbano está sempre ligado a coisas que requerem energia em nosso mundo. Das causas que apoiamos às empreitadas intelectuais que abraçamos, precisamos constantemente de mais e mais energia para alimentar as demandas do nosso crescimento pessoal. Movimentamos mais energia *através de nós* à medida que nossas marcas pessoais se expandem. Isto significa canalizar força no nosso mundo. Seja no trabalho que realizamos ou no lixo que recolhemos no jardim, estamos sempre movimentando força. Dos livros que lemos às palestras que fazemos, trata-se sempre de energia. Das pessoas que atendemos aos cuidados que temos com nós mesmos, há sempre uma necessidade de energia. Quanto mais aprendermos a não obstruir o caminho e nos tornarmos eficientes, mais força estaremos deixando passar por nós.

O problema com o estilo de vida moderno é que ver a vida passar na televisão não requer energia. Comer alimentos que não cultivamos nem caçamos não implica nenhuma troca direta. Atravessar a cidade num carro gasta petróleo, mas não os pneuzinhos da cintura. A vida tornou-se abstrata, e o fato de estarmos separados das necessidades básicas de gasto de energia afastou-nos da fonte da nossa verdadeira força. Vamos então voltar ao nosso corpo.

## SABEDORIA DO MONGE URBANO

Tudo contém força vital. Tudo está impregnado de Espírito e consciência. A vida e a consciência estão em toda parte ao nosso redor, e também pululam no mundo natural. Vivemos numa grande rede vital, e a matriz da energia é como uma deliciosa sopa na qual nadamos. Nutrimo-nos dessa força e ao respirar devolvemos-lhe energia. É um lindo e poderoso sistema de vida interligada e transferências energéticas unidas numa consciência comum – uma mente ou espírito universal *de que todos fazemos parte*.

Ao ingerir alimentos cheios de força vital, ganhamos energia. A *qualidade* da comida que comemos determina a qualidade e o volume do nosso *qi*. As coisas próximas da natureza têm uma vibração elevada, contendo mais nutrientes e força vital. Os elementos manufaturados em sua maioria são destituídos dessas qualidades. Ausência de vida nos alimentos significa ausência de vida em nós. Dá para estranhar, assim, que todo mundo se sinta tão cansado? Cabe lembrar, mais uma vez, que não recebemos dos alimentos apenas calorias, mas muito mais. Claro que estão envolvidos nutrientes, minerais e cofatores, mas e o *qi*? Retiramos dos alimentos os mais variados tipos de energia sutil, e não apenas calorias a serem decompostas. A interligação de todas as formas de vida é sempre uma transferência de energia e consciência. Nós nos nutrimos das pessoas ao redor, dos livros que lemos, dos programas a que assistimos e dos ambientes em que repousamos. Fazemos todos parte de uma inteligência universal que nos ajuda a sentir-nos ligados e intensamente vivos. Tudo está vivo e impregnado de consciência.

## Consumir vida

Compartilhamos a energia eterna do Universo com todas as outras formas de vida, e o ato de comer é sagrado. Estamos transferindo energia de uma forma de vida a outra, algo a ser feito com reverência e respeito. Um Monge Urbano come *conscientemente* e agradece por cada refeição, cada mordida. É uma atitude de inclusão e respeito que está na base de todas as estratégias e táticas de que podemos nos valer numa dieta. Tudo mais é secundário.

Assim sendo, ingerimos apenas alimentos vivos ou que recentemente ainda estavam vivos. Legumes e verduras orgânicos são fundamentais. Se você come carne, certifique-se de que os animais se alimentavam num pasto natural e eram amados. A carga tóxica que recebemos ao comer carnes convencionais é tremenda. Ela ativa nosso sistema imunológico e as vias de desintoxicação, deixando-nos em geral mais cansados e letárgicos.

Um passo adiante seria dizer que, se você come carne, então *precisa* caçar e *matar* o animal que for comer. Precisa ver o que significa tirar uma vida, e fazê-lo com todo respeito. Horas seguidas de subidas e descidas em cristas montanhosas, enfrentando os elementos, bombeiam ativamente o sangue. É algo de muito peso, e, uma vez impresso na sua consciência, você nunca mais vai engolir um sanduíche de frango sem pensar.

Evite qualquer coisa que venha numa caixa ou mesmo precise de um rótulo. Legumes e verduras saem do solo. Aproxime-se disso. Comece a cultivar parte do que come ou mesmo tudo, se possível. *Toque a vida*. Saiba de onde vem e sinta um profundo respeito. É o que está faltando no Ocidente. Consumimos cegamente produtos semelhantes a alimentos mas totalmente destituídos de *qi* e ainda nos perguntamos por que estamos cansados, doentes, gordos e deprimidos. Se quiser sentir-se vivo, volte a se integrar ao ciclo da vida e coma apenas comida de verdade, carregada de energia natural. Dessa forma, obterá seus nutrientes, se sentirá melhor, se livrará daqueles desejos horríveis de comer isto ou aquilo e simplesmente começará a se sentir mais energizado.

### Buscar água, cortar lenha

Nos mosteiros, havia um velho dito:

> *Antes do zen, busque água, corte lenha.*
> *Depois do zen, busque água, corte lenha.*

Trabalhar é ótimo. Os hindus dão-lhe o nome de Karma Yoga, e é bom para nós. Só porque você trabalha sentado à mesa, não quer dizer que não deve se movimentar. Uma mesa alta para trabalhar em pé, exercícios que podem ser praticados no escritório, caminhadas diárias e muitas outras estratégias são abordadas mais adiante neste livro. Movimentar-se é um fator decisivo para se sentir melhor e ter mais energia.

Um elemento importante da ética do Monge Urbano é efetivamente reintegrar o trabalho ao exercício físico. Botar o pé no mundo e suar a camisa é bom para todo mundo. A sociedade parece ter decidido que não pega bem trabalhar ao ar livre, pois isso é coisa da classe trabalhadora, e os ricos ficam vendo televisão enquanto caminham em esteiras na academia.

*Besteira.*

Construa um barraco, junte um bocado de feno, quebre algumas pedras, plante uma árvore e faça uma faxina no sótão. Nos velhos tempos, nós nos movimentávamos, o que nos mantinha cheios de energia. Tínhamos fome porque nos movíamos o dia inteiro, e não porque o relógio batia 18 horas.

## JORNADAS PESSOAIS

Após o nascimento do meu primeiro filho, algo que eu não entendia aconteceu. Nunca tivera problemas de sono e sempre dormira bem. Com o choro do bebê nos despertando o tempo todo, meus padrões alterados de sono começaram a causar estragos. Eu estava trabalhando mais que nunca, no lançamento de um filme, e a cada dia funcionava com menos combustível no tanque. Andava cansado, com menos libido, a digestão já não era tão boa e me faltava entusiasmo. Na verdade, eu tinha a sensação de me encaminhar para uma "falência de entusiasmo". Fiz um exame de sangue e constatei que as minhas glândulas suprarrenais estavam exaustas, e assim entrei para um programa no qual ingeria suplementos de reforço suprarrenal, além de ervas revigorantes, e mudei completamente minha dieta, para consumir carboidratos apenas à noite. Com isso, queimava gordura e proteínas durante o dia, e à noite os carboidratos ajudavam a promover um pico de insulina que contribuía para baixar meus níveis de cortisol. Fazendo algumas pausas para meditar e alternando com minha mulher no atendimento ao bebê, conseguimos rapidamente dar a volta por cima. Dei-me conta de que a maioria das pessoas nunca chega a se recobrar realmente desses episódios, carregando essa fadiga para tudo que faz na vida. Este livro vai ajudá-lo a saldar essa dívida energética.

## Quando estiver cansado, descanse

O corpo humano tem ritmos circadianos que apresentam um constante fluxo e refluxo de energia. Saber como surfar nessas ondas é fundamental para o Monge Urbano. O simples fato de fechar os olhos por 5 a 10 minutos pode nos ajudar a baixar a bola e recarregar em pleno dia. Muitas vezes, é só do que precisamos para ir em frente e sustentar constantemente a energia, mas o problema é que não nos permitimos. Dar-se permissão para relaxar é muito difícil para a mente ocidental. Afinal, nossa cultura tem raízes anglo-saxônicas e germânicas, que priorizavam o trabalho árduo e a persistência, o que nos ajudou a construir uma economia gigantesca e esquadras de porta-aviões, mas também nos tornou dependentes de drogas para tudo.

*Não é proibido baixar a bola.*

Pronto, aí está. Acabei de lhe dar de bandeja. Um belo dia, você será capaz de dar a si mesmo, mas até que isso aconteça pode usar meu passe. O Monge Urbano aprende a trabalhar com mais inteligência, e não com mais afinco. Assumir ares de muito ocupado só para agradar as pessoas ao redor é uma tolice, mas também é algo que todos fazemos de vez em quando. Separe um tempo para recarregar as baterias, e constatará uma profunda diferença nos seus níveis de energia, desempenho e saúde. Isso levará a menor consumo de cafeína e provavelmente também de carboidratos. Quando descansamos o necessário, os níveis de leptina (um hormônio da saciedade) no cérebro são equilibrados e não caímos em crises de desejar certas comidas.

## Sinta a força

Embora nossas calorias venham dos alimentos, também absorvemos várias outras energias sutis das formas de vida que nos cercam. Tudo que está vivo irradia energia, e nosso corpo o percebe intrinsecamente. Sentir a energia de um ambiente, de um vale, de uma floresta ou de uma campina é uma habilidade inata que nossos antepassados tinham. Tenho certeza de que você se lembrará de uma experiência em que estava na natureza, se sentindo maravilhado. Era por causa das coisas boas ali presentes. Um Monge Urbano não descarta esse convívio, e retorna à terra das almas perdidas. É *lá* que recobramos vitalidade e nos conectamos com os campos energéticos das plantas e dos animais que nos cercam.

Antes de nos cercarmos de paredes, tapetes, aparelhos e móveis, tínhamos muito mais acesso à natureza e éramos capazes de "beber" essa energia por todos os poros. Éramos cercados por ela e nela nos banhávamos. Hoje, perdemos a conexão e sentimos que algo está faltando. E está.

O Monge Urbano passa tanto tempo quanto possível na natureza, perto de puras manifestações da vida, e por isso se sente melhor. Liga-se à força vital nas árvores, no ar e na água para restaurar sua vitalidade e integrar-se ao ecossistema. Você sabe que chegou lá quando sente que sua energia não é algo sujo que está poluindo a natureza. Ao sanear nosso estilo de vida e aprender a diminuir a descarga energética de maneira sadia e sustentável, deixamos de promover o caos e nos reconectamos com a trama da vida. Quando isso acontece, a sensação é inegável e pura. Essa sensação é um direito nosso.

## Saiba que existe a sombra

Também há um lado sombrio. Existem na sociedade elementos parasitários que têm interesse em nos manter desconectados da nossa vitalidade natural. Eles se alimentam de vida e precisam que permaneçamos adormecidos e desconectados para inadvertidamente deixar vazar nossa vitalidade.

Os antigos gnósticos davam a esse elemento não físico das sombras o nome de *Archons*, entidades desencarnadas conhecidas pela prática da "contramímica", a imitação de algo bom de maneira a arrebanhar a confiança das pessoas. São vampiros de energia, permeando todas as camadas da sociedade. Estão em toda parte e muito já contaminaram. Trata-se de uma forma de consciência predatória, disseminada e perversa. Muitos estão contaminados por ela.

> "O maior truque inventado pelo Diabo é convencer as pessoas de que ele não existe."
>
> – KEYSER SÖZE, *Os suspeitos*

Podemos ver isso na religião. Vemos também no caso dos laboratórios farmacêuticos e do negócio da medicina. Vemos com os políticos e as empresas que escamoteiam a poluição por elas gerada e fingem atuar respeitando o ecossistema. É algo tão comum que acabamos aceitando que o mundo simplesmente é assim mesmo, embora bem lá no fundo saibamos que há algo errado.

Um sacerdote taoista passa boa parte do tempo fazendo exorcismos, e eu pude ver coisas bem estranhas, de modo que quero aqui compartilhar do que se trata. Há pessoas que fazem o mal e querem ficar no controle. Isso todos nós vemos perfeitamente. O que a maioria não vê é o vírus mental que contamina e permeia essas pessoas.

Vamos esclarecer tudo isso com alguns exemplos reais de "contramímica".

*Religião: "Nós representamos Deus e tudo que é bom."*

- "Deus acha certo dizimarmos a sua tribo porque vocês são hereges e nós somos os escolhidos."

- "Sou um homem da batina, e portanto está certo tocá-lo neste lugar, meu filho."

- "Todos merecem o nosso amor e nós não julgamos, mas os negros andam na traseira do ônibus."

- "Deus está do nosso lado, e nós venceremos a Guerra Santa" (aqui, inserir qualquer país ou religião).

*Política: "Nós representamos o povo
e estamos trabalhando pelo bem comum."*

- "Eu sou o defensor do povo; jamais teria assinado uma lei como esta... mas assinei... desculpem."

- "Nós reconhecemos a importância da liberdade de expressão e das liberdades civis, mas estamos votando contra porque nossos patrões não concordam."

- "Jurei servir ao meu país mas aceito dinheiro de suborno porque é assim que o sistema funciona. Estamos todos à venda, é assim mesmo na política."

*Medicina: "Estamos aqui para curar as enfermidades
da humanidade e não fazer mal a ninguém."*

- "Sabemos que a dieta e os exercícios resolvem a maioria das doenças crônicas, mas, como não entra dinheiro, vamos mudar de conversa e empurrar nossas pílulas e procedimentos, independentemente de quaisquer efeitos colaterais."

- "Claro que esta planta surte efeito, mas não podemos patentear a natureza, e portanto vamos desacreditar este estudo e continuar vendendo porcarias que fazem funcionar a caixa registradora."

- "Não tenho como acompanhar todas as novas descobertas no campo, mas serei arrogante e descartarei suas perguntas, pois desafiam minha autoridade e não poderei cobrar o dinheiro que quero cobrar se você não entrar no jogo. Sou eu o médico, sua vadia."

## *Empresas: "Nós lhe proporcionamos o que você quer e somos bons cidadãos globais."*

- "Somos totalmente ecológicos, pois temos a imagem de um celeiro na nossa caixa de cereais, embora não tenhamos feito mais nada para tornar nossos ingredientes mais saudáveis."

- "Vamos comprar essa marca de imagem ecológica para melhorar a nossa própria, ao mesmo tempo continuando a usar ingredientes geneticamente modificados, mais baratos. Esses imbecis não vão saber a diferença mesmo."

- "Podemos vender nossas maçãs com agrotóxicos no mercado de agricultores e dizer que são orgânicas, o que é o máximo, pois os clientes simplesmente vão pagar mais pela mesma porcaria. Excelente negócio!"

## *Meios de comunicação: "Somos isentos e justos e adoramos compartilhar arte, cultura e entretenimento com vocês."*

- "Basta me molhar a mão ou entrar para a minha igreja e eu consigo um papel para você no filme. Sabe como é... é assim que funciona."

- "Damos as notícias como são e nunca temos opinião nem qualquer interesse na história – embora nosso proprietário seja parte interessada."

- "Não quero nem saber se cantam bem, desde que se disponham a fumar diante do nosso público juvenil. Queremos uma imagem de 'malvado' e podemos facilmente encontrar outro garoto. Músicos a gente encontra a dar com o pé."

E a lista poderia prosseguir para sempre, mas vocês já entenderam: pessoas fingindo ser o que não são, manipulando sistemas e sendo calhordas. Donos da verdade não faltam neste mundo, e todos fomos levados a crer que precisamos fazer um trato com o diabo para ir para a frente. O dinheiro é um mal, e nós temos de dançar conforme a dança porque é o que todo mundo faz...

*Besteira.*

Um Monge Urbano rejeita categoricamente esta premissa, sabendo que é coisa de elementos parasitários que há milênios tentam impor esse padrão. Dispomos hoje da tecnologia necessária para fazer a completa conversão para a energia solar, e no entanto continuamos guerreando por petróleo. Fabricantes de armas pressionam pela manutenção das guerras no Oriente Médio e fabricantes de refrigerantes adicionam sabores "naturais" para nos levar a crer que seus produtos são saudáveis. Mas não precisamos sujar as mãos para ganhar dinheiro. Podemos criar produtos e prestar serviços com integridade e honestidade. O preceito budista do "Meio de vida correto" continua valendo, e as pessoas de bem precisam pautar-se por ele e defendê-lo. Ou seja: o que fazemos não deve prejudicar o planeta nem outras pessoas.

*Devemos defender o que é certo e belo.*

Mas que pode isso ter a ver com baixa de energia? Muita coisa. Fomos criados para ser zumbis. Criados para não pensar por nós mesmos e para seguir. Precisamos que nos digam o que fazer: Votar na direita ou na esquerda, comer hambúrguer e batata frita com Coca-Cola, aceitar a realidade tal como se apresenta e, francamente, calar a boca e continuar pagando impostos e comprando sapatos. *Que coisa mais exaustiva!* Talvez estejamos cansados por estarmos submissos e inconscientes. Talvez tenhamos sido tão induzidos ao sono que a "centelha" de vida seja o ingrediente que está realmente faltando.

### *Não pode haver fluxo de* qi *sem um* Shen *saudável.*

*Shen* pode ser traduzido como "Espírito". Os parasitas nos distraem e nos mantêm desligados do Espírito, nossa fonte fundamental de energia infinita. Fazem-nos sentir que não somos nada sem aquele carro, aquela bolsa, o diploma ou o companheiro ideal. Levam-nos a desejar uma vida impossível preenchida por uma promessa falsa, para que prontamente soltemos o dinheiro que alimenta a besta parasitária. Fazem-nos acreditar na escassez e na incessante luta a que o ser humano estaria condenado – aquela história de que tem gente má por aí querendo te pegar e de que o mundo não é um lugar seguro.

A boa notícia é que o Espírito é infinito e eterno. Quando nos reconectamos a ele, achamos graça das tolas distrações e recobramos nosso poder – um *poder pessoal* que vem de dentro e se irradia para fora, um poder pessoal que sabemos ser muito maior que nós, um canal ligando a Fonte de energia comum a todas as formas de vida. É ele que faz o broto florescer numa calçada de concreto e leva o pinguim a abrigar seu rebento com as asas por meses a fio num frio de congelar.

Um Monge Urbano desperta para o seu potencial e se torna um farol em sua comunidade. Defende a justiça e faz o que é certo. Pondera suas decisões e contesta padrões que não interessam. Não cede quando um sociopata tenta impor-lhe visões de mundo desgastadas e certamente não procura se adequar aos zumbis. O que faz é despertá-los. Tem um Espírito livre, o que libera sua energia. Está intensamente vivo e cheio de *qi*.

### *Energia é* qi, *e precisa fluir.*

Ela deriva dos alimentos e gera nossa Essência Vital. É abastecida pelo nosso Espírito. Desperdiçar nossa Essência também é a melhor maneira de pifar o sistema. Aprender a cultivar nossa Essência e a movimentar nosso *qi* é uma prática fundamental na restauração da energia. Precisamos aprender a repousar quando cansados, a ingerir bons alimentos quando estamos com fome, a nos movimentar e usar o corpo, e também (sendo este o ingrediente que falta) a *cultivar* nosso *qi*, para brilhar e estar intensamente vivos. É seu próximo passo para se tornar um Monge Urbano. Está na hora de aprender a usar "A Força".

## PRÁTICAS ORIENTAIS

### Qigong

Se eu lhe dissesse que existe uma prática que pode ajudá-lo a se sentir melhor, ter mais energia, mais clareza, tornar-se mais flexível, dotar-se de maior imunidade e aumentar sua vitalidade, você a faria? Pois bem, aqui está!

A tradução literal de *qigong* é "trabalho energético", e ele constitui a base da prática de um Monge Urbano. Considerando-se que vivemos numa época tão incrível, é muito melhor *mostrar-lhe* essa prática do que esperar que possa entendê-la neste livro. Acesse theurbanmonk.com/resources/ch3 e terá livre acesso às Práticas de *Qigong* do Monge Urbano (Níveis 1 e 2), em inglês. Lá, você poderá baixar os vídeos para o seu celular, *tablet* ou computador, ou acessar os conteúdos por *streaming* na sua televisão, ou outro dispositivo. Basicamente, tratei de facilitar o aprendizado, onde quer que você precise acessar a informação. Se você for do tipo que prefere um passo a passo escrito, também incluí essas informações no site (para não transformar isto aqui num livro de 500 páginas).

Comece pelo Nível 1 nas suas manhãs e, se for capaz, faça o Nível 2 à noite. Desse modo, estará cultivando o yang de manhã e o yin à noite, encontrando equilíbrio na vida. Certamente sobrevirá um acréscimo de energia, mas saiba que, no caso de certas pessoas, com as glândulas suprarrenais afetadas, é necessário algum tempo para recobrar a energia. Esta prática é *sua*, e assim deve ser tratada. Faça-a conscientemente. Reserve o tempo necessário e veja como você melhora. À medida que sentir aumentar a vitalidade, você verá como é um grande investimento.

### Ervas revigorantes

Uma tradição muito desenvolvida de herbalismo revigorante vem há milênios ajudando muitas pessoas a recobrar a vitalidade e potencializar o *qi*.

Apresento a seguir uma relação de plantas de qualidades adaptogênicas. Isso significa que ajudam a regular o corpo, dando-lhe aquilo de que precisa; poderão representar um estímulo naquilo em que você precisar ou uma sedação quando necessário. Esse tipo de planta é extremamente interessante, uma prova da inteligência natural que encontramos nos vegetais. Todas podem ser ingeridas em forma de chá. Algumas empresas as vendem em pó, para simples infusão em água quente. O método tradicional consiste em ferver as ervas numa tigela de barro durante algumas horas e tomar o líquido como chá medicinal.

**Ginseng.** Considerada a "imperatriz" das plantas revigorantes, o ginseng tem poderosas propriedades de construção do *qi*. Ajuda a restabelecer a vitalidade e a construir Essência. Existem diferentes tipos que podem ser usados de acordo com a sua disposição. Os ginsengs vermelhos são de natureza mais yang e estimulam vias de excitação, ao passo que o ginseng americano tende a ser mais yin e restaurador. Muitos mestres herbalistas usam combinações de diferentes raízes para criar uma fórmula individualizada para alguém. Um dado interessante é que os ingredientes ativos que verificamos terem as propriedades mais medicinais são os ginsenosídeos da raiz do ginseng. Quanto mais uma planta tiver de se esforçar para crescer e quanto mais difíceis forem as condições a que tiver de se adaptar, mais elevado o seu conteúdo será, e mais potente como remédio. Este será um tema recorrente (kung fu) para você como Monge Urbano.

**Ashwagandha.** Uma das plantas mais poderosas dos tratamentos ayurvédicos indianos, a *ashwagandha* é usada desde a antiguidade para tratar uma série de condições, sendo mais conhecida por seus benefícios revigorantes. Também é adaptogênica, contribuindo para diminuir o estresse, aumentar a imunidade, restabelecer o vigor e estabilizar o açúcar no sangue.

**Reishi.** Este cogumelo é um poderoso intensificador da imunidade, usado há milênios no herbalismo revigorante. Já foi objeto de pesquisas aprofundadas, verificando-se que estimula os neurônios cerebrais, destrói células cancerosas e previne o desenvolvimento de gordura em pessoas obesas. Protege o ADN mitocondrial e ajuda um importante gene da longevidade a se expressar.

**Astrágalo.** Muitas vezes combinado com o ginseng, o astrágalo é outro esteio do herbalismo revigorante chinês. Ajuda a aumentar a imunidade, intensifica o *qi* e a energia e contribui para a digestão. Tem sido usado com proveito ultimamente como diurético em casos de doenças cardíacas. Se quiser explorar, contudo, procure um bom médico.

**Rhodiola.** Esta planta cresce em grandes altitudes das áreas árticas da Europa e da Ásia. Há anos é usada como revigorante adaptogênico na Rússia e na Escandinávia. Ajuda a prevenir a fadiga, o estresse e os efeitos nocivos da privação de oxigênio. Usei-a no Nepal, o que potencializou minha energia e me ajudou a evitar o mal-estar das alturas.

**Fórmulas individualizadas.** Boa parte do herbalismo revigorante decorre de uma abordagem individualizada da saúde. Se você souber em que precisa de ajuda, quais as energias que estão em desequilíbrio no seu corpo e o que lhe convém, pode criar uma mistura própria de plantas para atender a suas necessidades. As plantas adaptogênicas são de fácil uso, pois são versáteis e podem ser ingeridas pela maioria das pessoas, mas quando se tratar de ervas medicinais, será do seu interesse saber o que está fazendo ou trabalhar com alguém capacitado. Verifique na seção de Recursos as dicas de herbalismo doméstico.

## Beba sua comida

A dieta de um monge era basicamente de legumes e verduras, arroz e carnes magras (quando havia). A comida moderna não se parece com o que as pessoas comiam há centenas de anos, e a melhor maneira de resgatar é a simplicidade. Dois dos principais problemas das dietas modernas são a má qualidade dos alimentos e a excessiva *quantidade*. Comemos até nos empanturrar e não paramos para digerir.

*Coma até se satisfazer parcialmente
e espere 5 ou 10 minutos.*

Em geral, será o tempo suficiente para ativar a saciedade, e você poderá encerrar a refeição. Só isso já bastará para perder muitos quilos indesejáveis. O corpo tem tempo para secretar o volume adequado de enzimas digestivas, o suco gástrico começa a atuar e os alimentos são encaminhados sem sobrecarregar desnecessariamente o sistema digestivo. Aprender a mastigar bem também é uma maneira incrível de decompor uma refeição, liberar mais nutrientes e ter uma relação mais íntima com o alimento. Uma maneira fácil de fazê-lo é contar o número de vezes que você mastiga depois de cada mordida ou pedaço de comida. Um bom número, para começar, é dez. Conheço pessoas que mastigam até vinte ou mesmo 36 vezes a cada garfada.

Em muitas tradições, sopas, cozidos e canjas representam uma parte importante da alimentação dos monges. São pratos preparados com muitos ingredientes maravilhosos cozidos lentamente durante bastante tempo em fogo brando, para ajudar a extrair nutrientes vitais e melhor decompor o alimento. Em seu pioneiro livro *Pegando fogo: Por que cozinhar nos tornou humanos*, Richard Wrangham relata como o advento do uso do fogo para cozinhar ajudou nossa espécie a ter acesso a nutrientes vitais e obter mais calorias dos alimentos, para se adaptar melhor, tornar-se mais ágil e ter cérebros maiores.

Desse modo, o Monge Urbano pode usufruir mais prontamente dos nutrientes e calorias de suas refeições, que são mais leves, carregadas de energia e simples. Esses fatores ajudam na nossa nutrição, evitando uma sobrecarga digestiva, que dificulta o funcionamento dos nossos sistemas e gera confusão mental. Afinal, se o objetivo é contemplar a vida e a natureza da nossa existência, o fato de engolir um burrito de queijo só pode garantir uma coisa: um monge sonolento com a mente confusa.

Quando mais tomamos sopa? Muitas vezes, quando estamos doentes. A canja de galinha da vovó é boa porque parte dos alimentos foi "pré-digerida" para nós, o que facilita a melhora. Em outras palavras, o calor ajudou a decompor os nutrientes, diminuindo o trabalho do nosso organismo. Se você tem na linha de frente tropas combatendo uma infecção, precisa que estejam bem focadas. Não vai querer desviar energia do sistema imunológico quando transcorre uma batalha, e por isso a sopa é um excelente remédio. Por que, então, não comer assim com maior frequência? Por que não recorrer a sopas para diminuir a sobrecarga em nossos corpos cansados e doentes, liberar energia e começar a nos sentir melhor?

*Coma uma vez por semana como se estivesse doente.*

Tomar sopa uma vez por semana é uma forma de jejuar – você pode chamar de Jejum Digestivo. O estômago, o pâncreas e o intestino desfrutam de uma pequena pausa para recobrar fôlego e funcionar melhor. A substituição de refeições sólidas por líquidas uma vez por semana realmente proporciona ao corpo o descanso de que precisa para se recuperar e curar o trato intestinal. Eu gosto de incluir caldo de osso, ervas revigorantes e plantas medicinais nas minhas sopas, fazendo-as trabalhar por mim. É uma maneira incrível de usar os alimentos como remédio, representando ainda hoje uma tradição viva na Ásia. Na seção de Recursos no fim deste livro, você encontrará duas excelentes receitas para experimentar.

## Prática de rejuvenescimento

Um tema a que voltamos sempre é a necessidade que todos temos de esfriar um pouco, baixar a bola. Fazemos coisas demais. Mesmo ao voltar para casa à noite, temos um milhão de coisas para fazer e vamos para a cama nos perguntando por que não conseguimos dormir, o que não contribui em nada para a formação do *qi*. O Monge Urbano dá uma parada e aprende a *juntar qi* ao longo da noite. Melhor ainda, aprende a fazê-lo o dia inteiro, de modo que nunca se sente cansado ou exaurido. Mas vamos partir do princípio de que ainda não chegamos lá. Aqui vão algumas excelentes práticas para ajudá-lo a recuperar a energia e começar a sentir novamente alguma vida pulsando nas veias.

Banhos de sais com óleos essenciais. É uma excelente maneira de descomprimir à noite. Um bom banho quente com sais de banho e algumas gotas de óleos essenciais realmente é capaz de acalmar o sistema nervoso e fazê-lo relaxar. Eu gosto de alfazema, olíbano e hortelã. A vantagem adicional de usar sais de banho é que a pele fica impregnada de magnésio, o que acalma a mente e ajuda as mitocôndrias. Como vimos, as mitocôndrias nos ajudam a gerar energia, sendo muito vulneráveis às toxinas ambientais. Precisa de toda a ajuda que pudermos mobilizar, e uma boa dose de magnésio realmente contribui muito. Trata-se de uma extraordinária prática taoista, ao mesmo tempo potencializando o *qi* e ajudando a relaxar.

Voto de silêncio. Fazer voto de silêncio uma vez por mês contribui muito para restaurar nossa energia vital. Jogamos fora muito *qi* dizendo besteiras o dia inteiro, de modo que pode ser extremamente benéfico interromper esse fluxo. Uma possível tradução da palavra *gênese* é "ao falar, eu crio". Pense nisso e se pergunte de que maneira pode assumir a responsabilidade pela sua vida. Pode não ser uma prática divertida, mas é importante. Vivemos numa cultura que acha necessário preencher o silêncio. Pois o silêncio é onde está toda a energia. Aprenda a ouvi-lo e beba da Infinitude.

> *Beber da Infinitude é o*
> *modo de vida do Monge Urbano.*

Eu sempre tiro um dia do mês para simplesmente ficar sem falar. Geralmente, um domingo, quando comunico ao meu pessoal que não abrirei a boca. Há quem ache estranho, mas o Monge Urbano não se importa. Faça o que é bom para você e ajude as pessoas a perceber as vantagens. Pode ser bom providenciar algum tipo de separação, para que você disponha de espaço para contemplar, meditar e de fato *desfrutar* do silêncio. A prática deve ser feita do momento em que se acorda até o momento de acordar na manhã seguinte. Em épocas de maior introspecção, chego a praticá-la num retiro de 5 a 10 dias ou uma vez por semana, se preciso continuar tocando a vida na cidade. É algo muito forte. Você vai sentir-se desconfortável, mas com um incrível poder esperando do outro lado.

## FERRAMENTAS MODERNAS

### Desintoxicação

Uma das melhores coisas que você pode fazer por si mesmo no sentido de ganhar mais energia é limpar o seu sistema. Como já disse neste capítulo, substâncias químicas tóxicas, metais pesados e alergias alimentares são alguns dos principais responsáveis pelo que nos puxa para baixo. Como sucede em qualquer protocolo, o primeiro é estancar o sangramento. Nesse caso, refiro-me a parar de comer porcarias processadas. Deixar de usar produtos químicos que fazem mal. Tornar-se um consumidor informado e certificar-se de montar guarda na porta. Não faz sentido recorrer ao *detox* se todo o seu estilo de vida é um *retox*. A maioria das modas de "detox" não funciona, exceto no sentido de encher os bolsos de maus médicos por aí.

A desintoxicação virou mania – na verdade, um outro nome para *dieta*. "Ah, mas eu estou me desintoxicando" significa muito pouco fora de contexto. A questão é: "Desintoxicando o quê?" Está cuidando das vias hepáticas de Fase I e Fase II? Fazendo a quelação de metais pesados? Por acaso sabe que é este o seu problema? Limpou as toxinas na ordem correta e ajudou a restaurar o trato intestinal? E a reinoculação floral? A moral da história é que se trata de algo *complicado*, e você pode realmente se prejudicar fazendo do jeito errado. Pode eliminar ainda mais sua energia e cavar um buraco para si mesmo. Pior ainda, pode liberar toxinas de gordura ou ósseas, levando-as a se acumular no cérebro.

Algumas pessoas podem precisar trabalhar com um profissional qualificado da área médica nessa questão, ao passo que outras são capazes de cuidar disso por si mesmas. Decida o que fazer e entre de cabeça para sair vencedor. O principal é fazer exames para testar resultados. Será necessário verificar metais pesados, função hepática, função renal, açúcar no sangue, triglicerídeos e níveis de colesterol. Desse modo, você não está apenas lançando mais um dardo, mas criando um plano abrangente para limpar todo o seu sistema, reconstruir as vias de produção energética, limpar os intestinos e fazer com que as coisas voltem a funcionar. O que não significa que você tenha de fazer exatamente assim. Milhões de pessoas se beneficiam com programas de desintoxicação administrados por elas próprias. Basicamente, ingerem ervas e suplementos que ajudam na função hepática, reconstroem o trato intestinal e contribuem para melhor funcionamento do intestino. Cabe lembrar, mais uma vez, que o seu médico pode ajudar a determinar qual o melhor caminho no seu caso, mas tome cuidado com produtos comerciais da moda que pipocam aqui e ali.

Consulte o guia de desintoxicação na seção de Recursos.

## Recomposição das glândulas suprarrenais

No que diz respeito ao corpo, a maioria de nós costuma tomar energia emprestada ao "banco", esquecendo de saldar a dívida. A sociedade dificulta que seja de outra maneira, e precisamos aprender a lutar por um novo modo de vida que nos ajude a rejuvenescer. Como restaurar energia para reequilibrar o que foi gasto?

É fundamental contribuir para recompor as glândulas suprarrenais. Você pode saldar aos poucos essa dívida de juros altos. Para certas pessoas, pode levar seis meses ou mais, mas é algo que *precisa ser feito*, ou é provável que fiquem muito mal no futuro. Aqui vão algumas coisas que você pode fazer *agora mesmo* para começar.

- Durma mais, se estresse menos. É o que venho dizendo ao longo deste capítulo, e continuarei a adicionar alguns toques ao longo do livro. Por enquanto, basta lembrar que é algo fundamental.

- Diminua a ingestão de cafeína, especialmente depois do meio-dia.

- Pratique *qigong* regularmente e medite. Eu não poderia superestimar os efeitos dessas práticas.

- Modere os exercícios. Se as suprarrenais estão exauridas, um excesso de exercícios pode ser prejudicial. Tai chi e *qigong* são excelentes nesse sentido. Quando já se sentir melhor, você poderá retomar as aulas de ginástica que adora, mas alguns de nós talvez precisemos diminuir o ritmo antes de voltar à pauleira. Trataremos do assunto mais detalhadamente no Capítulo 5.

- Tome sopas, mastigue bem, elimine alimentos tóxicos da sua dieta e faça uma desintoxicação inteligente.

- Adote a luz de velas à noite.

- Ingira adaptogênicos e tonificantes para aumentar a vitalidade e restaurar a função suprarrenal.

É realmente importante saber como anda sua saúde suprarrenal, e existe uma excelente maneira, relativamente barata, de descobrir, com um simples teste de saliva (diagnostechs.com). É necessário testar seus níveis em quatro momentos do dia, para verificar a distribuição de cortisol. Recomendo enfaticamente que você encontre um médico treinado em medicina funcional para ajudá-lo nesse sentido. Uma vez traçado um plano, o principal estará em suas mãos, com medidas relativas ao estilo de vida e ingestão de suplementos. Se seguir de fato o plano, você terá ótimos resultados, mas saiba que pode levar algum tempo. Consulte na seção de Recursos o link de um médico qualificado nesse tipo de medicina.

## Levante um pouco de peso

Os tecidos musculares têm alta densidade de mitocôndrias, assim como o tecido cardíaco. Estar em forma e ter músculos firmes ajuda-nos a aumentar a densidade e o tamanho das mitocôndrias, o que, por sua vez, contribui para a geração de mais energia. O acréscimo de tecido muscular ajuda a aumentar nosso índice metabólico e também representa uma ajuda contra a resistência à insulina. Isso nos confere maior margem de manobra quando ingerimos carboidratos e precisamos enviar o combustível para um lugar onde possamos usá-lo. Como já dissemos, a energia precisa de escoadouros, e os músculos são excelentes nesse sentido. Claro que gastamos muita energia sobrecarregando o cérebro, mas um corpo equilibrado, em forma, funcional e muscular cria um canal saudável para o fluxo de energia e nos paga de volta em espécie. No Capítulo 5, examinaremos a questão do preparo físico funcional e algumas maneiras sadias de se exercitar. A longo prazo, o simples levantamento mecânico de pesos para desenvolver "músculos de praia" não vai ajudá-lo, gerando desequilíbrios corporais que podem levar a lesões. Em tudo e a todos os momentos, o Monge Urbano tem o compromisso de fazer as coisas da maneira certa, em busca de longevidade com a sua vitalidade.

## O PLANO DE AÇÃO DE JESSICA

Jessica era osso duro de roer. Ela parecia fazer questão de se agarrar a certos hábitos, de modo que começamos com pequenos passos. Um ovo cozido pela manhã com dois gramas de óleo de peixe foi a primeira concessão. Em questão de duas semanas, ela notou mais energia, precisando tomar menos café antes da hora do almoço. Incrível.

Em seguida, começamos a cuidar do vinho à noite. Seus níveis de açúcar no sangue não eram estáveis, e então ela começou a tomar água com gás e limão ao sair com as amigas. A nova bebida não tinha calorias, o que representava um bom substituto para o vinho, que ela sabia que engordava. Não demorou nada, e ela já notava mais energia pela manhã, além de, mais uma vez, menor necessidade de café. Ela ia deitar-se um pouco mais cedo, e conseguimos reprogramar sua rotina social para que as amigas, em vez de ir a um restaurante, se encontrassem na banheira de hidromassagem de um de seus condomínios duas noites por semana. Era uma economia de dinheiro e também as ajudava a relaxar e a passar momentos agradáveis juntas sem toda a barulheira e os paqueradores.

Como passo seguinte, começamos a tratar das saladas. Ela comia todo tipo de porcaria cheia de agrotóxicos e sem real valor nutritivo. Começou então a frequentar duas vezes por semana a feirinha local de produtos orgânicos. Custava um pouco mais, mas foi fácil descontar no orçamento de restaurantes, que significava *muito mais* dinheiro do que ela inicialmente imaginava. Não surpreende que estivesse dura. Ela começou a tomar mais sopas e a ingerir mais alimentos quentes, de fácil digestão, o que também ajudou. Também conseguimos que ela abrisse mão da TV a cabo, que representava 80 dólares por mês, de modo que agora tinha dinheiro suficiente para comprar os melhores ingredientes para suas saladas e, sobretudo, *preparar seus almoços* durante a semana. Agora ela tinha acesso a deliciosos alimentos orgânicos que a nutriam e alimentavam suas células. Almoçar na rua levava uns 40 minutos a mais, de modo que ela começou a ir à academia no horário do almoço, comendo ao voltar para o escritório.

Ela e as amigas identificaram quem era a "geradora de drama" do grupo, dando-se conta de que quase sempre os motivos de atrito em sua vida social vinham dessa pessoa. Passaram a deixar de convidá-la para certos eventos, o que contribuiu para melhorar o comportamento geral. De repente, havia oxigênio no ambiente, e todas se sentiram mais animadas.

Por fim, fizemos com que ela voltasse à ioga. Ela começou com uma turma mais básica, até se graduar novamente para a intensidade habitual. Com a respiração *qigong* que já aprendera, Jessica agora se programava para conservar e juntar energia a cada passo. A ioga e a respiração consciente passaram a fazer parte da sua vida. Ela ingeria alimentos de qualidade, absorvia gorduras e proteínas mais saudáveis e não gastava seu dinheiro com coisas sem sentido. Sua pele recuperou brilho, e, surpreendentemente, ela constatou que nem sequer precisava usar muito a maquiagem não tóxica que lhe tínhamos conseguido.

Jessica estava de volta, sentindo-se ótima. Estava num bom lugar e encontrou uma carreira que a deixou feliz. Foi quando conheceu um homem, e a história logo terá prosseguimento, com a chegada de um filho.

CAPÍTULO 4

# Onde foi parar o sono?

JAMES NEM SE LEMBRA da última vez que se sentiu bem-disposto. Mesmo quando tenta dormir cedo, encontra dificuldade para cair no sono. A ciranda dos pensamentos na cabeça parece acelerar assim que ele apaga a luz. Ele tentou meditar, mas não deu certo. Tomou kava, erva-de-são-joão, camomila, indutores do sono naturais e tudo mais que poderia ajudar. Nada.

Seu médico receitou comprimidos, mas ele fica sonolento no dia seguinte. Ainda por cima, ele acha que tomar essas coisas é trapaça.

James acha que deve haver alguma outra forma de resolver seus problemas de sono, mas não tem a menor ideia do que seria. Já tentou de tudo, de CDs de música relaxante à leitura de histórias em quadrinhos na cama, mas não consegue aplacar a mente. A fadiga já começa a se acumular, e dá para perceber. Ele adoece com mais frequência e leva mais tempo para se recuperar. No ano passado, ficou quase dois meses caindo doente e se recuperando. As olheiras não desaparecem há dois anos, e o creme caro que usava não adiantou nada – ele sabe que o problema não está na pele.

Ele fica sentado na cama com o iPad na mão noite adentro. No início, buscava soluções para o problema do sono, mas, como nada funcionou, agora passa a noite nas redes sociais ou entretido com joguinhos.

James está num impasse. Essa história do sono já começa a ter efeitos no seu desempenho no trabalho. Desde que se divorciou, ele enfrenta problemas para se recuperar financeiramente. Agora fica acordado de noite preocupado com dinheiro, o que certamente não o ajuda a ganhar mais.

Recorreu a uma bebida energética "natural" que costumava funcionar maravilhosamente, mas os efeitos já começam a diminuir. Chama-a de "crack em latinha" e sabe que na verdade não é nada saudável, mas o que ele pode fazer? O show não pode parar, e James tem de ir em frente a qualquer custo. Poderá descansar quando morrer, certo?

## O PROBLEMA

James nem de longe está sozinho. Segundo o Instituto Nacional de Saúde dos EUA, cerca de 30% dos americanos sofrem de insônia, e aproximadamente 10% deles relatam comprometimento de suas atividades durante o dia por causa disso. Os outros estão se enganando. Não dormir é um horror. É durante o sono que nosso corpo se desintoxica. É quando processamos pensamentos e limpamos substâncias químicas que atuam como toxinas cerebrais do longo dia que se passou. E é também o momento em que criamos novos tecidos e estabelecemos o equilíbrio do nosso sistema nervoso. Como se não bastasse, também é durante o sono que modulamos o sistema imunológico.

O que isso significa? Não dormir nos faz envelhecer mais depressa, reter toxinas, ficar estressado (o que causa ansiedade e depressão), adoecer com mais frequência e ter maior probabilidade de desenvolver graves doenças crônicas, como artrite, câncer, deficiência cardíaca, doenças pulmonares, refluxo gastroesofágico, hipertireoidismo, derrame, doença de Parkinson e mal de Alzheimer.

*É bem feio, e nós também
somos quando não dormimos.*

Viramos megeras mal-humoradas com muito maior probabilidade de brigar, tomar decisões equivocadas, comer comidas erradas (a falta de sono desorganiza os hormônios da saciedade, que nos impedem de ficar beliscando e comendo demais) ou querer matar alguém.

A pele vai para o beleléu e nossos níveis de energia caem abaixo do nível do mar. Basicamente, nos sentimos uma bosta, com a aparência de uma bosta e *não há bosta nenhuma* que nos faça funcionar. Vamos tropeçando por um dia atrás do outro em busca de uma chance de encostar em algum canto e cair duro, mas todo mundo sabe que dificilmente há tempo para uma pausa no mundo moderno.

Por que, então, o sono tornou-se um problema tão grave no mundo moderno?

*A resposta simples é: perdemos
a sintonia com a natureza.*

Nosso cérebro tem uma minúscula glândula sensível à luz chamada glândula pineal. É uma glândula fundamental que ajuda a controlar uma alteração importante na nossa fisiologia ao secretar melatonina. Mas antes que você diga "já experimentei essa porcaria", vamos voltar atrás. Ainda não sabemos bem dosar a melatonina em casos de insônia; uma dose comum de apenas 1 a 3 miligramas pode multiplicar por 20 os níveis de melatonina no sangue. Não só é um exagero como muitas vezes se revela ineficaz. Na verdade, já se demonstrou que funciona melhor em casos de falta de sono por mudança de fuso horário, restabelecendo o ritmo circadiano, do que em insônia.

Voltemos, então, às glândulas...

Ao tocar os olhos, um raio luminoso desencadeia um feixe de fibras nervosas oculares que vão em direção a uma área do cérebro chamada hipotálamo. Lá, um centro chamado núcleo supraquiasmático (NSQ) dispara sinais para outras partes do cérebro que controlam os hormônios, a temperatura do corpo e outras funções que influenciam na nossa sensação de cansaço ou energia. É aí que entra a glândula pineal, ao ser "ligada" pelo NSQ e começar a produzir melatonina, que é liberada no sangue. Quando isso acontece à noite, começamos naturalmente a relaxar e acabamos caindo no sono. Faz parte do processo natural de descanso do corpo e da fisiologia.

O problema no mundo de hoje é que há luz por toda parte; ela está constantemente nos bombardeando e levando o cérebro a pensar que ainda é dia. Isso, por sua vez, ativa a máquina cerebral, fazendo com que sejam bombeados hormônios que nos mantêm aquecidos, alertas e loucos para continuar preocupados com as contas.

Veja da seguinte maneira: dez mil anos atrás, passávamos o dia inteiro caçando e colhendo para afinal nos reunirmos em torno de uma fogueira para comer, contar histórias e ir dormir. Quando o sol se punha, significava que precisávamos apagar também. Não tínhamos a menor chance frente aos predadores noturnos, de modo que nossa única alternativa era mesmo nos enfiar na toca. A escuridão ajudava a encerrar os dias e dar o tom para o período noturno, que era tranquilo, social e relaxante. As noites costumavam ser frias, e então nos aconchegávamos uns aos outros para nos aquecer. Contar histórias... fazer amor... adormecer.

Hoje, tudo isso parece pura fantasia de homem das cavernas. Ficamos assistindo a idiotas na televisão e chamamos de "realidade". Brincamos com nossos *tablets* na cama, mantemos as luzes bem acesas e trabalhamos noite adentro. Ninguém se permite diminuir o ritmo, o que é quase considerado sinal de fraqueza.

*Andar devagar é burrice. O mundo é rápido,*
*e nós temos de manter o ritmo.*

Também podemos constatar isso em outro nível. O padrão de frequência de ondas cerebrais relacionado ao sono fica em torno de 1 a 3 hertz, o que equivale a 1 a 3 ciclos por segundo. Mesmo os padrões mais rápidos de ondas cerebrais, associados a estados superalertas, tensos e ansiosos, variam entre 22 e 38 hertz. Uma lâmpada comum funciona a 60 hertz, ou seja, 20 a 60 vezes mais rápido. É a frequência que nos cerca à noite – um gatilho permanente de energia luminosa empenhado em acelerar nossa fisiologia. Se você acha que isto é rápido, cabe lembrar que telefones sem fio costumam chegar a 2,4 gigahertz. Descer dessas alturas por si só já representa um enorme desafio, mas tentar fazê-lo com *tablets* iluminados, telefonemas acontecendo, uma TV ligada como pano de fundo e fios zumbindo na parede é absolutamente insano. Nem temos ideia do efeito dessa frequência tão rápida no cérebro, mas adoramos botar aquele negócio no ouvido e ficar falando durante horas.

Sim, notícia bombástica: todos esses eletrônicos ao nosso redor podem estar acabando conosco.

Quando é gerada uma carga elétrica, cria-se ao seu redor um campo eletromagnético (CEM). Trata-se de um reflexo natural do elétrico (cargas estacionárias) e do magnético (correntes móveis), e conjuntamente essas forças são conhecidas como eletromagnéticas. Questões de saúde relacionadas ao CEM começaram a se manifestar nos últimos vinte anos, e, à medida que nossos aparelhos são dotados de mais e mais poder, o problema se agrava, pedindo nossa atenção.

Não sabemos ao certo o efeito dessas flutuações na nossa fisiologia. Embora os primeiros testes não tenham estabelecido provas conclusivas de algum dano, o fato é que nossas células reagem a essas mudanças sutis de gradação elétrica. Podemos tomar conhecimento daqui a vários anos de que esses campos eletromagnéticos estavam causando todo tipo de danos. Milhares de pessoas afirmam que se sentem incomodadas com eles, e parece sensato esperar que a ciência chegue a suas conclusões, evitando exposição desnecessária por enquanto.

## Drogas matam

A maioria dos pacientes insones que atendi na última década apresentava terríveis hábitos de consumo de cafeína. Precisavam do café ou de um energético durante o dia para ir em frente e manter-se alertas, mas não se davam conta de que essas substâncias continuavam em ação nos seus sistemas já bem avançada a noite.

A cafeína leva algum tempo para percorrer nosso sistema. Um estudo realizado há alguns anos mostrou que a meia-vida da cafeína em adultos saudáveis é de 5,7 horas, o que significa que, se alguém consumir 200 miligramas de cafeína (mais ou menos a quantidade de uma ou duas xícaras de café) ao meio-dia, ainda terá 100 miligramas no corpo por volta das 17:45. Com mais cinco horas para processar a cafeína que resta, a pessoa estará a mil até perto das 23 horas.

A maioria das pessoas precisa cortar a cafeína depois do meio-dia (ou das 14 horas, no máximo). Isso confere tempo suficiente para que o corpo retire a droga (sim, a cafeína é uma droga) do seu sistema, para que você possa diminuir o ritmo. Eu recomendo que os insones não consumam *cafeína alguma* – é isso mesmo. O lento processo de desaceleração necessário para conseguir dormir bem é biológico e sutil. Usar diferentes substâncias químicas para consegui-lo por uma via ou por outra é um desafio. Uma taça de vinho pode parecer ajudar depois de um longo dia de trabalho, mas o álcool também é estimulante e compromete o seu ciclo do sono.

O café certamente oferece sérios benefícios à saúde, mas aqui estamos falando de insônia e problemas de sono. Se você estiver nesta categoria, considere a hipótese de cortar a cafeína. Mostrarei alguns truques na seção de Recursos. A moral da história é que o sono é algo delicado, e o emprego de substâncias químicas como estimulantes ou calmantes tem um impacto oneroso no organismo. O Monge Urbano supera essa dependência e não precisa de nada para entrar em equilíbrio, pois é nele que vive.

## Taxa de glicose no sangue e glândulas suprarrenais

Outro fator importante nessa equação são os níveis de açúcar no sangue. Quando estão em desequilíbrio, costumamos recorrer às glândulas suprarrenais em busca de ajuda, o que tem efeito dramático no sono. Basicamente, voltamos mais uma vez ao exemplo do crédito tomado para compensar a falta de dinheiro.

O açúcar no sangue é como dinheiro no bolso. Durante o dia, quando temos o suficiente, estamos bem. Quando o cérebro sente falta de açúcar (de energia, na verdade), deixa-nos ansiosos e confusos. É necessária uma solução imediata. Em geral, o cérebro sai em busca de comida para resolver o problema. Mas o que acontece quando se manifesta a carência é que podemos recorrer a um hormônio chamado cortisol, produzido nas glândulas suprarrenais, para compensar a falta. É como uma linha de crédito energético na qual o cortisol induz as células a liberar reservas de glicogênio, de modo que é liberado açúcar na corrente sanguínea para continuarmos funcionando. Quando não atendemos às necessidades do corpo – ignorando o pedido de uma injeção de energia por meio de boa alimentação, pulando uma das refeições –, forçamos o corpo a "tomar emprestado" com o cartão de cortisol. Com o passar do tempo, o banco suprarrenal se cansa de nos emprestar diariamente e para de emitir cédulas. É quando a areia bate no ventilador.

À noite, como não estamos acordados para assaltar a geladeira, o corpo em geral depende da linha de crédito de cortisol para pingar energia no cérebro e mantê-lo feliz. Mas quando as suprarrenais começam a perder a força, não são mais capazes de fornecer cortisol toda vez que precisamos, então recorrem a um sistema de apoio, liberando adrenalina. Agora, em vez da vaga sensação incômoda de "não consigo dormir" que enfrentamos com os níveis baixos de cortisol, podemos cair no sono, mas de repente – BAM! – acordamos com o coração disparando e suando em bicas. É porque a adrenalina está gritando: "Levanta daí e vai arrumar comida, seu imbecil!"

É um sinal de que fomos longe demais. O corpo adora dormir. Se não podemos atendê-lo, é fundamental atentar para a taxa de glicose e a saúde das glândulas suprarrenais. Ingerir cafeína para enfrentar o dia também bagunça os níveis de açúcar no sangue, deixando-nos agitados ao anoitecer. A resposta rápida, no caso, é ingerir carboidratos complexos com gorduras saudáveis e proteínas adequadas. A demorada é diminuir o ritmo, buscar apoio suprarrenal e aprender a baixar a bola.

Não fui eu que inventei as regras. O sono é um enigma para tantas pessoas porque insistimos em encará-lo como um processo. Não é algo que se "faz". É um estado de "ser", o que deixa a mente ocidental muito desconfortável. Nós resolvemos as coisas... consertamos... somos diligentes e engenhosos... e mesmo assim continuamos nos revirando na cama.

## SABEDORIA DO MONGE URBANO

Pense nos maus padrões de sono nos termos da clássica história de desencontro sexual homem/mulher. O cara quer chegar lá, transar por alguns minutos, ir em frente e comer alguma coisa, ao passo que ela precisa de romance, sensualidade e um lento aprofundamento na experiência. Nosso mundo é excessivamente yang e masculino. Nós *forçamos* as coisas no tempo. Cavamos a terra em busca de recursos. Obrigamos o corpo a continuar caminhando mesmo cansado, e tentamos forçar o sono a chegar rapidamente depois de correr o dia inteiro. Corremos demais e depois nos perguntamos por que pisar no freio violentamente não funciona.

O sono é yin. É um processo passivo consistindo em permitir e ser, totalmente diferente do jeito vai-vai-vai "masculino" do nosso mundo e da loucura das horas do dia. O oposto de "fazer". Nós *caímos* no sono. Entregamos. Saltamos e saímos do assento do motorista, o que é muito difícil para muita gente. Afinal, toda a nossa cultura está voltada para a realização, fazer mais coisas e mostrar resultados.

> *Para uma pessoa ocupada, o sono*
> *pode parecer uma perda de tempo.*

Na medicina chinesa, o sono é quando o nosso *Hun*, a alma etérea, viaja e se conecta à vida ao nosso redor. É quando atracamos a mente consciente e permitimos que o subconsciente se comunique com a Mente Superconsciente. É lá que vamos buscar a sabedoria, curar o corpo e fazer o trabalho da alma. As horas de sono são tão importantes quanto as horas que permanecemos acordados. Realizamos trabalho pesado nos planos da alma e do espírito durante o sono, e por isso nos sentimos tão vazios quando o perdemos.

O corpo precisa estar em equilíbrio e o sangue deve estar puro para ocorrer um profundo e significativo trabalho da alma. Quando estamos intoxicados, maníacos, tensos, com o tempo comprimido, não podemos cair na mente inconsciente. Nosso aspecto autorreferencial luta para continuar ligado.

> *O ego sente como se estivesse morrendo*
> *quando precisamos que ele se solte.*

É aí que entra o verdadeiro trabalho, e é onde podemos usar o sono como um maravilhoso acelerador espiritual em nossa vida. Quando a mente autorreferencial não nos quer soltar, é um bom indicador de que estamos querendo controlar nossa vida, não *permitindo* que nosso eu superior, nossa Divindade, o Grande Tao (ou como quer que queira chamá-lo) tome as rédeas. O ego está tentando dominar. Todas as grandes disciplinas espirituais nos ensinam a sair do caminho e permitir que o Espírito nos guie. Na verdade, a grande ilusão espiritual é que *sequer exista* uma vontade pessoal. Todas as grandes tradições místicas levam à mesma conclusão: a Vontade Universal do Bem está no comando, e a *ilusão* da separação é que nos faz sofrer.

## Medo do ruído

A maioria das pessoas tem verdadeiro pavor de ouvir o ruído por baixo do radar. Por isso temem a meditação. "Caramba, como é barulhento lá!"

Vivemos numa cultura em que a norma passou a ser a aversão à dor. Não gostamos de nos sentir desconfortáveis e toda a nossa cultura está voltada para nos ajudar a evitar a dor. A medicina providencia pílulas para o nosso desconforto. Um drinque antes de dormir alivia o estresse. O sexo casual ajuda a nos distrair das noites solitárias.

É também o motivo pelo qual as pessoas temem o escuro. As repulsivas correntes subterrâneas das nossas sombras aparecem nas sombrias noites silenciosas. A mente dispara, e nós não sabemos como enfrentar o que aparece.

Nós viramos na cama.

E reviramos.

Nos mexemos por distração.

Talvez seja apenas um estresse financeiro passageiro. Talvez seja a pessoa que está a seu lado. Será que seria o caso mesmo de pedir divórcio? Talvez sejam todas as oportunidades perdidas na vida, ou quem sabe os problemas enfrentados pelas crianças. Talvez seja um segredo mais fundo e escuro com o qual você nunca lidou. Que fazer? Como é que você vai se sair? Tantas preocupações...

Não se impressione; acontece com todo mundo. Está logo abaixo da superfície, mas fica muito mais alto quando tudo mais se acalma.

*Quando o silêncio começa a prevalecer,*
*nosso ruído interno se amplia.*

Junte tudo aquilo que você vem processando ao longo dos anos, ponha de lado e vá se deitar para tentar dormir. É esse o problema. É um dos principais motivos de não conseguirmos dormir. Pensamentos e emoções começam a pipocar e a nos estimular quando estamos tentando desligar. Podemos fugir o dia inteiro, mas na silenciosa calma da noite está tudo lá, à nossa frente.

O Monge Urbano enfrenta suas fraquezas. Lida com o que ainda não foi mexido e olha debaixo do tapete. É o modo de ser do guerreiro, e a verdade é que não tem outro jeito.

*Precisamos nos reconciliar com nossa vida*
*e nos abrir com nós mesmos.*

De certa maneira, não dormir é bom, pois bota o foco em toda a porcaria acumulada durante o dia. Só porque a permanente agitação, o ruído, a televisão e as outras atividades da vida abafam essas correntes subterrâneas quando há luz do sol, não significa que não existem. A necessidade de sono nos ajuda a vê-las. O sono é quando tomamos consciência do nosso trabalho espiritual pessoal e vemos o que precisamos fazer para nos curar.

Enfrente seus demônios, e dormirá melhor. Já vi pessoas saírem dos lugares mais sombrios e brilharem na vida. Encontrei gente com histórias de revirar o estômago trabalhando seus traumas, aceitando, perdoando, curando e seguindo em frente. Certamente acho ótimo trabalhar com um terapeuta se os seus demônios forem ossos duros de roer; é muito bom. O alcance do poder e da libertação encontrados do outro lado é enorme, e eu não poderia superestimar o quanto esse trabalho é precioso.

## Pequena morte

Temos na vida importantes ciclos de início e interrupção, e não é à toa que os antigos chamavam o sono de pequena morte. Nós nos permitimos cair e morremos para o dia. Preparamo-nos para renascer no dia seguinte, cheio dos nossos sonhos, planos e aspirações. Apagar é algo que nos ajuda a aprender a cair em ponto morto, para que a sabedoria inata do corpo (e da alma) assuma o comando. Quanto melhores formos nisto, mais haveremos de nos curar. Quanto mais aprendermos a soltar e entregar, mais profundamente dormimos e mais descansados ficamos.

Também podemos praticar isso em pequenos ciclos durante o dia. Uma soneca já é meio caminho andado. Uma pausa para cinco minutos de meditação também pode nos realimentar da mesma energia. O objetivo é aprender a desligar e mergulhar num lugar de profundo relaxamento por determinado período. Talvez você possa dar um jeito de tirar uma soneca de dez minutos no trabalho; ative o alarme do celular e vá em frente. À noite, é bom adotar todo um ritual de desligamento que o prepare para o sono. Levar o sono a sério é o primeiro passo para torná-lo uma prioridade. Nós crescemos em meio a rituais. Nosso cérebro entende os rituais. Estabeleça um ritual para o seu processo de desligamento e o transforme num hábito de todas as noites. Vai ajudar a direcionar a sua psique, instruindo a sua fisiologia no mesmo sentido. Isso não deve ser confundido com a outra "pequena morte" que acontece com a apneia do sono. Ela ocorre quando as vias respiratórias são obstruídas pela língua ou a garganta, e você sente falta de ar durante a noite. O cérebro se apavora quando os níveis de oxigênio caem e nos cutuca para despertarmos, para não morrer. Há também uma versão desse fenômeno ativada pelo sistema nervoso, que é mais rara, mas de qualquer maneira a apneia do sono é algo sério. Se você ou seu companheiro ou companheira de cama ronca como uma motosserra quebrada e se queixa de cansaço o tempo todo, procure um médico. Há quem morra desse tipo de coisa.

## Abrir portas durante o sono

Os antigos sábios situavam o terceiro olho bem no centro da testa, onde temos a glândula pineal, e conheciam a importância desta minúscula parte do cérebro. Na verdade, é aí que ocorre boa parte da magia. A química da glândula pineal é particularmente interessante para um Monge Urbano. A serotonina é o neurotransmissor que nos ajuda a ficar felizes e energiza o córtex pré-frontal, a parte do cérebro encarregada da valoração moral, dos pensamentos complexos e da contenção de impulsos. É a parte do cérebro que cresce nas pessoas que praticam meditação, segundo estudos funcionais de tomografia por ressonância magnética. Uma dieta rica em triptofano (aminoácido encontrado em diversos alimentos) contribui para manter níveis elevados de serotonina. Na glândula pineal, a serotonina transforma-se em melatonina. Esta, como vimos, ajuda-nos no sono. Também é um poderoso modulador imunológico que ajuda o corpo a ativar as defesas naturais e combater as doenças. Isso é importante porque o sono é quando apagamos e saímos vasculhando em busca de células cancerígenas, expulsamos toxinas, lavamos o cérebro e restauramos os tecidos saudáveis. A melatonina nos ajuda a dormir e curar.

Há uma outra coisa interessante que acontece na glândula pineal. Nossa melatonina é convertida em dimetiltriptamina (DMT), considerada a "Molécula do Espírito". A DMT é liberada em rajadas em pessoas que tiveram experiências de quase morte, constituindo um ingrediente ativo da *ayahuasca*, planta psicotrópica medicinal usada por xamãs da Amazônia para se comunicar com o Grande Espírito. O médico Rick Strassman efetuou pesquisas pioneiras sobre o tema, e eu o encorajo a investigar. Naquilo que nos diz respeito aqui, um eixo realmente importante de crescimento pessoal parece ocorrer na glândula pineal, e essa sutil neuroquímica fica completamente bagunçada quando não dormimos. As pessoas que não dormem aparentemente se deparam com uma enorme barreira ao crescimento e à felicidade, e esta parece ser a razão.

Mais adiante neste livro, aprenderemos a cultivar essa área e a despertar nosso "olho espiritual". Por enquanto, a mensagem a registrar é que é preciso dormir para se libertar e ter uma plena vida espiritual. Vamos agora às ferramentas.

## PRÁTICAS ORIENTAIS

### O Ritual da Lua

Encerrar o dia para uma boa noite de sono é o que interessa, e para isso é importante desenvolver um ritual. Todos nós evoluímos em meio a rituais. Nosso cérebro os entende e se vale deles para mudar de estado. Eles nos ajudam a "fechar as janelas" dos aplicativos mentais que temos funcionando o dia inteiro e limpar a "área de trabalho" durante a noite. O sagrado é a porta da transformação. Desde que nos separamos dessa perspectiva, ficamos perdidos e as pessoas estão pirando.

O Ritual da Lua (inicialmente transmitido pelo grande Swami Kriyananda) é uma excelente maneira de "fechar essas janelas" e preparar-se para o sono. Tenha sempre um caderno de anotações na cabeceira e use-o toda noite para jogar fora o excesso de pensamentos. O objetivo é tirar da cabeça todos "a fazer" e "não esquecer" e jogá-los no papel, onde podem ficar agendados para o dia seguinte. A parte realmente valiosa deste exercício é a criação de um *plano* para o dia seguinte que possa ser *executado* antes da próxima vez que você for para a cama dormir. Isto contribui para manter sua sinceridade de uma ou duas maneiras. Primeiro, faz com que você faça o que diz e realmente cobre o cumprimento da própria palavra, o que evidentemente é muito difícil para as pessoas em geral, motivo pelo qual as famosas resoluções de Ano-Novo são motivo de piada. Por isso é que a segunda razão é fundamental. O Ritual da Lua nos obriga a considerar o quanto estamos tentando abocanhar a cada dia. Será que não estamos impondo a nós mesmos expectativas exageradas? Acaso nos comprometemos a construir uma Torre Eiffel diariamente e nos sentimos culpados por não consegui-lo? É *assim* que você funciona?

Também pode ser o contrário. Talvez você de fato tenha horror a fazer as coisas. Seja rondando por tempo demais o bebedouro, lendo e-mails em vez de fazer o trabalho que tem de ser feito, conversando no telefone ou simplesmente por causa daquela confusão mental que não deixa você se focar, talvez você seja simplesmente um bom e velho ineficiente, precisando de ajuda nesse terreno. E não está sozinho.

No fim deste livro, vou ensinar-lhe a poderosa prática do Gong, que contribuirá para aumentar o foco, construir força de vontade e determinar melhor as prioridades de tempo e metas. Na verdade, estamos caminhando nessa direção a cada capítulo, ao dissecar todas as áreas em que pisamos na bola.

Por enquanto, comece a praticar o Ritual da Lua. Antes de mais nada, tome nota de tudo que ainda está no seu horizonte no fim do dia, e saberá o que fica alugando sua mente durante a noite. Comprometa-se a concluir o que decidiu fazer a cada dia e, se verificar que isto não está acontecendo, reduza os compromissos até encontrar um nível de atividades que funcione. Prove a si mesmo que é capaz de fazer um plano e executá-lo. Mostre que é capaz de fazer as coisas darem certo. Isso vai estabelecer uma nova cultura de sucesso e planejamento inspirado que contribuirá para que você consiga controlar sua vida. Ajustar cada dia e certificar-se de que está no bom caminho é um enorme passo nessa direção.

## Fazer pausas

Abrir espaço para períodos de descanso com base nos ritmos circadianos é uma maneira maravilhosa de administrar seu dia. De modo geral, preferimos a maior geração de energia pela manhã e desejamos ir diminuindo o ritmo à medida que escurece. À noite, queremos parar e relaxar. É o ciclo básico da vida, e simplesmente funciona para a maioria das pessoas.

Em qualquer dia, contudo, existem sempre oportunidades valiosas para fazer pequenas pausas. O sistema médico chinês rastreia a expressão máxima da energia de determinado órgão ao longo do dia. Isto representa uma oportunidade de trabalhar na cura desse órgão quando está plenamente energizado, o que é uma vantagem no sentido de melhorar mais depressa. Apresento a seguir um diagrama das horas em que cada órgão está em sua expressão máxima de energia.

Boa parte dos antigos sistemas gira em torno de uma compreensão profunda desses ritmos. Vamos então examinar algumas estratégias de estilo de vida que podemos adotar com base nesse diagrama.

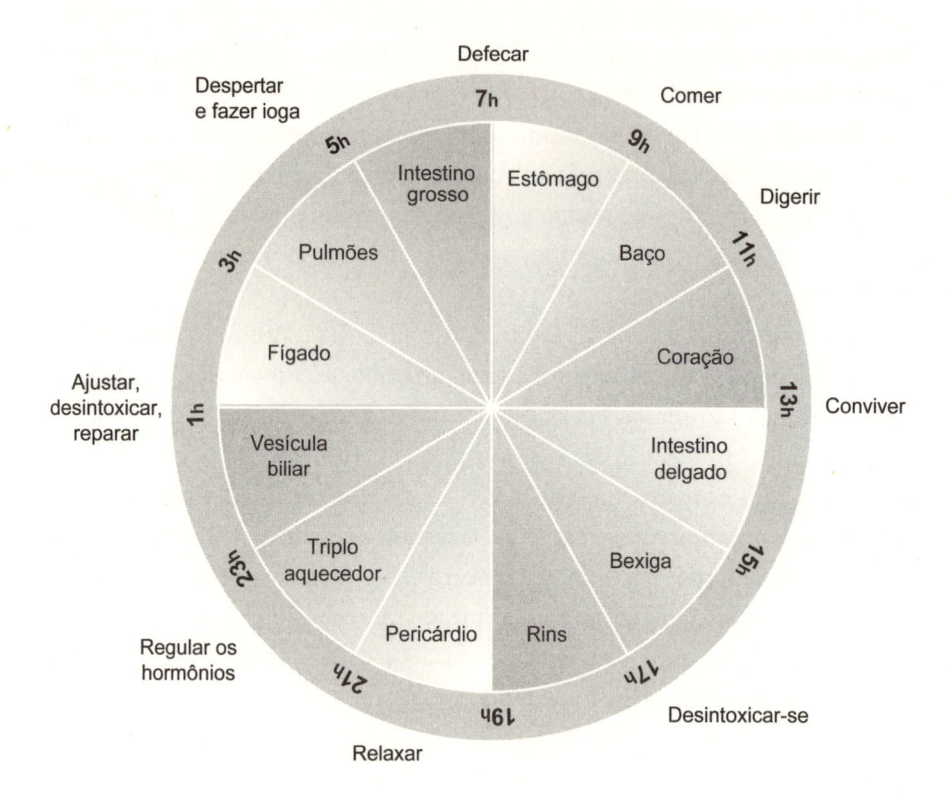

*Diagrama circular com as horas e órgãos correspondentes:*

- 5h — Despertar e fazer ioga
- 7h — Defecar (Intestino grosso)
- 9h — Comer (Estômago)
- 11h — Digerir (Baço)
- 13h — Conviver (Coração)
- 15h — (Intestino delgado)
- 17h — Desintoxicar-se (Bexiga)
- 19h — (Rins)
- 21h — Relaxar (Pericárdio)
- 23h — Regular os hormônios (Triplo aquecedor)
- 1h — Ajustar, desintoxicar, reparar (Vesícula biliar)
- 3h — (Fígado)
- (Pulmões)

A mais forte expressão do intestino grosso ocorre entre 5h e 7h da madrugada, sendo este portanto o período ideal para defecar. A partir daí, o estômago e o baço (incluindo a função do pâncreas) entram em expressão, sendo portanto um período importante para comer e se abastecer. Os rins estão em sua mais alta expressão das 17h às 19h, sendo portanto o período ideal para restaurar a função suprarrenal, e o fígado se desintoxica sobretudo entre 1h e 3h da madrugada, de modo que realmente é importante estar dormindo então, para que o corpo possa fazer o que tem de fazer.

As informações desse diagrama também ajudam com diagnósticos. Quando um paciente me diz que sempre desperta às 2h da madrugada, eu verifico a glicose no sangue e os níveis de adrenalina, mas em geral suspeito de alguma toxicidade.

Mas não tome ao pé da letra o que certos médicos chineses antigos diziam. O que lhe diz seu próprio corpo? Qual a melhor hora para tirar uma soneca? Em que momento você se sente melhor? Quando começa a apagar? Comece a mapear uma compreensão mais profunda dos seus ritmos pessoais para planejar sua vida e suas atividades em função deles. Poderemos então examinar de que maneira é possível melhorar sua saúde e vitalidade, mas primeiro vamos trabalhar com o que já temos.

### Relaxe à velha maneira

Os homens das cavernas tinham muitas coisas a seu favor. Claro que um banho quente é maravilhoso, mas uma vida de simplicidade e conexão com a natureza também é muito legal. Existem várias técnicas que você pode usar para retomar nossos ritmos mais básicos e ancestrais. Comece livrando-se da tecnologia à noite. Isso significa nada mais de televisão nem computadores depois das 19h ou 20h. Sei que é difícil, mas se você não dorme bem, a *vida* certamente fica mais diífcil. Os eletrônicos castigam a nossa biologia sutil, tornando tudo meio tenso demais. Imagine um animal na luz do farol de um carro. Seu sistema nervoso não tem referenciais para luzes tão fortes, de modo que ele fica simplesmente atordoado. Nosso cérebro se sente mais ou menos da mesma maneira cercado de luzes artificiais à noite. Experimente durante um mês e veja o que acontece. Acho que você ficará agradavelmente surpreso com os resultados. É algo simples, de modo que parece ineficaz, pois *nós somos complicados*, e partimos do princípio de que precisamos de soluções complexas em nossa vida distorcida. Nada disso. Relaxe de uma vez, e o provável é que passe a dormir melhor em algumas semanas.

Ao se empenhar em diminuir a carga eletrônica, contemple a possibilidade de substituir seus rituais noturnos de relaxamento por algo um pouco mais antigo e natural. Adotar a luz de velas é uma prática incrível. As pessoas sentem uma diferença quase imediatamente. Você se acalma. Passa a conversar num tom diferente. O corpo relaxa. Ficamos menos insanos.

Gosto de sugerir a pacientes insones que adotem a luz de velas e se alonguem e espreguicem passivamente no chão por algum tempo. Relaxe no seu corpo. Relaxe no ócio. No início parecerá estranho, mas é apenas sua agitação mental. Deixe que ela ceda e comece a desfrutar de momentos de tranquilidade consigo mesmo e com seus entes queridos.

Outro elemento fundamental da vida do mítico homem das cavernas (mas o fato é que a maioria dos nossos antepassados não vivia em cavernas, pois simplesmente não existem tantas assim) é a própria ideia de caverna. A rocha nos protege de energias eletromagnéticas. Embora nossos antepassados não precisassem se preocupar muito com isso, nós certamente precisamos. Aprender a desligar todos os eletrônicos desnecessários no quarto pode significar um grande avanço. Transforme-o numa zona livre de eletrônicos e veja como se sente. Precisamos sentir-nos seguros e protegidos para relaxar e dormir. Trancar portas e janelas num ambiente urbano nos ajuda a sentir a segurança de que precisamos sob tantos aspectos. Vamos ser francos: Alguns de nós vivemos em áreas em que de fato há as-

### JORNADAS PESSOAIS

Tomei conhecimento da história de um moderno mestre taoista que se decidira por um período sabático na selva, e quis imitá-lo. Seu compromisso era fazer apenas o que parecesse natural no momento. Indivíduo de formação ocidental sempre muito voltado para os deveres e ocupações, ele se deu conta de que simplesmente estava sempre cansado e querendo tirar uma soneca. Tratou então de cumprir o trato que fizera consigo mesmo, e foi o que fez; três semanas depois, ao acordar de mais uma incrível soneca, sentiu que agora estava em dia. Fiquei tão entusiasmado com isso que resolvi dedicar minhas férias de inverno (eu ainda estava no colégio) a fazer o mesmo. Dormia muito e me sentia culpado. Pois fiquei firme e, exatamente como ele, acordei um belo dia sentindo que as baterias estavam totalmente recarregadas.

Hoje, faço questão de hibernar todo inverno. Preciso permitir-me dormir mais e tirar uma soneca quando estou cansado. Trabalho, família e e-mails não param nunca, de modo que eu trato de construir uma cultura em torno disso nas minhas empresas, em casa e com as respostas automáticas de correspondência eletrônica. O resultado é mais energia, criatividade e entusiasmo o ano todo.

saltos e arrombamentos, falta de segurança; sei muito bem. Tranque o que for necessário e permita que sua mente se acomode confortavelmente na "segurança" para dormir. Se alguma vez teve uma experiência ruim de assalto, certifique-se de trancar bem sua casa, mas também se esforce para resolver sua reação de medo intensificado diante do problema. Já deu. Incluí na seção de Recursos algumas informações sobre medidas de segurança doméstica.

## Luz das estrelas

Outra opção poderosa é passar algum tempo debaixo das estrelas. Também aqui temos algo que era perfeitamente habitual, mas hoje em dia vivemos por trás de paredes. Contemplar as estrelas é como contemplar as profundezas do nosso ser interior. Existe tanto espaço entre os elétrons das nossas células (respeitada a escala) quanto entre as estrelas no céu. Maravilhar-nos com a magnitude do Universo faz parte do processo de entendimento de quem somos. O fato de estarmos deitados ali fazendo as grandes perguntas mantém-nos lúcidos e enraizados. Quem diabos somos nós em tudo isto afinal? Como chegamos aqui? De onde veio o Big Bang? Eram essas as questões com que nossos antepassados se deparavam. Foi assim que criamos a arte, a cultura, a religião e a filosofia. Pensando e especulando. Examinando a realidade e contemplando-a, e não apenas assistindo a uma versão imbecilizada na televisão e chamando-a de entretenimento. Transforme a contemplação das estrelas num ritual noturno, e se o tempo permitir tente dormir debaixo delas algumas vezes por ano.

## Meditação calmante

Podemos levar algum tempo para aprender a diminuir a velocidade do dia e nos acomodar calmamente na noite, pois somos criaturas de hábito que não mudam de modo instantaneamente. Uma excelente maneira de facilitar essas transições é aprender a meditar. Usar a respiração para acalmar o metabolismo realmente pode ajudar de uma maneira segura e natural. É uma prática antiga que tem funcionado para milhões de pessoas antes de nós.

Criei para seu uso à noite uma prática de meditação que pode ser encontrada na seção de Recursos. Ela ajuda a acalmar a mente e a prepará-lo para uma boa noite de sono, diminuindo o ritmo da respiração e limpando seus pensamentos.

## A arte de fazer amor

O esquecido passatempo noturno de fazer amor também pode ser uma maneira incrível de harmonizar o sono. Como? Transforme-o num acontecimento. Faça amor e não tenha pressa. O que, naturalmente, significa ir para a cama mais cedo para desfrutar da companhia do parceiro ou parceira. Aproveite o momento de carícias e ternura. Faça amor e se ligue no outro. O ato realmente pode ajudá-lo a acalmar a mente e facilitar uma tranquila noite de sono. Afinal, vai ativar a serotonina, que nos deixa felizes e (como aprendemos recentemente) também é o que se converte em melatonina.

Em vez de encará-la como uma obrigação ou uma necessidade de rápida liberação, veja a arte de fazer amor como uma maneira melhor de passar as noites com a pessoa que ama do que vendo porcaria na televisão. Você vai conectar-se melhor, potencializar seus hormônios saudáveis e cair num sono mais profundo uma vez satisfeito. Se não souber como satisfazer o companheiro ou companheira, ponha as mãos à obra. *Pergunte*. Geralmente não é tão difícil assim, se você quiser agradar. Atos de desprendimento podem ser de grande ajuda no caso, e o resultado, uma mágica liberação de energia estagnada na sua vida e no seu relacionamento.

## Plantas e minerais que ajudam com o sono

Se você tiver questões ligadas à glicose no sangue ou cafeína no seu sistema, esses remédios não serão tão eficazes. Você precisa romper a dependência a substâncias que perturbam seus ritmos internos; não pense que ingerir algumas xícaras de chá ou alguns suplementos será uma solução imediata para os danos que causou aos ciclos do seu corpo. Não encare as plantas como drogas milagrosas; elas fazem parte de uma estratégia abrangente para conseguir dormir melhor, e, sob esse aspecto, podem ser poderosos auxiliares nas alterações do seu estilo de vida.

Camomila. Serve para acalmar. Uma boa xícara de chá de camomila afasta a tensão.

Kava. Esta planta é usada há milênios na Polinésia em cerimônias e para estados alterados pacíficos. A ingestão de chá de kava pode ajudá-lo a fechar algumas janelas.

Magnésio. Sais de banho são muito bons. Têm a dupla vantagem de ativar as mitocôndrias (que energizam nossas células) e acalmar o sistema nervoso e os músculos. Um banho desses é extremamente relaxante e pode ser integrado a uma estratégia para induzir a mente na direção de padrões mais lentos à noite. Um banho de sais com velas e respiração profunda é minha droga favorita quando o tiroteio está zunindo e a vida é só loucura.

5-HTP (5-hidroxitriptofano). Um precursor da serotonina, funciona maravilhosamente para a maioria das pessoas, mas consulte seu médico se estiver tomando inibidores seletivos de recaptação de serotonina (ISRS).

Suan Zao Ren Wan. Esta fórmula tradicional chinesa ajuda a acalmar a mente e nutrir o sangue. De fato tem ajudado milhares dos meus pacientes a conseguir um sono melhor. Geralmente é apresentada em pílulas e deve ser tomada uma hora antes de deitar com um grande copo d'água. Fazendo parte de uma mudança global de estilo de vida, ajuda a dormir mais facilmente e a repousar a noite inteira.

Uma excelente fonte sobre este tema pode ser encontrada em theurbanmonk.com/resources/ch4.

## FERRAMENTAS MODERNAS

Os fundamentos da higiene do sono deveriam ser ensinados na escola. Seguem-se informações transmitidas aos pacientes das minhas clínicas, que em geral resolveram a maioria dos seus problemas. Aqui vamos nós:

- Nada de televisão à noite (já vimos isso).

- Nada de cafeína depois do meio-dia (ou no máximo depois das 14 horas).

- Nada de preocupação com contas nem de atividades estressantes na cama.

- O quarto é para dormir e fazer amor; deixe tudo mais do lado de fora.

- Mantenha seu quarto fresco e escuro.

- Mantenha-se hidratado, mas não exagere, para não ter de ir ao banheiro a noite inteira.

- Ingira um pouco de proteína e de gordura saudável uma hora antes de ir para a cama se o seu nível de açúcar no sangue não for estável. Dou preferência a 100 ou 150 gramas de peito de frango com um pouco de azeite de oliva ou óleo de coco. Também gosto de peito de peru com um pouco de *homus*.

## Corpo quente, cabeça fria

A maneira como costumávamos dormir e despertar também estava muito ligada ao meio ambiente. Não havia aquecimento nem ar condicionado. Nossos antepassados acendiam uma fogueira, juntavam-se ao redor e geralmente acordavam nas primeiras horas da manhã congelando. Basta lembrar da sua última viagem de acampamento.

De acordo com a maioria dos estudos, a temperatura ambiente ideal para dormir é de 20° C, o que ajuda a relaxar. Manter a cabeça um pouco mais fria (sem cobri-la com cobertores) também nos ajuda a mergulhar em ondas delta.

Foi assim que nos adaptamos para dormir durante milênios, e portanto, em vez de tentar reinventar a roda, talvez devêssemos dormir um pouco e ir em frente com nossos sonhos e aspirações. Por que lutar contra a natureza?

## Gestão da glicose no sangue

Manter a estabilidade dos níveis de açúcar no sangue é um elemento fundamental do quebra-cabeça, como já vimos. Botar no tanque um pouco de combustível de consumo lento (gorduras e proteínas) cerca de uma hora antes de ir para a cama pode contribuir para levar energia lenta e constante ao cérebro, impedindo-o de entrar em pânico quando os níveis de açúcar caírem muito no meio da noite. Trata-se, naturalmente, de uma solução temporária, enquanto você se empenha em restabelecer a saúde suprarrenal e equilibrar sua dieta, mas é uma estratégia fundamental que o ajudará a sair dessa confusão e a conseguir dormir enquanto se trata.

## Desintoxicação de cafeína

Aqui vou eu de novo, tentando pegar a xícara à qual você se agarra.

Se estiver com problemas para dormir, está na hora de tratar da sua ingestão de cafeína. Chega de viver com energia emprestada. Ao reequilibrar o seu nível de glicose, você se sentirá mais energizado, e com isto vai precisar cada vez menos de cafeína. A diminuição da dependência à cafeína ajuda as glândulas suprarrenais a recobrar a saúde e otimiza o metabolismo.

Você verá que não se trata da falta de energia que sentimos às vezes, e sim de um fluxo caótico de energia. Muitas vezes achamos que confusão mental é fadiga, e em geral a causa não é falta de trifosfato de adenosina (ATP), ou produção de energia, mas algum desperdício de energia no intestino ou no sistema imunológico. A solução do problema nos leva a precisar de menos cafeína. A menor ingestão de cafeína faz com que não percamos o sono. Dormir mais ajuda a curar e a melhorar o humor. É energia para o dia seguinte.

Vá então para o lado certo desta equação. Corte a cafeína se tiver problemas para dormir. Saldar dívidas não é fácil. Há pessoas que têm crises de abstinência, dores de cabeça... Nada poderia deixar mais claro que é uma droga pesada. Você poderia optar por esta solução, mas recomendo uma diminuição gradual do uso, com melhor acompanhamento dos índices de glicose no sangue e gestão do estresse. Mude para o café descafeinado no fim do dia e comece a reduzir progressivamente. Terá uma semana de altos e baixos e depois estará a caminho da independência. Chás e cafés descafeinados podem ajudar, assim como os chás de ervas. Gosto de uma planta chinesa chamada *jiaogulan*, que contribui para aumentar a energia naturalmente, sem cafeína. Prepare com ela uma infusão e vá bebendo ao longo do dia para se ativar. Não vai se arrepender.

## Faixas de ondas cerebrais

Nos últimos anos, tenho trabalhado muito com empresas que buscam ampliar o limiar do conhecimento na ciência do cérebro. Há muita invencionice nesse terreno, mas também coisas que funcionam muito bem. Existem tecnologias destinadas a ajudar no treinamento de atividades das ondas delta. Basicamente, contribuem para preparar nosso cérebro para diminuir o ritmo e, quando usadas corretamente, de fato podem ajudar a influenciar nossos padrões de sono. Muitos meditadores experientes afirmam ter alcançado resultados impressionantes ao trabalhar com essas tecnologias, e em certos casos elas podem ajudar a acelerar a curva de aprendizado de pessoas que querem aprender a meditar. É como uma afinação por ressonância. Depois de ter uma experiência com essas ondas cerebrais, você será capaz de retomá-la naturalmente com sua própria consciência.

Naturalmente, ninguém seria idiota de achar que pode deixar de uma hora para outra de beber café, ver televisão, fazer contas na cama e com isso ludibriar a falta de sono, mas, como parte de uma estratégia global para solucionar a insônia, é muito bom.

Relacionei algumas de que gosto na seção Recursos do Capítulo 2.

## Gestão do tempo

Aprender a segmentar o dia em blocos de atividades que atendam às suas necessidades e metas globais é fundamental para o sucesso. Se planejar atividades para o horário noturno, você estará fazendo pressão sobre o sono. Se pensar em termos de "tudo bem, minha vida é assim mesmo", vamos examinar como torná-lo mais eficiente durante o dia, para que consiga fazer mais coisas e não precise programar trabalho para as horas de lazer ou convívio com a família. É o jeito do Monge Urbano.

A nova economia será caracterizada por ética nos negócios associada a equilíbrio entre vida e trabalho. Não deixe que seu patrão discuta comigo. Torne-se mais eficiente, obtenha melhores resultados *quando estiver no trabalho* e volte para casa. O modelo que acabamos de descartar é uma sombra da década de 1950, quando se tentou moldar uma visão paternalista da sociedade que deu errado. Não aceite mais esse tipo de coisa.

Segundo o Princípio de Pareto, 80% da nossa produção positiva é gerada em 20% do nosso tempo e esforço, e o reverso da moeda é que 80% do nosso tempo é consumido em besteiras. Descubra no que você é melhor e volte-se nessa direção. Procure aprimorar seus superpoderes e delegue ou chute o resto. Tornar-se eficiente significa obter resultados. Tempo gasto e trabalho de qualidade realizado não são a mesma coisa.

*Nunca mais barganhe com tempo e vida.*

Crie coisas incríveis (qualquer que seja a sua atividade) e seja excelente nelas. Torne-se eficiente e comece a dar as cartas no trabalho. Torne-se eficiente e liberte-se da insanidade.

Aqui vai um esquema de gestão do tempo e dos acontecimentos que de fato pode ajudá-lo a encarar sua vida a uma nova luz:

Dias da semana: Faça pausas de cinco minutos para espairecer, repousar e se exercitar a cada meia hora. Alongue-se, agache algumas vezes, feche os olhos e movimente-se para manter a mente alerta e o corpo ativado.

Separe pelo menos meia hora de tempo para desenvolvimento pessoal toda manhã e outros 30 minutos à noite, quando as coisas se acalmarem e a casa estiver tranquila. Dê-se o prazer de ler na cama, recuperando o tempo que desperdiçava com a televisão.

Fins de semana: Procure evitar planos que não atendam aos seus interesses. Naturalmente, existem compromissos que não podemos contornar e eventos dos quais nossos parceiros precisam que participemos, mas o Monge Urbano se habitua a fazer com que seu tempo livre atenda aos seus interesses. Certifique-se de beber da fonte eterna nos fins de semana para obter um acréscimo de vitalidade.

Durma quando estiver cansado e vá para o ar livre se o tempo permitir. O ideal é trabalhar bem durante a semana para que o fim de semana seja realmente um tempo de lazer. As roupas são tão incríveis hoje em dia que se pode até sair em dias chuvosos usando uma jaqueta leve à prova d'água que aqueça bem, e fazer qualquer coisa sem ficar encharcado. A vida é melhor quando nos damos tempo para brincar. Também nos fins de semana, reserve pelo menos uma hora por dia para sua prática pessoal, sentando-se para meditar por pelo menos 30 minutos sem interrupção.

*Não fique acordado até tarde no domingo à noite.*
*É suicídio.*

Dedique algum tempo a tentar descobrir em que você é eficiente e o que precisa reduzir. Trabalhar noite adentro gera um desequilíbrio fundamental na nossa vida, o que não é sustentável. Se é por este motivo que você vem perdendo o sono, trate de acordar e desconfie da porcaria do seu trabalho.

## Preparando o ambiente

Não vivemos mais numa caverna, o que tem vantagens e desvantagens. As paredes ao nosso redor estão carregadas de eletricidade e o Wi-Fi pode estar fritando nosso cérebro, mas pelo menos não precisamos mais ir buscar lenha para a fogueira no meio da noite (bom, pelo menos a maioria de nós).

Se tiver um termostato relativamente moderno, você pode programar a temperatura noturna para algo em torno de 20° C. Para isso, pode precisar usar um cobertor mais pesado se sentir frio ou apenas um lençol (ou até uma temperatura mais baixa no termostato) se sentir calor. Controle a temperatura para dizer ao seu corpo que ele precisa diminuir o ritmo e conservar o calor. Isso ajuda a relaxar.

As cortinas blecaute são incríveis. Em Las Vegas, eles entenderam isto direitinho. Mantenha a luz lá fora, e assim poderá dormir melhor. Se houver no quarto raios luminosos de relógios ou outros aparelhos eletrônicos, livre-se deles. Aprenda a desfrutar da escuridão e ajude sua pobre glândula pineal a funcionar bem. Uma vez liberado o quarto, certifique-se de que as cortinas sejam adequadas, para que a luz externa (especialmente se houver muita luminosidade na sua rua) não penetre. Quanto mais escuro, melhor.

Se sentir que tem sensibilidade à força eletromagnética na sua casa, você encontrará informações a respeito na seção de Recursos.

O som também pode ser um problema em muitas regiões, mas felizmente existem maneiras fáceis e baratas de tornar um ambiente à prova de som. Pendurar cobertores pode ajudar, mas é feio. Embalagens de ovos são incríveis, e você até pode escolher as cores e ser artístico. Mas elas funcionam melhor quando se quer refletir sons internos. Se você tiver vizinhos barulhentos ou carros passando pela rua, uma janela de vidro duplo pode mudar sua vida. Os tetos acústicos também são ótimos.

Moral da história? Faça o que for preciso para deixar seu quarto fresco, escuro e tranquilo, e, pelo amor de Deus, tire de lá a maldita televisão.

## O PLANO DE AÇÃO DE JAMES

A vida de James estava uma bagunça, mas sua resolução foi incrivelmente simples. Ele organizava seu dia sem o menor sentido, deixando as coisas mais intensas por último. Pensando no assunto, deu-se conta de que eram restos de uma tendência do colegial a deixar para fazer o dever de casa nas últimas horas do dia. Ele nunca a havia superado realmente. Quando havia algo importante, James invariavelmente deixava por último e enfrentava a coisa à noite. Isto aconteceu durante anos, e depois do divórcio era muito conveniente ocupar-se com trabalho à noite. Eu, solitário? Nada disso, estou ocupado...

Ele nunca conseguia realmente concluir o trabalho, mas acabava desistindo quando a cabeça começava a ficar confusa. Passava então mais ou menos uma hora vendo televisão para descontrair antes de ir para a cama. Seu jantar em geral era uma pote de cereal, sentado no sofá.

Logo tratamos de mudar isso. Cortamos o açúcar e providenciamos para o jantar alguns carboidratos lentos como brócolis, abóbora e abobrinhas, acompanhados de um pouco de proteína. Cortamos a cafeína depois do meio-dia e o fizemos comer em intervalos regulares durante o dia. Suas glândulas suprarrenais não aguentavam o tranco, então criamos um programa para ele se proteger de si mesmo.

Levou mais ou menos um mês para que ele se acostumasse a cuidar das coisas importantes do trabalho pela manhã. Inicialmente parecia muito estranho, mas à medida que ele começou a entender uma luz se acendeu e finalmente ele percebeu o quanto seu ritmo anterior era absurdo. Fiz com que lesse livros e se alongasse à noite. Uma vez resolvidos os pontos de ineficácia no trabalho, ele passou a dispor de tempo de lazer à noite. No início, a sensação era estranha e desconfortável – sossego e solidão demais. Fizemos com que começasse a sair, e ele conheceu uma mulher legal que tinha dois filhos de um casamento anterior. Em sua casa, a hora de ir para a cama era encarada com seriedade, o que funcionou à perfeição para nosso amigo James. Na verdade, pedi-lhe que imitasse os ciclos de sono das crianças durante alguns meses. Mudou sua vida.

Como se explica que exijamos que os filhos vão para a cama na hora e sigam todo tipo de bons conselhos, sem que façamos o mesmo? James começou a voltar para a vida. A qualidade e a duração do sono começaram a aumentar, e ele recuperou sua energia. A coisa toda levou alguns meses, mas como valeu a pena! Depois que ele deixou de lado a mentalidade das soluções imediatas e restabeleceu certos estilos de vida saudáveis à boa e velha maneira, não havia mais como voltar atrás.

James está feliz por poder dormir bem e se sente extremamente grato. Não permite mais que as coisas saiam do trilho. *Abrir espaço* para o sono fez toda a diferença.

CAPÍTULO 5

# Estilo de vida estagnado

STACY NEM SE LEMBRA MAIS desde quando luta contra o excesso de peso. Experimentou centenas de dietas, seguiu programas de exercícios, fez jejum, desintoxicação e passou fome. Tem a sensação de ter perdido e recuperado milhares de quilos. Parece estar sempre recuperando mais peso do que gostaria, e apesar das melhores intenções não consegue deixar de repetir esse ciclo.

Sua vida é monótona. Ela trabalha em recursos humanos numa empresa de tamanho médio. Suas manhãs consistem em tomar uma chuveirada quente, secar o cabelo, maquiar-se e entrar em sua armadura corporativa. Seus terninhos impecavelmente passados têm rotatividade semanal na lavanderia, e ela nem sabe quantos pares de sapatos desconfortáveis tem.

A ida de carro para o trabalho leva pouco mais de uma hora, e ela come cereais de aveia e toma uma xícara de café no percurso. Nos dias em que se atrasa, conclui a maquiagem no carro. A viagem é longa e estressante. Ela tenta ouvir rádio, mas o noticiário hoje em dia é tão deprimente... Os audiolivros são uma boa alternativa, e música clássica a ajuda a manter-se calma, mas ainda assim ela chega ao trabalho tensa e irritada.

Sua mesa é confortável, mas ela passa tempo demais sentada. Como suas tarefas consistem basicamente em comunicar-se por e-mails e participar de reuniões o dia inteiro, ela fica presa aos mais variados tipos de cadeiras. Ela e os colegas muitas vezes almoçam juntos para se encontrar e falar das outras reuniões de que participaram. Sua vida é uma sucessão de reuniões sobre reuniões, e ela mal consegue ver a luz do sol.

A volta para casa costuma levar ainda mais tempo, e ela aproveita esse tempo para telefonar aos amigos e à família para botar a conversa em dia. Ajuda a liberar um pouco a pressão e a lhe dar a impressão de que tem uma vida normal. Ao chegar em casa, ela bota uma refeição no micro-ondas, vê um ou dois programas favoritos e vai para a cama.

Sua vida é assim cinco dias por semana, e ela não tem a menor ideia de como poderia incluir a academia nessa rotina. Nos fins de semana, ela tenta sair, quando o tempo não está ruim. Dá uma longa caminhada com uma amiga ou se encontra com um cara que está namorando, mas há sempre uma montanha de roupa para lavar, uma ida à lavanderia, à mercearia, contas a pagar e outras providências que se acumulam para os fins de semana. De forma geral, Stacy mal se movimenta durante a semana e consegue apenas um mínimo de atividade nos fins de semana. Quando de fato consegue fazer exercício, é pouco, pois acordar às quatro da manhã não é viável para ela, e depois do trabalho ela está muito cansada e faminta para fazer o que quer que seja. Stacy não parece ter saída.

## O PROBLEMA

Durante milhares de anos, viver era uma questão de se movimentar. Nós caçávamos e coletávamos durante horas todo dia sob o sol. Enfrentávamos o frio e descansávamos num calor sufocante – era a única alternativa. Lutávamos pela vida e às vezes tínhamos de correr desenfreadamente para salvá-la. A vida era ativa e muito movimentada. Os espinhos eram pontiagudos, e um osso quebrado podia levar à morte. Não era pouco o que estava em jogo, e nem sempre estávamos no alto da cadeia alimentar.

Nossa atividade era multidirecional, e passávamos muito tempo sentados no chão ou de pé sem móveis para nos escorar. Nosso centro era mobilizado e nosso corpo mantinha-se em forma, flexível e pronto para explodir em surtos de atividade quando necessário. *Jogging* nem existia, pois trabalhávamos o dia inteiro e não precisávamos disso. Quando corríamos, em geral era por um excelente motivo. Conseguir aquele alimento significava que a família teria o que comer e como sobreviver. Tornar-se um alimento significava... o óbvio.

Nossa visão e nosso olfato eram aguçados. Afinal, nossa sobrevivência dependia disso. O canto dos pássaros nos ajudava a saber se havia um predador por perto, e nossa consciência "espacial" estava estritamente vinculada ao instinto de sobrevivência. A morte podia estar em qualquer lugar, e tínhamos de estar preparados para ela. Se alguém não sentisse o cheiro de um predador, a probabilidade era que seria transformado em almoço. Os predadores viam e enxergavam melhor que nós, de modo que tínhamos de estar duplamente alertas.

Depois do advento da agricultura, continuamos nos movimentando e carregando coisas o dia inteiro. Cortávamos lenha, carregávamos água, transportávamos bebês e íamos a pé para a maioria dos lugares. A vida dava muito trabalho, cheia de conflito. Afinal, ausência de chuva significava falta de comida. O negócio era dureza.

Tudo isso mudou hoje em dia: estamos presos em escritórios com luz artificial, ar-condicionado, carpetes e produtos de limpeza tóxicos, posições sentadas artificiais, campos eletromagnéticos, pessoas tóxicas e ciclos artificiais de repouso e recuperação. Vivemos como Stacy e passamos de uma posição sentada num carro para uma escrivaninha e de volta ao carro. Deitamos na cama, ficamos nos revirando e nos levantamos para passar o dia inteiro de novo sentados.

Em média, um americano passa pouco menos de uma hora por dia no caminho entre a casa e o trabalho e cerca de 19,6 horas por semana sentado vendo televisão. Isso depois de oito horas por dia (ou 40 horas por semana) sentado no escritório. Dá para estranhar que estejamos ganhando peso e estagnando?

Hoje, somos apenas uma sombra do que éramos, e somos tão pouco ativos que corremos um risco 48% maior de morte prematura e doenças. Stacy não apenas retém o peso, sua inatividade tem um impacto negativo no coração, nos hormônios, no humor e na lombar. Ela está triturando os músculos flexores dos quadris, comprimindo os discos lombares, permitindo que os músculos das costas se atrofiem e destruindo os joelhos com os saltos altos que usa.

As autoridades médicas do país recomendam *no mínimo* uma hora de exercícios aeróbicos por dia, mas menos de 5% dos americanos chegam a ter sequer 30 minutos diários de atividade física. Stacy pode conseguir umas duas horas *por semana*, e isso se a vida não se intrometer. Por qualquer parâmetro, ela está em apuros, e bem lá no fundo sabe perfeitamente. Perdeu o entusiasmo. Está sempre na expectativa dos fins de semana e fica decepcionada quando não se sente nutrida por eles. Lê sobre a vida interessante e cheia de aventuras de outras pessoas, pois sua vida no momento é uma droga.

Stacy tornou-se presa do princípio que governa a patologia nos sistemas naturais: "Água parada gera veneno."

## SABEDORIA DO MONGE URBANO

A tradução literal da expressão "kung fu" é "trabalho duro". A vida é trabalho árduo, e quem adquire esse domínio é *bom de vida*. Como já disse, tarefas como carregar água e cortar lenha eram uma rotina diária da vida monástica. É o grande segredo do Oriente antigo, que não chegou propriamente a se implantar nas nossas modernas traduções. Todos nós fugimos do mundo pensando que os elevados reinos "espirituais" significam libertação da dor, do estresse e da realidade.

Mas a verdade é exatamente o oposto. Adquirimos o *domínio* de nossa compreensão da realidade, e assim o profano torna-se sagrado. Experimentamos os altos e baixos da vida sem apego e desenvolvemos *resiliência*. Isso mobiliza nossos genes de sobrevivência, ajuda a adquirir massa muscular magra, mantém o cérebro ativo e alerta e também aumenta a imunidade. Além disso, contribui para calibrar a reação de estresse, de tal maneira que só reais emergências constituam uma crise e todas as fofocas bobas nem cheguem a nos importunar.

Entre as tarefas cotidianas, o cultivo, a coleta do alimento, a caça e as artes marciais, a rotina dos monges era de muito trabalho e muita atividade. Mantinha as mentes ativas e os sentidos aguçados. Ajudava a descarregar as vias de desintoxicação e os mantinha ao sol. Ar fresco, chuva fria, dias quentes e montanhas íngremes mantinham os corpos fortes e saudáveis – uma questão de resiliência e determinação. A vida era dura, e os monges também. Quando tomamos posse do corpo e dominamos os rituais cotidianos, o resto do drama social pouco representa.

Não havia cadeiras de escritório; para sentar, fazia-se uso do chão ou de uma pedra. Almofadas eram um luxo, os únicos objetos em que alguém podia se escorar. A artificial posição sentada que adotamos em cadeiras e automóveis é relativamente recente para o nosso corpo. Cotovelos na mesa e mãos no volante ajudam a nos escorar e desmobilizam fundamentais músculos do centro do corpo. Com isso, estamos cultivando a preguiça e a fraqueza.

## *Sentar no chão ajuda a desenvolver força postural.*

Veja como se dá o desenvolvimento dos bebês. Eles começam rolando, depois rastejam, engatinham, levantam-se, ficam de pé, caem (muito) e por fim conseguem andar.

Boa parte da coordenação cerebral decorre de informações de postura e posição, e nosso equilíbrio e nossa destreza trabalham com isso. Manter-se ativo em três dimensões ativa essa parte do cérebro, e o equilíbrio corpo-cérebro contribui para o desenvolvimento e a robustez. Importantes pesquisas atuais mostram que bebês que pulam a etapa de engatinhar e ficam de pé muito rapidamente, ou mesmo, pior ainda, são colocados em cadeirinhas suspensas, são os mais suscetíveis a distúrbios de aprendizado e desenvolvimento. Precisamos mobilizar todas as partes primitivas do cérebro para nos tornar plenamente os seres agressivos que somos. O que significa levar algum tempo engatinhando no chão como um lagarto e passar da posição sentada para a posição de pé sem precisar de ajuda.

Os antigos monges sabiam disso, e sua força vinha do solo. A postura básica de kung fu conhecida como *Sei Ping Ma* consiste em firmar-se bem no solo e "agarrar" a terra com os pés. Valemo-nos da ligação com a terra para ganhar força. Isso vem de uma profunda e fundamental *conexão* com a terra derivada do fato de *sentar nela*. É o ponto em que muitos alunos de artes marciais ocidentais não conseguem avançar em seu treinamento. Não têm uma relação com o solo, são desenraizados.

E Stacy? Ela nem está na brincadeira. Imagine um regato estagnado no fim da estação, quando as chuvas pararam. A água para de fluir e começam a surgir pocinhas nas laterais. Nessas poças aparecem insetos, musgo, substâncias viscosas e água insalubre. É o que acontece no nosso corpo. É o que está acontecendo na vida de Stacy.

É fundamental manter-se ativo e em forma *ao longo* do dia. Podemos adaptar o ambiente em que nos movemos para nos ajudar a manter-nos vivos, com mesas para serem usadas de pé, espaços para atividade física, instrumentos para alongamento, exercícios durante os intervalos e séries básicas de ginástica capazes de mobilizar a conexão cérebro-corpo. Logo tratamos disso na seção sobre ferramentas, mas o fundamental para entender como sair do estilo de vida estagnado é dar-se conta de que é muito pouco o tempo dedicado ao preparo físico, em comparação com as muitas horas que passamos todo dia maltratando o corpo. Isto significa aprender a criar no nosso ambiente ferramentas que permitam manter-nos ativos e em movimento em nosso cotidiano sempre ocupado e frenético. Os monges tinham isso, e nós o perdemos. Trazer de volta esse estilo de vida é o jeito do Monge Urbano.

## A Terra é redonda; mas agora a Terra é plana?

Ao pavimentar a terra, não temos mais a *dimensionalidade* debaixo dos pés. O contorno da terra debaixo dos pés nos dá informações e orienta o cérebro a funcionar corretamente. Mas em questão de poucas gerações conseguimos "achatar" a terra em nossas ruas e casas, para simplificar o transporte. Tente lembrar-se da última estrada poeirenta e acidentada pela qual passou. Era um horror. Obrigou-o a diminuir a velocidade e dirigir com cuidado. A modernização gerou uma necessidade de corredores de transporte rápidos e eficientes, que hoje em dia são a norma em todas as ruas e calçadas das cidades. Esqueça essa história de pedra de cantaria, o negócio é concreto bem liso para ir em frente. Nada de calombos, pois alguém pode entrar numa de processar a prefeitura...

O valioso fluxo de informação que vem dos contornos do solo sob nossos pés constantemente envia dados para serem processados no cérebro. Nuances sutis no terreno enviam milhões de sinais posturais ao cérebro, que está equipado para computar e se adaptar a este mundo no qual evoluímos. Como vivemos em três dimensões, o cérebro precisa desse constante fluxo de informação postural da periferia para manter a cabeça erguida e preservar o equilíbrio. Esses dados enviados ao cérebro e o processamento dessa informação por meio do córtex motor primário mantêm o cérebro ativado e vivo. Afinal, foi assim que fizemos durante milênios, de modo que fatalmente é o que estamos acostumados a fazer. O cérebro foi construído com base nesse processamento multidimensional, e daí evoluiu para a cognição superior. Pois se toda uma dimensão for retirada da equação, estaremos acabando com o cérebro. Puxamos o tapete. Como agora a terra quase sempre é chata por baixo dos nossos pés, todo aquele complexo fluxo de dados a respeito da postura é limitado, passando essa parte do cérebro a ser subutilizada. Com o aumento da ansiedade, da depressão, dos distúrbios de aprendizado e comportamento, da demência e tantas outras coisas, muitos cientistas hoje em dia estudam essas correlações. O movimento acende um fogo saudável a ser processado pelo cérebro, e a falta disso está causando problemas.

## A terra tem *Qi*

A terra é o maior doador de elétrons de que dispomos, capaz de fornecer de maneira aparentemente infindável elétrons que fluem pelo nosso corpo

### JORNADAS PESSOAIS

Um dos meus passatempos favoritos sempre foi escalar um leito de rio ou um regato. As rotas raramente são as mesmas, dependendo da época do ano e do fluxo de água. Sou obrigado a usar os quatro membros, testar meu equilíbrio, saltar distâncias e pousar com jeito, além de usar minha força para mover o peso corporal. Não só é uma forma incrível de exercício ao ar livre como tem um extraordinário efeito calmante na mente, além de me deixar feliz. Quando o faço, é quase como se me sentisse afinal reintegrado, ligando de novo partes díspares do meu eu despedaçado num ser coeso e vibrantemente vivo.

Eu tinha um acampamento de verão para crianças, e liderei centenas de caminhadas com elas por regatos. Era bom para construir sua confiança, testar sua coragem, ensinar-lhes a enfrentar o medo e ativar o circuito mente-corpo. Eu costumava achar esse tipo de coisa perfeitamente normal, pois vivia e respirava nesse ambiente. Ao começar a trabalhar com a medicina, acostumei-me a ver resultados medíocres com os pacientes. Chegou um momento em que comecei a me tornar meio indiferente, até que veio um estalo... que se danem! O negócio é levar as pessoas a lugares onde possam sentir-se vivas e ajudá-las a sentir a vida correndo pelas veias. Essa é a verdadeira medicina.

e nos ajudam a combater o estresse oxidativo. Quando temos lesões ou inflamação de tecidos no corpo, o tecido retém uma carga positiva e atua como radical livre no corpo. Isto lesiona mais outros tecidos e pode provocar uma reação em cadeia que leve a mais inflamação e doença. Clint Ober, Martin Zucker e o dr. Stephen Sinatra chamaram a atenção para esse fenômeno em seu livro *Earthing*. Segundo eles, nossos antepassados extraíam elétrons da terra, e esse fluxo de íons negativos ajudava a neutralizar a carga positiva de tecidos inflamados e a curar. Isso ocorria mediante a ligação dos pés com a terra e também pela coluna vertebral quando sentávamos. Hoje em dia, dificilmente sentamos no solo, e andamos por aí com solas de borracha que funcionam como perfeito isolante para os elétrons. Isso bloqueia aquele fluxo vital, lançando-nos numa espiral descontrolada. Nossos antepassados caminhavam descalços ou com sapatos com solas de couro capazes de conduzir a carga elétrica. Hoje... bem, basta olhar ao redor. Perdeu-se a conexão.

Assim, quando adotamos um estilo de vida superestagnado, cortamos a conexão com a terra, cercamo-nos de móveis por todos os lados e trabalhamos debaixo de luzes falsas em ar estagnado o dia inteiro, dá para estranhar que não estejamos bem? Um Monge Urbano libera seu poder liberando o movimento. Diariamente usa o corpo de diferentes formas e se conecta com a terra, alongando-se, sentando no chão e andando por aí descalço. Não tenta ir de zero a cem nos fins de semana, querendo jogar uma intensa partida de tênis depois de passar a semana inteira sentado, pois sabe que vai se machucar.

É fundamental aprender a se movimentar de maneira funcional, o que ocorre com movimentos de todo o corpo e o uso inteligente dos músculos do centro. Um Monge Urbano traz de volta à vida cotidiana os princípios fundamentais do movimento, resgatando sólidas bases de força, flexibilidade, estabilidade e *fluidez*. A vida precisa de movimento, caso contrário, estagna. A vida flui, e nós também deveríamos fluir.

## Mexa-se!

São conhecidos os cinco estilos animais do kung fu. Eles decorrem de cuidadosa observação do comportamento de diferentes animais na natureza e da imitação de seus movimentos básicos. No contexto de uma batalha, permite uma profunda percepção da mecânica do corpo e das táticas de combate. Em termos de saúde, cria espaço nas articulações, mantém o fluxo sanguíneo e sustenta nossa movimentação de maneira multidirecional. Poderia vir um ataque de qualquer direção, e foi assim que nosso corpo evoluiu no sentido de se manter vigilante, relaxado, mas ainda assim alerta. A utilização de músculos em rápida movimentação nas artes marciais ajuda a reavivar esses circuitos e a nos despertar de novo para essas possibilidades.

Boa parte das tendências em matéria de exercícios que rapidamente vêm sendo descartadas como equivocadas nas duas últimas décadas foi inspirada por treinadores que se empenhavam em forçar apenas um determinado vetor de força. Um exemplo seria o exercício do supino com levantamento de peso. Ele ajuda os atacantes do futebol americano a afastar adversários. Também nos ajuda a causar impressão na praia, mas à parte essas duas coisas, o supino tem muito pouco uso funcional para o corpo. Na verdade, a maioria dos fisiculturistas que trabalham pesos dessa maneira apresenta excessivo desenvolvimento dos músculos frontais e debilidade da cadeia posterior (o complexo de músculos da parte posterior do corpo que ajuda a nos puxar para trás, manter a postura e equilibrar o físico). Os músculos do corpo devem complementar-se e apoiar-se reciprocamente. Eles estabelecem um equilíbrio dinâmico e nos mantêm ágeis e fortes quando trabalham corretamente. O excesso de ênfase em certos grupos de músculos em detrimento de outros leva a lesões. O método conhecido como Foundation Training, ensinado por Eric Goodman, é uma poderosa ferramenta especificamente voltada para a cadeia posterior e que contribui para despertar todo o corpo. Já vi esse método resolver sérios problemas ortopédicos de pacientes ao longo dos anos, e só posso elogiá-lo. Uma cadeia posterior fraca na parte superior do corpo leva a lesões nos ombros, e quando o centro é fraco em três dimensões, a região lombar e os joelhos ficam descompensados. (Consulte na seção de Recursos um link que lhe permitirá saber mais sobre o Foundation Training.)

Anote este conceito fundamental: o centro do corpo não é constituído apenas pelos músculos abdominais. Ele vai do alto do esterno ao púbis e envolve todo o seu corpo em três dimensões. Quando começamos a encará-lo assim, passamos a treinar de outra maneira. Entendemos que a rotação é uma parte importantíssima dos movimentos funcionais e que não podemos deixar de desenvolver certas lesões quando ficamos sentados o tempo todo. Ficamos de pé em superfícies instáveis, pulamos, fazemos muitas vezes o exercício da prancha e, de modo geral, construímos nossa força a partir do chão, usando inicialmente o peso do próprio corpo.

Os movimentos rotativos em vários planos do kung fu, da dança, da ioga e do Foundation Training são poderosas ferramentas para nos manter funcionalmente em forma. Quando dispomos de um alicerce de autêntico preparo físico funcional, a prática do basquete, do surf, do esqui e de qualquer outra atividade física transcorre com menor probabilidade de lesões. Um dos meus melhores amigos, o dr. Tim Brown, costuma dizer aos seus atletas de elite: "Você treina para jogar, e não joga para treinar." O que significa, basicamente, que precisamos estar funcionalmente em forma *antes* de praticar esportes. O que é fundamentalmente diferente da maneira como age a maioria das pessoas muito ocupadas, que consiste em ficar sentado a semana inteira, botar os tênis para um único jogo no fim de semana, lesionar um tendão e ficar se perguntando por que tanta "falta de sorte".

Outro aspecto do movimento funcional tem a ver com a ativação do cérebro. O uso de ambas as mãos, o equilíbrio ao se movimentar, a coordenação dos olhos com os movimentos das mãos, uma descida em movimento lateral, as rotações e quaisquer outras coisas que façamos em três dimensões realmente ajudam a ativar o cérebro e equilibrá-lo. Afinal, evoluímos fazendo todas essas coisas, e de repente paramos. Voltar a usar o corpo todo é uma bem-vinda mudança para o cérebro.

## A vida não é um esporte de espectadores

Quando foi que nos vimos afastados das aventuras da vida? Em que momento o jogo de futebol com os amigos foi reduzido a assistir a um jogo no sofá com batatas fritas e cerveja? Que é feito do pular corda e escalar árvores?

Foi nossa sociedade. Quando criaturas ativas são submetidas a posturas artificiais e trancadas o dia inteiro em escritórios, a função biomecânica do corpo começa a falhar. Um a um, somos vitimados por lesões ou simplesmente ganhamos peso demais para poder correr para baixo e para cima numa quadra. Uma lesão nos deixa fora do circuito durante algumas semanas, e então ganhamos algum peso e a volta precoce à prática sem uma reabilitação adequada nem um treinamento funcional prepara o terreno para a próxima lesão. Seja torcendo o mesmo tornozelo ou sofrendo alguma falência em outra articulação por causa dessa lesão inicial, vamos levando bordoadas até ficar apenas com a possibilidade de assistir aos jogos pela televisão ou aos jogos dos filhos.

Ficar no banco é uma droga. É como ter um pneu furado na viagem da vida: ficamos frustrados por não poder viajar e chateados por ficar à beira da estrada. O problema, no caso, é que tantas pessoas enfrentam o mesmo dilema que o acostamento ficou parecendo mais um estacionamento. Uma enorme multidão está sentada nas laterais, vendo os carros rápidos zunir à sua frente. Bebemos cerveja e vaiamos, sem saber que poderíamos voltar ao jogo e saborear de novo a vida. Vamos agora mostrar de que maneira.

## PRÁTICAS ORIENTAIS

### De pé para viver

Há anos eu trabalho com grandes empresas, dando consultoria sobre como compensar enormes custos de seguro de saúde. Um dos elementos fundamentais nesse processo é libertar os empregados das respectivas cadeiras. As mesas altas para trabalhar em pé e as estações de trabalho são o caminho do futuro. A pessoa queima calorias, movimenta mais sangue, mantém-se alerta, evita triturar as costas e usa os músculos posturais o dia inteiro.

Na verdade, quando eu mesmo passei a adotar as mesas altas para trabalhar em pé, fiquei chocado com o fato de o meu centro ficar muito dolorido durante um ou dois dias. Não me ocorreu que fosse necessário mobilizar tanto o centro para simplesmente manter-se de pé.

Com o tempo, o fato de manter-se de pé na sua mesa de trabalho realmente o ajudará a aumentar a energia, melhorar o humor e o desempenho. Tenho recomendado esta solução a pacientes individuais e a grandes empresas, que começaram a obter retorno do seu investimento. Ficar sentado mata. Segundo estudo realizado pela Sociedade Americana do Câncer em 2010, mulheres que ficavam sentadas mais de seis horas por dia tinham probabilidade 94% maior de morrer prematuramente que as que se mantinham fisicamente ativas e ficavam sentadas menos de três horas. Sério mesmo. No caso dos homens, a probabilidade era de 48%. Ficar sentado desacelera a queima de calorias e aumenta o risco de diabetes. Depois de duas horas sentado, o bom colesterol cai 20%.

Uma poderosa ferramenta que gosto de aplicar quando trabalho na minha mesa é assumir posturas do kung fu. Elas ajudam a desenvolver os músculos das pernas, que melhoram o equilíbrio e são densos em mitocôndrias. Desse modo, é possível gerar mais energia, que fica disponível para nós na vida. Eu alterno minhas posturas de kung fu ao longo do dia e repouso quando estou cansado. Passadas algumas horas, tenho a sensação de ter feito uma boa série na academia *e* ter terminado meu trabalho.

Procure em theurbanmonk.com/resources/ch5 o link de um vídeo com algumas posturas de kung fu que podem começar a ser incorporadas ao seu dia a dia.

## Pausas de *qigong*

O *qigong* é uma prática destinada a movimentar por meio da respiração a energia parada no corpo. Manter um ritmo natural de respiração vai ajudá-lo a atravessar o dia inteiro, ao passo que tentar ansiosamente passar à frente de si mesmo vai deixá-lo sem fôlego no acostamento. Vá com moderação e mantenha o equilíbrio. É a melhor coisa para fazer durante as pausas. Separar 5 a 10 minutos a cada hora para instilar fôlego vital nos membros vai recarregar poderosamente o seu dia e a sua vida. Afinal, a estagnação de energia e sangue é o principal problema da vida moderna. Na medicina chinesa, dizemos que o sangue é a mãe do *qi* e o *qi* é o comandante do sangue. O que significa que, se o *qi* fluir, o sangue também flui.

Movimentar o *qi* é fácil. Significa coordenar os olhos, a mente, o corpo e a respiração. É a fórmula mágica do sucesso. A consciência é vinculada à atividade exercida e se ancora na respiração profunda. O córtex motor primário do cérebro é ativado e nosso equilíbrio melhora. Alguns minutos de *qigong* diariamente realmente podem potencializar sua energia e seu estado de ânimo. Não espere o fim do dia para limpar o terreno e se recuperar. Tome pequenos goles de vitalidade ao longo do dia, e assim não se exaurirá.

Existem alguns exercícios excelentes (e rápidos) que você pode fazer no trabalho para potencializar seu *qi* e manter-se vibrante. Poderá encontrá-los na seção de Recursos.

## Ande descalço

Cortar o fluxo de *qi* vital para o corpo não é uma boa ideia. É o que acontece quando perdemos contato com o mundo natural. Todos acabamos por fazê-lo de vez em quando, mas qualquer abuso nesse sentido nos deixa fracos e doentes. Separar um tempo para a reconexão com o planeta e seu livre fluxo de elétrons ilimitados é fundamental. Tire os sapatos e toque o solo. O melhor é fazê-lo em terra bruta. Grama, seixos, areia e água do mar são elementos poderosos para nos reconectar à "sopa da vida" e permitir que o corpo se cure por meio de trocas vitais da energia de que precisa (e da qual carece terrivelmente) com a terra. Nesse terreno, quanto mais, melhor. Certas pessoas adotam uma atitude extrema, andando sempre descalças; não é o que eu recomendo, simplesmente porque em ambientes urbanos estamos sujeitos a um bombardeio de elementos petroquímicos e agentes perniciosos que *não* são naturais e têm impacto negativo na saúde. Nós absorvemos substâncias através da pele. Levamos coisas para casa nos pés. Por isso é que, em culturas asiáticas tradicionais, os sapatos são deixados na porta, para que a casa permaneça pura e limpa. Eu recomendaria usar sapatos (se possível com sola de couro) ao caminhar nas ruas e ficar descalço na natureza, no seu quintal e em casa o tempo todo.

## Olhos, mente, corpo e respiração

Eu disse há pouco que este é o ingrediente secreto do *qigong*, e agora quero me deter um pouco mais no assunto. A respiração profunda é quase sempre a marca do trabalho de ioga. Os movimentos lentos, metódicos e deliberados do *qigong* e do tai chi estão ligados a essa respiração profunda, o que ativa o cérebro. O elemento final são os olhos, que em geral seguem o yang, ou mão ativa, no *qigong*. A associação de todos esses elementos surte um profundo efeito relaxante no corpo e na mente. Ao fazê-lo, começamos a nos sentir conectados e mais coordenados.

A marca da nossa cultura é a fragmentação e a desorientação. Separamos tudo, exatamente como Adão e Eva começaram a dar nomes às coisas no Jardim do Éden quando caíram e não estavam mais inteiros. Aprender a integrar nossa visão aos nossos movimentos e à respiração é uma forma de voltar atrás. Aplicar essa fórmula mágica da coordenação entre olhos, mente, corpo e respiração aos exercícios é uma excelente maneira de conectar mente, corpo e espírito de novo. Faça tudo *intencionalmente*, e veja o mundo ao seu redor se iluminar com vida e energia.

## Meditação da caminhada lenta

Uma excelente prática que pode ajudá-lo a se reconectar e acalmar a mente quando sentir estagnação é a meditação da caminhada. Ela começa basicamente com a postura de pé do *Wu Chi* para dar início aos trabalhos. Como sabemos, *Wu Chi* é a postura dos pés abertos na largura dos ombros. Você inspira ao erguer um dos joelhos (iniciando o movimento pelo joelho) e lentamente expira ao dar um passo à frente, pisando com o calcanhar até os dedos. Em seguida, repete o movimento com a outra perna e continua caminhando enquanto julgar adequado. O aprendizado consiste em diminuir o ritmo e encontrar o equilíbrio. Comece com 30 segundos por passada e tente diminuir ainda mais quando já tiver encontrado o equilíbrio. Os passos lentos e metódicos ajudam a acalmar a mente e realmente mobilizam os músculos posturais, o que ativa o cérebro. Com o tempo, você encontrará melhor equilíbrio e vai se sentir mais vivo.

Isto pode ser feito em qualquer lugar, e de fato parece meio estranho, mas os seus colegas de trabalho também são estranhos. Pare de se preocupar com o que as pessoas pensam de você e ponha mãos à obra, fazendo algo que realmente o ajude.

# FERRAMENTAS MODERNAS

## Levante-se, fique de pé... ou caia de cara no chão

Já vimos que as mesas altas para trabalhar de pé estão revolucionando o ambiente de trabalho. Manter-se de pé vai mudar sua vida, mas sentar-se também pode – lá embaixo. Outro conceito com o qual tenho experimentado recentemente e que se revelou divertido e revigorante para pessoas que tentam se separar da cadeira de escritório é montar um espaço de produtividade no chão. Estamos falando de uma área onde as pessoas não circulem com sapatos e possam trabalhar sentadas no chão. Os mais jovens são excelentes nisso, mas os mais velhos enfrentam problemas inicialmente. Por quê? Por que estão sentados nessas drogas dessas cadeiras há muito mais tempo...

O principal é usar os músculos para sustentar o peso do corpo e sentir-se confortável no solo de novo. No caso dos meus clientes de bem-estar nas empresas, usamos mesas japonesas de refeição, que são bem baixas e próximas do chão. Funcionam muito bem. Almofadas e travesseiros ajudam a abrandar o impacto, e almofadas de meditação também são úteis.

O principal é manter-se ativo, mudar de posição e manter o corpo mobilizado o dia todo. Este conceito é uma posição filosófica, podendo ser aplicado a todos os aspectos do dia de trabalho. Trabalhe de pé ou ganhe flexibilidade e força no centro sentando no chão. O que quer que faça, não desmorone naquela maldita cadeira de escritório de jeito nenhum.

## Brinquedos para se exercitar

Uma maneira de manter os dias de trabalho interessantes é ter brinquedos para se exercitar espalhados pelo local. Eu monto pequenos postos de exercícios por perto dos escritórios, com uma esteira, um par de pesos e talvez uma corda de pular. Barras e bolas também são incríveis.

O oposto de gravidade é *leveza*. Exercitar-se e manter-se ativo o dia todo ajuda a potencializar a leveza. A regra no meu escritório é dar uma parada no posto de exercícios toda vez que se passa por ele e fazer 10 repetições de *alguma coisa*. Pode-se misturar ao longo do dia, mas é necessário fazer alguma coisa. Nada de desmoronar sob o peso do dia. Dispor de ferramentas acessíveis no escritório ou por perto de casa instrumentaliza o ambiente e lembra que essas coisas devem ser usadas. O oposto também se aplica. Uma máquina de refrigerantes também manda uma mensagem – uma mensagem que você não quer receber.

Qual a pedida: uma pizza de queijo ou uma mesa de trabalho com esteira rolante? Você quer estar cercado de veneno ou de medicina vital?

Meu amigão Abel James fala de design ambiental e tem excelentes conselhos sobre como fazer com que o seu mundo reflita suas metas. Quando instrumentalizamos o ambiente para nos mostrar as coisas que decidimos adotar na vida, torna-se fácil. O primeiro passo, muito simples, é dado na mercearia. Se comprar porcaria, você terá porcaria em casa e vai comê-la.

Em seguida, olhe para os produtos de limpeza com seus venenos químicos, e tire-os da sua frente. Você pode ampliar esse empenho mantendo pesos por perto e incenso queimando. Pode trancar as portas para manter longe amigos indesejáveis ou parentes, ou então ter instrumentos musicais e adotar uma política de portas abertas e noites de prazer. A questão é: o que você quer? Crie um mundo que tenha a ver com esse sonho, e o alcançará.

## Pés descalços

Um elemento fundamental para a manutenção do nosso equilíbrio geral é a postura, e, como acontece com qualquer arranha-céu, os alicerces são o dado mais importante. O que volta todos os olhares para os pés. É onde acontecem os delicados equilíbrios e cálculos que levam informação ao cérebro e ao sistema nervoso.

O pé humano tem 26 ossos, 33 articulações, 107 ligamentos e 19 músculos e tendões. Os 52 ossos dos dois pés representam cerca de 25% dos ossos do corpo. O que é muita coisa, em termos biológicos, pois assinala a importância global dos pés e como é crítico cuidar deles.

Com o achatamento do nosso mundo, o jogo mudou. Como já disse, passamos dos pés descalços ou sapatos de couro macio que nos davam a sensação do solo (e conduziam elétrons) a solas espessas de borracha sobre caminhos de concreto liso. Isso eliminou a necessidade de toda a complexa sofisticação biomecânica de que dispomos nos pés, basicamente fazendo com que também nos achatássemos.

Nossos arcos estão desmoronando, e assim procuramos médicos que nos recomendam dispositivos ortopédicos funcionais, o que pode ser comparado a usar um colete apertado para fazer as vezes de músculos abdominais fortes. Uma muleta.

Caminhar descalço não deixa de ser um desafio, com toda a porcaria espalhada por aí (vidro, gasolina, poluentes cancerígenos), de modo que a alternativa não é recomendada nas ruas das cidades. Existem atualmente no mercado sapatos "descalços" realmente incríveis. São mais recomendados em terrenos mais suaves, para distâncias não muito longas; tive de tratar vários pacientes que compraram um par, correram 15 quilômetros e estragaram os pés. Como sempre, é necessário começar aos poucos e se acostumar. A probabilidade é que você tenha passado algumas décadas usando sapatos normais que deixaram seus pés e seus arcos preguiçosos. Passe a trabalhar lentamente no fortalecimento dos arcos, e verá que seus pés podem levá-lo mais longe.

Há também um ganho secundário que é muito legal. Como os pés são os alicerces do corpo, seu fortalecimento altera toda a cadeia cinética corpo acima. Já vi pessoas com problemas crônicos de joelhos, quadris, ombros e até pescoço relatarem uma recuperação incrível quando começamos a resolver seus problemas nos pés. O que faz todo sentido, mas a recuperação leva algum tempo, de modo que é necessário ser paciente e começar aos poucos a resgatar seu estado primal.

Você não poderá ir a lugar algum e romper o estado de estagnação se se machucar a cada passo. Ajeite os pés e terá dado os primeiros passos para voltar a fluir.

## Treino dos movimentos funcionais

É incrível a quantidade de vetores de força aleatórios com impacto no nosso equilíbrio e o nível de ruído que o nosso sistema nervoso encara para simplesmente nos levar da casa ao carro. Não surpreende que estejamos tão cansados. É no cerebelo que se encontram mais de 50% dos neurônios do nosso cérebro, e também onde lidamos com as funções motoras e o equilíbrio. Quando não estamos bem nessa categoria, gastamos uma quantidade exorbitante de energia na simples tentativa de manter a cabeça erguida e nos perguntamos por que esquecemos o tempo todo onde estão as chaves do carro. Está na hora de recuperar essa energia.

Às vezes isso pode significar voltar ao solo e engatinhar como um lagarto, para depois andar de quatro – o que for necessário para ativar o sistema nervoso no sentido de ajudar o corpo a funcionar corretamente de novo. Quando resolver isso, sua vida mudará e você passará a se movimentar livremente, sentindo-se jovem de novo. Vi coisas incríveis acontecerem nesse terreno, e o estimulo a começar a explorá-lo imediatamente.

Existe no momento um forte movimento liderado por destacados cirurgiões ortopédicos e fisioterapeutas e treinadores físicos inteligentes que está ajudando as pessoas a se tornarem funcionalmente bem preparadas e prontas para a prática de esportes. A coisa começa com equilíbrio, flexibilidade e postura. Certos grupos musculares precisam ser acionados corretamente, e certas cadeias musculares devem ser ativadas. Quando o corpo está empenhado nesse sentido, temos muito menos probabilidades de sofrer lesões e podemos novamente desfrutar dos exercícios. Boa parte dessa orientação é desenvolvida pela observação do movimento de criancinhas antes de serem torturadas pelas carteiras escolares. Basta observar uma criança passar do agachamento à posição em pé com total facilidade. Observando-as, podemos ver de onde viemos.

Um excelente exercício é ficar de pé numa bola Bosu (uma bola cortada ao meio com uma plataforma sólida), tendo os pés afastados na largura dos ombros. O exercício consiste em elevar os braços ao lado e fechar os olhos. Mas cuidado! A maioria das pessoas perde o equilíbrio e cai, no início. Faça o exercício até que o cérebro consiga integrar e equilibrar, e em seguida experimente com as mãos à frente, acima, atrás e finalmente com rotação do tronco. Trabalhe com os olhos abertos e então feche-os lentamente e tente encontrar seu equilíbrio.

## Use o celular como lembrete

O fato de estarmos ocupados não significa que temos uma desculpa para esquecer de cuidar de nós mesmos. O Monge Urbano usa sua tecnologia para munir-se de ferramentas na vida e torná-la melhor. Acione lembretes eletrônicos a cada 25 minutos para se levantar e alongar. Talvez você possa fazer 10 agachamentos ou flexões – o que for necessário para o seu crescimento pessoal. Programe-se e valorize sua programação. Se não entra na sua agenda, é porque não é importante para você. Estabeleça suas metas de movimentação para o dia e *planeje* sua execução diária. Fazer 10 repetições de determinado exercício leva 30 segundos, e você vai se sentir melhor, pensar melhor, ter melhor aparência e se sair melhor no trabalho. Não podia ser mais óbvio. Pessoalmente, gosto de fazer nas minhas pausas séries de cinco exercícios com 10 repetições cada um.

Outra excelente ferramenta que uso com meus clientes de empresas é acionar lembretes (nos celulares dos empregados ou nas áreas de trabalho dos computadores) para beber um gole d'água a cada 10 ou 15 minutos. Tem o duplo efeito de mantê-los hidratados e acionar um velho ciclo de biofeedback que é totalmente eficaz: enche a bexiga e nos leva a prestar atenção ao corpo, reparando quando é hora de fazer xixi. Você levanta, vai até o banheiro, faz o que tem de fazer, caminha de volta, enche de novo o copo d'água, faz 10 repetições de alguma coisa, alonga-se por um minuto (ou mais) e retoma o trabalho. Ajuda a manter-se hidratado, em movimento e flexível o dia todo.

Você não vai lembrar sozinho, por isso *deve recorrer ao celular ou ao computador* para lembrá-lo, até que se torne um hábito.

## Trabalho em casa

Talvez a marca da economia do futuro seja mais trabalho executado em casa e menos utilização do carro. Pense nisso. Se fosse possível trabalhar em casa, você não precisaria das duas horas que gasta atualmente indo para o trabalho e voltando de carro. Economizaria gasolina e talvez até pudesse dividir o mesmo carro com seu cônjuge. Não castigaria a coluna passando todo aquele tempo sentado dirigindo e contribuiria para deixar as ruas menos engarrafadas e poluídas. Talvez o futuro das pessoas que não trabalham em fábricas seja uma versão muito mais saudável do equilíbrio necessário entre trabalho e vida, e só vejamos nas ruas caminhões de entrega e pessoas caminhando para o parque ou para visitar a vovó.

Muitas empresas bem-sucedidas da área tecnológica permitem que seus empregados trabalhem em casa, e simplesmente fiscalizam a produtividade. Se formos adultos e fizermos o que dizemos estar fazendo, tudo bem. Seja excelente no seu trabalho e ninguém se importará com o lugar onde trabalha. Se ainda se importarem, mostre-lhes que você pode se sair melhor. Eles pagam pelo trabalho feito, e não para vê-lo sentado ali com ar infeliz. Este modelo da década de 1950 está morto; é uma porcaria, e as empresas inovadoras o estão reavaliando, para que as pessoas possam levar uma vida mais feliz e saudável. Antes, precisávamos ficar sentados à mesa junto ao telefone. Agora, somos móveis. O trabalho não precisa ser uma chatice. Faça-os ver que você merece confiança e que será um empregado mais valioso se puder trabalhar onde quiser.

Um Monge Urbano assume o controle de sua vida e promove resultados com excelência e clareza. Recupere suas horas de transporte e ganhará o tempo de que precisa para se exercitar e desfrutar da companhia dos filhos ou dos cães. Liberte-se da estagnação e tenha mais energia para executar seu trabalho e desfrutar da vida durante a semana. A liberdade está ao seu alcance. Vá atrás dela.

## Transportes alternativos

Ir a pé para o trabalho é um sonho. Andar de bicicleta é incrível. Se o seu trabalho fica muito longe, existe um trem, uma forma de transporte solidário ou outra maneira de chegar lá que não seja dirigindo? Você pode ler ou tirar uma soneca no trem, mas não ao volante. Naturalmente, se puder transformar seu transporte em recreação e exercício, só terá a ganhar.

Mas se é obrigado a dirigir para chegar ao trabalho, aqui vai uma dica que literalmente vai salvar seu traseiro. Hoje em dia a maioria das pessoas tem carros automáticos, o que significa que o pé direito faz todo o trabalho, enquanto o esquerdo fica parado. O resultado é que o quadril direito é lentamente levado a tombar para a frente, com o tempo adotando basicamente uma rotação para a frente, pois é nessa perna que transcorre toda a ação. Se nos últimos anos você dirigiu uma hora por dia, cinco dias por semana, 50 semanas por ano, já viu que pode ser um problema. Tive milhares de pacientes com este problema. Provoca dor nas costas, problemas de joelho, estranhas questões posturais e, naturalmente, problemas nos quadris. A maneira de corrigir o problema se você tiver de dirigir é pressionar o pé esquerdo contra o pequeno descanso do lado esquerdo do piso. Sim, ele está ali em quase todos os carros: bem à esquerda dos pedais há um pequeno apoio para o pé esquerdo. Pressione-o de maneira a fazer com que os quadris se equilibrem e deixem de girar para a frente e para a direita. Com o tempo, você começará a resolver esse desequilíbrio e a se descompensar menos ao dirigir.

## Andando ao ar livre é sempre melhor

A menos que eu precise participar de um seminário online ou examinar algum documento no computador, minha nova regra pessoal em matéria de telefonemas é dar uma caminhada enquanto converso. Eu sempre explico às pessoas com quem preciso falar o tempo todo. Basicamente, digo o seguinte: "Eu passo milhares de horas por mês no telefone, e se tivesse de falar sentado à mesa de trabalho, as costas doeriam e eu ganharia peso, de modo que, se não se importar, vou caminhar durante este telefonema, e recomendo que faça o mesmo." Para mim, é mais fácil, como fundador da Well.org, pois somos uma empresa ligada à saúde e ao bem-estar, e eu simplesmente declaro que preciso caminhar. Você talvez precise de outra tática, mas, seja como for, descubra uma maneira. Talvez, se se tratar do presidente de uma grande empresa, você possa ficar de pé ao lado da mesa de trabalho em vez de sair para a rua, mas quantos telefonemas inúteis ou insanos você recebe diariamente? Pode também conseguir uma mesa de trabalho em pé acoplada a uma esteira e queimar calorias sem ar fresco para respirar, mas pelo menos estará se movimentando. Com quantos colegas de escritório você não fala ao telefone? Pois é muito provável que eles não se importassem se você estivesse caminhando. Comece por aí.

O mesmo procedimento eu adoto em relação a reuniões. Nós costumávamos ter reuniões em mesas redondas com os parceiros uma ou duas manhãs por semana, e encomendávamos comida e café para o grupo... uma chatice. Propus então que passássemos todos a dar uma caminhada. Movimentaríamos um pouco o *qi*, alguém se encarregaria de gravar e transcrever as conversas e na mesma tarde as anotações estariam em nossas mesas. Poderíamos ver alguns coelhinhos e flores, respirar ar puro e queimar 500 calorias *enquanto trabalhávamos.*

É a mensagem a ser levada para casa: não permita que aquelas oito horas de trabalho representem estagnação na sua vida. Encontre maneiras de ativar o corpo e a mente ao longo do dia e ganhe resiliência. Queime calorias. Banhe-se no sol e no ar fresco. É o estilo do Monge Urbano. Não permita que o mundo exterior o maltrate.

Encontre um jeito, e começará a retomar a plena vida. Desse modo, terá mais vitalidade para se sair melhor e suscitar coisas legais. Um dia, vai olhar para trás e se perguntar: "Mas que diabos eu pensava da vida?" A vida pode ser maravilhosa; abrace-a e *continue abraçando.*

## O PLANO DE AÇÃO DE STACY

As pessoas nem reconhecem mais Stacy. Ela conseguiu negociar a possibilidade de trabalhar em casa dois dias por semana, o que abriu novas perspectivas de emprego do tempo para ela, no carro, no chuveiro, ao se vestir. Foi necessária alguma persuasão, mas ela convenceu os patrões a checar sua produtividade durante três meses e evidenciou melhoras em todas as frentes. Uma vez constatado isso, ela ficou livre para ir e vir como bem quisesse. Praticou alguns exercícios funcionais de preparo físico até ser liberada pelo treinador e começou aulas de hip-hop nas duas manhãs em que não precisava dirigir, o que a ajudou a soltar a mente e a se sentir muito melhor. Nas outras manhãs, ela botava proteínas vegetarianas de qualidade no liquidificador, com verduras orgânicas, e ainda estava comendo ao entrar no carro, para ganhar tempo. Os audiolivros destinados a ajudá-la a avançar na carreira tornaram-se sua escuta favorita no percurso matinal de carro.

Ela transformou completamente sua estação de trabalho. Conseguiu uma extensão para trabalhar de pé na mesa convencional e tomou a iniciativa de sugerir que todos passassem a usar sapatos confortáveis no trabalho. A alta gerência abraçou a causa porque muitas empregadas assinaram uma petição falando mal dos saltos altos. Ela fazia pausas regularmente e cuidava o dia inteiro de estar sempre fazendo algo bem ativo. Reorganizou os horários de reunião no meio do dia para que nunca interferissem com a hora do almoço. Recuperava, assim, mais um tempo pessoal. Concentrava a cozinha nos domingos e noites de quarta-feira para almoçar comida saudável todo dia. Comia na sala de repouso e saía para uma caminhada com uma ou duas colegas. Aos poucos, foram ganhando velocidade e estavam percorrendo quase cinco quilômetros por dia.

Como trabalhava em RH, ela conseguiu uma sala disponível em outro departamento para transformá-la em sala de relaxamento. Qualquer pessoa pode entrar para descansar, tirar uma soneca ou meditar quando tiver vontade, e no início a gerência ficou meio apavorada com a história. Em questão de três meses, contudo, estava mais que claro: os empregados estavam mais motivados e produtivos, e começaram a faltar menos e precisar de menos dias de licença médica. Estava funcionando maravilhosamente. Como fora sua a iniciativa, ela ainda tirou proveito conseguindo a adoção de outros programas de saúde no trabalho. Entre eles, uma pequena academia de ginástica, lanches mais saudáveis na cozinha e um clube de caminhadas.

À noite, Stacy eliminou a televisão e adotou um cachorro para cuidar. Isso significava caminhadas diárias e algum tempo correndo ao redor do parque. Foi o que a levou a conhecer um cara legal no parquinho de cachorros. Ele faz montanhismo e adora acampar. Stacy não gosta de alturas, mas o acompanha nas viagens e passa bons momentos descalça na natureza. Lê um livro, faz alongamentos ou vai caminhar com o cachorro.

A luz do sol, o ar fresco e o tempo dedicado a si mesma realmente a ajudaram a se sentir viva de novo. Aos poucos ela começou a perder entre um quilo e meio e dois quilos por mês, durante alguns meses, e seu peso estacionou num patamar aceitável. Ela tem conseguido manter o peso porque, ao contrário do que acontecia em todas as outras tentativas, agora não estava empenhada apenas em emagrecer. Era uma questão de resgatar a própria vida.

A coisa toda começou com a reorganização do dia de trabalho, levando-a a lugares bem interessantes.

CAPÍTULO 6

# Ganho de peso e autoimagem negativa

ANN NUNCA SE SENTIU BEM consigo mesma. Era meio corpulenta na adolescência e morria de vergonha. No ensino médio, juntou toda sua força de vontade para mudar as coisas. Fazia dietas e exercícios obsessivamente. Funcionou. Ela emagreceu e todo mundo notou. Tornou-se líder de torcida, o que continuou fazendo na faculdade. Externamente, estava numa posição invejável. As garotas queriam ser como ela. Os caras se sentiam atraídos por ela. Ela era popular. E, também, muito infeliz.

Ann sempre se sentiu gorda e feia. Não importava o que dissessem, ela tinha a sensação de que estavam mentindo por pena. As férias exigiam uma longa série de conversas animadoras consigo mesma. Aparecer de biquíni na frente dos outros era a ideia que ela tinha do inferno. Eles verão. Vão ficar sabendo. Deu um jeito de se livrar de uma ou duas viagens porque simplesmente não conseguia lidar com a situação.

Esta questão era uma luta constante na faculdade e no início de sua vida adulta. Dois filhos e um ótimo marido depois, Ann tinha ganhado bem uns 13 quilos. Depois do primeiro filho, nunca mais conseguiu livrar-se do peso extra, apesar de constantes esforços nesse sentido. Na verdade, ela se empenhava tanto em dietas que seu leite secou e o bebê teve de tomar mamadeira – algo que ainda hoje a deixa com sentimento de culpa. Entre regimes detox, dietas líquidas e treinamentos intensivos, Ann gastou uma pequena fortuna tentando encontrar "a coisa certa" que funcionasse no seu caso. Depois do segundo filho, praticamente desistiu. De que adiantava? Ela estava no fim da casa dos 30 e nada funcionava.

Ann detestava sua aparência e vivia encontrando desculpas para não ir a festas e outros eventos sociais, pois eram motivo de muita ansiedade e dor. Serviam para lembrar-lhe que estava gorda, que estava feia. Todo mundo a achava uma pessoa agradável, atraente e boa, mas Ann não enxergava essa pessoa. Via apenas fracasso... os pneus e os quadris.

O trabalho do marido exigia que ela comparecesse a eventos sociais e de gala. Ela detestava. Virou motivo de briga no casal. Ele não entendia por que ela se mostrava tão egoísta e irracional. Ela inventava desculpas e botava a culpa em pessoas de quem não gostava. Sentia vergonha demais para contar-lhe a verdadeira razão – envergonhada demais de si mesma.

O casamento corria risco. Sua vida social era nula. Os filhos sentiam o clima ruim, e Ann simplesmente não conseguia se ajudar. Sua autoimagem negativa estava destruindo sua vida.

Os problemas de Ann não começaram na adolescência. Esse momento foi apenas quando seu corpo começou a dar sinais de que não conseguia mais compensar. Ela cresceu se alimentando com cereais açucarados, leite com aditivos hormonais e antibióticos, massas, bolos, pizzas de queijo derretido e balas. Sua mãe a mantinha junto com o irmão diante da televisão enquanto cuidava da casa, dando a cada um uma caixa de biscoitos e suco de fruta. Ann ia de tarde às aulas de balé e voltava para casa morrendo de fome. Tentava não comer, pois a professora era realmente muito exigente com a aparência do seu corpo nas malhas. Acontece que é uma péssima ideia permitir que uma pessoa com transtorno alimentar influencie a autoimagem de uma menina. Ann e os pais não tinham a menor ideia do drama que a influência dessa professora causaria mais tarde.

Mas os problemas tinham começado ainda mais cedo. Ann nasceu de cesariana, o que significa que não foi exposta à mistura vital de boas bactérias que deveria ser transmitida pelo canal vaginal da mãe. O padrão nesses procedimentos é tratar tanto a mãe quanto o bebê com antibióticos, por medidas de segurança. Isso criou um ambiente no qual os tipos errados de bactérias se instalaram no intestino de Ann. Ela foi um bebê cheio de cólicas, que não conseguia dormir direito. A mãe não a amamentou porque foi convencida pelo médico de que mamadeira era melhor. O substituto do leite materno por ela usado, por alguma infinita sabedoria do fabricante, era uma porcaria. Os principais ingredientes eram maltodextrina, xarope de milho e mais açúcar. Isso fortalecia as bactérias ruins no intestino de

Ann, gerando um ambiente graças ao qual ela teve de enfrentar constipação, indigestão e aversões alimentares exageradas a vida inteira. Tudo isso também a transformou numa viciada em açúcar desde o início. O negócio é pegá-los de jeito enquanto ainda são pequenos – *bem* pequenos.

## O PROBLEMA

Com o aumento dos casos de obesidade, diabetes e doenças cardíacas, parece evidente que temos um enorme problema nas mãos. Na verdade, os custos de assistência de saúde logo representarão mais de 20% do produto interno bruto dos Estados Unidos. Oitenta por cento desses custos decorrem de doenças crônicas *provocadas pelo estilo de vida*. São problemas que podemos prevenir e reverter.

Com a introdução de práticas modernas de cultivo, a adoção de estilos de vida estagnados e a toxicidade desenfreada, nosso corpo não é capaz de enfrentar todas as mudanças e está estocando excesso de gordura. Durante milhares de anos os alimentos tinham determinada aparência, mas agora é tudo diferente. Vamos dissecar tudo isso para que nosso cérebro seja capaz de entender qual é o problema. Uma vez equacionada a coisa, as soluções são bem simples.

### Agricultura moderna

Depois da Segunda Guerra Mundial, decidimos pegar a máquina industrial criada para a guerra contra os nazistas e voltá-la para a nossa sociedade, para o bem de todos. Foi uma ideia nobre que foi longe demais em muitos aspectos. As empresas químicas e de petróleo começaram a se voltar para as práticas agrícolas com o objetivo de intensificar lucros. Começamos a cultivar o solo em excesso e a usar produtos químicos tóxicos para matar pragas. Os fertilizantes entraram na mistura, assim como a engenharia genética. Pisamos fundo nessa história toda, extraindo maior produção da terra e mostrando ao mundo que as maravilhas da ciência podem resolver todos os nossos problemas. Passamos a armazenar grãos e a acabar com a fome. Socorremos países passando necessidade e fornecemos ajuda humanitária. Certamente nem tudo estava errado, mas fomos longe demais e agora estamos pagando por isto.

Ao cultivar em excesso a terra, destituímos o solo de minerais necessários às plantas. Nosso cérebro quer que saiamos em busca de nutrientes, e, assim, sentimos fome. Em condições normais, os alimentos ingeridos seriam capazes de satisfazer o cérebro, fornecendo os elementos necessários. Como os alimentos de hoje são destituídos de nutrientes, contudo, nós simplesmente vamos comendo e comendo sem o pretendido benefício de absorver aquilo de que precisamos. Vamos nos enchendo de calorias vazias sem um sinal de "pare" do cérebro, pois ele continua faminto do que necessita.

Nossos antepassados alternavam colheitas (como os legumes) para devolver nitrogênio ao solo e ajudar a reabastecê-lo. Deixavam as plantas apodrecer no solo, e as outras espécies que cresciam ao lado contribuíam para criar diversidade, equilibrar as bactérias e muitas vezes evitar pragas. Os animais viviam na mesma terra e comiam as pragas. O esterco ajudava a fertilizar as colheitas. Eles comiam as ervas daninhas e coexistiam na terra. Ao separar plantas e animais em gigantescas fazendas industrializadas, no entanto, comprometemos esse equilíbrio. O solo foi despojado de nutrientes e, portanto, também, nossa comida. Os animais agora nadam em fezes, e as plantas se afogam em veneno para afastar as pragas.

Sim, as pragas são nocivas, mas dizimá-las com pesticidas revelou-se uma abordagem radical, cheia de arrogância e estupidez. O fato de se empregar pesticidas para matar tudo no solo deixou-o exposto a um crescimento exagerado de fungos e outras bactérias resistentes que não atendem às nossas necessidades saudáveis de cultivo. Essas substâncias também penetram nos alimentos e nos envenenam. Basta ver o caso do DDT. Foi uma má ideia que deixou feridas em algumas gerações. O simples fato de alguém aparecer num laboratório químico com uma nova mistura que parece promissora num tubo de ensaio não significa que devemos sair por aí espalhando qualquer coisa nos nossos alimentos.

Estamos atualmente recuando dessa tendência para a insanidade e vendo que incontáveis pessoas estão doentes em decorrência da excessiva exposição a todas as porcarias que estamos bombeando nos alimentos e no meio ambiente. A diferença é flagrante em relação ao mundo dos nossos antepassados, no qual as coisas eram puras, naturais, orgânicas e frescas. Se examinarmos nosso distanciamento desse vínculo com a natureza e o súbito surgimento de uma enxurrada de doenças modernas, as correlações são espantosas.

Nos anos iniciais das pesquisas sobre câncer, certos médicos "radicais" começaram a afirmar que o cigarro podia levar ao aumento dos índices da doença. Foram ridicularizados e marginalizados. Um eminente médico fez na época uma declaração que ficou famosa: o aumento dos casos de câncer tinha igual probabilidade de ter sido causado pelas meias de náilon, que haviam inundado o mercado mais ou menos na época do aumento do consumo de cigarros (e do aumento dos casos de câncer). Por ser tão grande o número de fumantes, era difícil isolar o fenômeno e encontrar causas. À medida que avançavam as pesquisas, todavia, os cientistas tiveram um momento "eureca", e hoje todo mundo sabe que fumar causa câncer no pulmão.

Acredito que estamos num momento semelhante em relação aos venenos químicos que introduzimos no ambiente. É tão grande a quantidade dessas porcarias por aí que fica difícil isolar *o que exatamente* vem causando esse gigantesco aumento dos casos de câncer, doenças autoimunes, autismo e talvez até certos casos de diabetes. Se examinarmos as tendências, veremos que estão alinhadas com nossa era industrial e a ideologia de "viver melhor graças à química". E se o efeito cumulativo de todas essas toxinas estivesse causando o aumento das doenças? E se daqui a vinte anos olharmos para trás e perguntarmos: "O que é que tínhamos na cabeça ao botar toda aquela porcaria na nossa comida?"

O Monge Urbano toma posição diante disso e faz parte da solução, e não do problema. Não esperamos que o barco afunde. Este planeta é *nosso*. Teremos de passá-lo aos nossos filhos.

## O açúcar é uma droga

Um dos períodos mais sombrios da nossa história foi a época da escravidão. Era uma parte próspera e robusta da economia do Novo Mundo, e a maioria dos protagonistas econômicos do Velho Mundo estava no trem da alegria. Era necessária mão de obra para explorar os abundantes recursos e riquezas do Novo Mundo e, graças a alguns imbecis, navios cheios de escravos africanos começaram a chegar para fornecer trabalhadores para as plantações.

Um dos principais cultivos comerciais que movimentavam a economia do comércio de escravos era o açúcar. As elites do Velho Mundo tinham sentido o gostinho (literalmente) e não largavam mais o osso. Isso representou uma enorme demanda de mais e mais cana-de-açúcar, conduzindo mais gente para a escravidão. Na verdade, esse novo hábito do açúcar (e do tabaco) na Europa representava boa parte da força propulsora de um contínuo fluxo de pessoas sendo tiradas à força de casa e enviadas ao trabalho em plantações.

Podemos dizer que o açúcar suscitou a demanda de escravos, mas o efeito colateral disso é que *todos nós* nos tornamos escravos do açúcar. Muito tempo depois de as feridas da escravidão começarem a sarar (e muita coisa ainda precisa ser curada), o hábito do açúcar desenvolvido em nossa sociedade sobrecarregou o sistema médico. Verificou-se que o açúcar é 10 vezes mais viciante que a cocaína, acionando no cérebro centros de prazer que nos levam a querer mais. Estamos completamente dependentes, e as consequências indesejáveis disso só agora começam a ficar evidentes. O açúcar interfere no nível de glicose no sangue, baixa a imunidade, leva-nos a armazenar gordura e alimenta as bactérias ruins no intestino.

Falando de açúcar, não devemos pensar apenas naquele pozinho branco. O desenvolvimento do xarope de milho de alto teor de frutose permitiu à indústria alimentícia apropriar-se de um monocultivo subsidiado pelos nossos impostos e refiná-lo para a criação de um *superaçúcar*. Os fabricantes botam essa porcaria em tudo, e com isso estamos engordando. Em consequência de anos de desinformação e confusão, achávamos que o problema eram as gorduras na nossa dieta. Na verdade, segundo meu amigo, o médico Mark Hyman, um grande problema por nós enfrentado é a palavra *gordura*. Aquilo que comemos e o que armazenamos não são a mesma coisa, e esse emprego equivocado da palavra gerou muita confusão a respeito da perda de peso. Também é o açúcar refinado que causa ganho de peso. Ele rapidamente é estocado na forma de gordura porque o corpo muitas vezes não é capaz de lidar com a rajada de calorias disparada pelo açúcar. As boas gorduras saturadas são necessárias para o cérebro e para a síntese hormonal. São queimadas e benéficas para a maioria das pessoas. O açúcar, e especialmente a frutose, transforma-se em gordura corporal com muita facilidade, e é aí que começam os problemas.

## Carboidratos para alimentar o mundo

O açúcar é carboidrato, um macronutriente que representa uma das nossas principais fontes de energia. Uma das grandes ilusões em que caímos foi que uma caloria era uma caloria, e se conseguíssemos obter altos índices de produção de trigo, soja e milho, poderíamos gerar calorias suficientes para alimentar o mundo – problema resolvido. Mas esquecemos que essas monoculturas tornariam a terra árida, encheriam nosso corpo de calorias suscetíveis de serem estocadas como gordura e destruiriam a biodiversidade.

Os carboidratos complexos se decompõem bem e contribuem para fornecer energia muito necessária a nossas células. São dissolvidos em fibras naturais e não projetados artificialmente com quantidade maior de açúcar do que somos capazes de absorver. Ainda assim, o excesso de algo bom *não é* saudável. O fato de os carboidratos complexos representarem um combustível importante não significa que o corpo deva ingeri-los sem parar. Na biologia, a lenta constância é tudo, e foi assim que nos adaptamos a consumir as calorias dos carboidratos. A eventual fruta doce ou guloseima com mel era misturada a fibras, proteínas, gorduras e água na nossa dieta. As guloseimas eram raras, e por isso eram especiais. Hoje, muitas pessoas são capazes de almoçar uma sobremesa enorme e achar que está tudo certo. Assim, a comida da Grande Agricultura tem menos nutrientes a cada ano que passa, e mais calorias. O cérebro nos manda um apelo para ir em busca de nutrientes, e se eles não se encontram na nossa comida, por mais que possamos ingerir porcarias vazias, continuamos a nos sentir insatisfeitos e famintos.

## Exposição tóxica e a reação do corpo

Cerca de 70% do nosso sistema imunológico está alinhado no intestino, pois é a principal interface entre "nós" e o mundo externo. Ao longo dos milênios, nosso corpo evoluiu e se adaptou no sentido de lidar com substâncias naturais. Quando algo é identificado como amistoso, é acolhido e usado no corpo como combustível ou recurso nutritivo. Sendo considerado uma ameaça, o sistema imunológico se mobiliza e parte para o ataque, para expulsar o intruso a qualquer custo. Se a toxina toca o sino e as tropas se mobilizam, enormes reservas de energia são postas em ação. Estamos efetivamente em guerra, enviando tropas para combater o exército invasor. Ocorrendo de vez em quando, isso não apresenta problemas, mas com uma exposição reiterada acaba desgastando nosso sistema imunológico e exaurindo as reservas de energia. Um exército cansado tem maior probabilidade de disparar fogo amigo, de se voltar contra si mesmo. Assistimos atualmente a um enorme aumento dos casos de doenças autoimunes, e é provável que a causa seja essa exaustão do sistema imunológico. São tantas as novas toxinas a nos atingirem que o nosso sistema fica desorientado e se volta contra os tecidos saudáveis.

O outro lado da equação ocorre quando o sistema imunológico não é acionado por uma substância estranha, que por assim dizer passa despercebida do radar. É o que acontece com o mercúrio, o arsênico, o chumbo e alguns outros metais pesados. Muitas vezes o corpo se dá conta de que eles não deviam estar ali, mas em vez de partir para o ataque decide deixá-los de lado em algum lugar, para não causarem danos. Os lugares para estocar coisas que estão fora do lugar no nosso corpo são as células gordurosas, os ossos e o cérebro.

Quando estocamos toxinas e metais nas células gordurosas, as células os isolam e escondem do funcionamento cotidiano da fisiologia. Isso funciona bem até que um belo dia acordamos e decidimos que estamos gordos demais. Resolvemos então passar fome, fazer exercícios intensivamente ou adotar mais uma dieta radical e começar a mobilizar a gordura estocada como energia. Nesse momento, os metais e as toxinas saem da prisão e voltam a ser liberados no fluxo sanguíneo. O corpo percebe o que está acontecendo e faz sinal para que a glândula tireoide diminua o ritmo do metabolismo, para que possamos estocar mais gorduras e trancafiar de novo os malvados. Eles não podem perambular por aí, de modo que nossa única alternativa é trancá-los de novo nas células gordurosas. Ocorre então a volta do excesso de peso que todos nós já vivenciamos. Mais adiante, veremos como expulsar as toxinas de maneira a evitar essa montanha-russa.

Outro lugar onde as toxinas e os metais são estocados é o osso. Em geral, não o percebemos senão em idade mais avançada, quando os hormônios mudam e começamos a recorrer aos ossos para compensar o déficit de cálcio. É quando liberamos as substâncias ruins, de repente nos sentimos horríveis e ficamos nos perguntando por quê. Mais uma vez, as toxinas são liberadas e o corpo não aguenta, dispondo assim de poucas alternativas além de estocá-las na gordura ou nos ossos de novo, para evitar novos danos. Às vezes essas toxinas desalojadas acabam no cérebro, o que representa um problema sério.

## O microbioma

Uma das maneiras como temos modulado nossa imunidade, isolando-nos das toxinas, absorvendo melhor os alimentos e expulsando invasores indesejáveis, é mantendo uma relação simbiótica com certas correntes saudáveis de bactérias no corpo. O microbioma não está apenas no intestino. Está no nariz, na garganta, no trato urinário e nos genitais, na pele e em todo o sistema digestivo, da boca ao ânus. Temos trilhões de bactérias boas ao nosso redor que nos ajudam a sustentar o processo vital.

Essas bactérias trabalham com o corpo para ajudar nossa vida. Convivemos para prosperar na adaptação. Nossa amiga Ann nunca foi devidamente semeada com esse "dom da vida" por causa da maneira como veio ao mundo, e assim, sem a rede de vida bacteriana para apoiá-la, abriu espaço para que outras bactérias oportunistas se enraizassem e começassem a comandar o espetáculo. Essas bactérias ruins muitas vezes se nutrem de açúcar, estimulando os anseios de Ann nesse sentido. O que estamos aprendendo de fascinante a respeito do microbioma é que boa parte da expressão genética vem do ADN bacteriano. Isso abre a porta para uma conversa sobre quem somos, pois o que consideramos "eu" é em grande parte uma codificação de variáveis da outra vida que está dentro de nós. Na verdade, o conceito de carma está plenamente presente nessa transferência. Papai beija mamãe e os dois compartilham bactérias intestinais. O bebê nasce pelo canal vaginal de mamãe (idealmente), sendo exposto a esse "buquê" de vida que pertence unicamente a eles. O bom, o mau e o feio são transmitidos assim de geração em geração. O que abre a porta para uma conversa mais ampla sobre medicina pré-natal e o papel que devemos desempenhar no cuidado com nós mesmos muito antes da chegada do bebê.

Lidar com as bactérias saudáveis é fundamental em nossa vida, e nossa capacidade de encontrar um equilíbrio saudável entre os bons e os patogênicos é de fato o que determina nossa saúde global. Até onde somos capazes de conviver bem com a vida ao nosso redor? Será que a destruímos ou trabalhamos com ela?

Constatou-se que os carboidratos de alto teor de amido e os alimentos açucarados nutrem muitas colônias perniciosas. O fermento e a cândida adoram açúcar. E o câncer também. O problema com a dieta-padrão americana é que alimenta as feras, então tomamos antiácidos e antibióticos toda vez que o organismo nos manda um sinal desse desequilíbrio. Os antibióticos ficam apertando o botão de reiniciar ao matar tudo no seu caminho, e como não temos uma dieta rica em alimentos fermentados, simplesmente abrimos espaço para os malvados se estabelecerem de novo. A boa notícia é que podemos reverter esse processo em função do que comemos e como comemos. O corpo é resistente e dinâmico. Mais adiante neste capítulo compartilharei algumas estratégias alimentares para reabilitar o intestino.

## Intestino permeável

O intestino permeável é uma síndrome em que o revestimento do intestino vem a ser comprometido. Acontece quando ingerimos alimentos que causam inflamação ou provocam alergias, ou quando inadvertidamente consumimos toxinas que danificam as paredes das células. Basicamente, todos nós temos intestino permeável em certo grau, por causa de toda a porcaria que costumamos comer. Trigo, milho, soja, laticínios, amendoim e álcool afetam negativamente muitas pessoas, e temos assistido a uma verdadeira explosão de alergias e hipersensibilidade a esses alimentos. Hoje você pode se alimentar de maneira saudável, mas será que foi o caso desde que nasceu? Caso tenha sido, bom para você, e agradeça aos seus pais. Nós, em compensação, tivemos nossa cota de batatas fritas, cheeseburgers e refrigerantes antes de nos darmos conta de que esses alimentos não funcionavam para nós.

A síndrome do intestino permeável tem início quando começam a se formar nos intestinos brechas que permitem a entrada de partículas de alimentos na corrente sanguínea. Isso leva o sistema imunológico a pirar e atacar, provocando mais inflamação e uma guerra generalizada. O corpo sente a presença de substâncias que não deviam estar daquele lado da cerca e aciona uma reação imunológica para defender o terreno. Isso desencadeia a síntese de anticorpos das várias partículas que estão abrindo caminho, explicando o aumento dos casos de alergias alimentares a que assistimos no Ocidente. Começamos a sentir o fenômeno através de gases, inchaço, fadiga depois das refeições e indigestão, até que a reação se manifesta mais embaixo. Um coma alimentar (quando você se sente extremamente letárgico depois de comer) é um sinal de doença. O anseio incontrolável por determinados alimentos não é nosso estado natural. Comida não é punição, mas energia.

## SABEDORIA DO MONGE URBANO

Há no nosso corpo muito mais espaço vazio que matéria. Temos a nossa atenção tão voltada para a matéria o tempo todo que nem abrimos espaço para uma compreensão mais profunda do que ela realmente é, para começo de conversa: simplesmente um *estado*. Na verdade, temos tão poucas "coisas" concretamente, em comparação com o espaço vazio, que a maioria das ondas, correntes, campos e flutuações do universo simplesmente nos *atravessam*. Mesmo as nossas partes que consideramos tão reais, por exemplo, as mãos, na realidade, não tocam as coisas; o que sentimos é a repulsa dos elétrons ao redor das mãos aos outros elétrons dos objetos ou pessoas que encontramos. Aquilo que vemos e sentimos como "material" é um estado de vibração de certos átomos em nosso universo. Alguns existem na forma de gás, outros em forma líquida e alguns ainda em forma de plasma. Eles vêm e vão, *assim como nós*. Unem-se a outros e foram formados na reação de fusão das estrelas.

Cada átomo do nosso corpo – tudo aquilo que consideramos "nós" – veio das estrelas. Somos muito mais interessantes do que imaginamos, e o jeito do Monge Urbano é mergulhar no mistério da própria vida.

Veja a coisa da seguinte maneira: você já perdeu milhares de quilos na vida e ganhou outros milhares. Diariamente nascem e morrem células. Na verdade, você substituiu trilhões de células e continua a fazê-lo. Queima muita gordura e estoca outro tanto. Depende da intensidade da queima. Será que está estocando um pouco mais do que queima? Ganhou cinco quilos no último ano? Se ganhou, a boa notícia é que, dos milhares de quilos que ganhou nos últimos meses, quase todos foram queimados; você perdeu por apenas cinco. O que não é tão ruim assim. Talvez sejam cinco além dos 20 que você acumulou nos últimos quatro anos, o que continua não sendo tão ruim assim no esquema geral das coisas. É apenas uma questão de ajustar seu índice de queima *de matéria*. Para entendê-lo melhor, contudo, vamos levantar algumas questões-chave:

*Quem queima a gordura, para começo de conversa?*

*Quem é você afinal de contas, e o que está fazendo aqui?*

*Para que serve tudo isso, e qual é o sentido da vida?*

Este é o ingrediente que basicamente tem faltado quase sempre nessa conversa sobre perda de peso. Estamos tão obcecados com números, tamanho da cintura e aparência que esquecemos de verificar como nos sentimos e, sobretudo, *quem somos*.

O Monge Urbano cava fundo para, primeiro, se encontrar. É a única coisa que realmente interessa quando se trata de administrar o peso, sendo tudo mais pura distração. Que significa ter nascido das estrelas? Que estavam querendo dizer os antigos quando falavam de eternidade? Como nos encaixamos no grande esquema de tudo isso, e será que podemos pelo menos entender nosso papel? São estas as questões básicas.

Uma vez respondidas, as questões secundárias – como comemos, nos movimentamos, nos exercitamos e queimamos energia – podem ser abordadas. Sem significado e propósito, estamos o tempo todo girando e experimentando aleatoriamente coisas sem sentido. Sem um centro real, não há referências nem motivo real para se *importar* com a perda, o ganho, a manutenção ou a sustentação do peso. Afinal, para que se preocupar?

### Comer como um monge

A reverência é o conceito fundamental quando se trata da maneira como um Monge Urbano come – reverência pelo que está à nossa frente e pela sua origem. Afinal, nossos pratos são altares de sacrifício onde depositamos *vida* a ser ingerida em nosso benefício. Coisa forte. A planta, a fruta, o animal, o peixe ou o que quer que seja *morreu por você*. Nós tomamos essa vida, passamos a decompô-la, transformando-a em energia e nutrientes, e assim nutrimos a máquina que nos leva adiante. Por isso é tão importante comer coisas que estão ou recentemente ainda estavam vivas, comer apenas coisas naturais que venham da terra – elas contêm muito mais força vital.

O tema central de todas as práticas monásticas em torno do alimento é a gratidão. Você se sente grato pela vida que se extinguiu diante de você? Por que sua vida seria mais importante que aquela que está comendo? O que o torna tão especial e, *sobretudo*, que rumos dará a sua vida para merecê-lo?

Se a teia de vida e amor que nos cerca dá sustentação a você e ao seu crescimento, como você retribui? Qual o seu papel na natureza e como você contribui para fortalecer o ecossistema que o sustenta e apoia?

No Ocidente, toda a nossa cultura distanciou-se dessa compreensão. Sem ligação com a vida, com o significado, o propósito e o nosso lugar no grande esquema de todas as coisas, somos capazes de atirar o chiclete que mascamos pela janela e seguir em frente. Estamos mais a fim de usar o copo de isopor, apesar de saber que é péssimo para o meio ambiente, pois estamos atrasados e não temos uma xícara. Tudo bem comprar ovos mais baratos de galinhas torturadas, pois não vemos mesmo o seu sofrimento nem as inacreditáveis condições de vida em que são mantidas.

*Despertar para os alimentos é despertar para a vida.*

O jeito do Monge Urbano é fazer pausas e respirar antes de cada mordida. Agradecer pelo alimento que temos à nossa frente *realmente sentindo gratidão*. O Monge Urbano sente enorme gratidão pelo que lhe foi proporcionado, e nunca acha que a vida está aí mesmo, de qualquer maneira. Compromete-se a dar um rumo valioso à sua vida para *merecer* o direito de tomar outra vida, ainda assim mantendo-se humilde e grato. Não sabemos por que fomos escolhidos para continuar indo em frente, e amanhã podemos ser abalroados por um ônibus e ir embora. Qual o significado, então, do dia de hoje? De que maneira você se compromete a viver plenamente a vida?

Nós nos afastamos da sabedoria essencial no que diz respeito à alimentação quando começamos a ver os alimentos simplesmente como calorias a serem absorvidas ou queimadas. O alimento deve ser a pedra angular dos *rituais* que você adota na vida. Se você é o que come, comece depurando a qualidade dos alimentos que compra e ingere. Diminua o ritmo e agradeça a cada mordida, realmente saboreando a experiência de comer. Outro dado importante é a mastigação. É quando fazemos boa parte do trabalho de "pré-digestão" dos alimentos, que desempenha um papel valioso em todo o processo. Não diminuir o ritmo para comer também significa não mastigar o suficiente. Isso dá mais trabalho ao intestino e nos deixa mais preguiçosos, menos eficientes e menos conscientes do processo.

> ## JORNADAS PESSOAIS
>
> Quando era monge, eu tirava pequenos períodos sabáticos para viajar pelo mundo. Certa vez, fui à garganta de Waimea, na ilha de Kauai. Lá, jejuei bebendo apenas água durante cinco dias e fiz minhas práticas de *qigong* e meditação. Os dois primeiros dias não foram fáceis, pois meu nível de glicose no sangue estava instável e o corpo se desintoxicava. Mas então a magia começou a operar. Comecei a queimar gordura, experimentando uma excepcional clareza. Sentia-me mais leve a cada hora e comecei a me dar conta de certos lugares na minha vida em que evitava certas realidades difíceis. Encarei muitos demônios e limpei muito *qi* estagnado. Ao voltar, todo mundo notou. Meu campo energético estava iluminado e eu, radiante. Por quê? Porque limpei o que era velho, me alimentando da luz solar por vários dias e permitindo que o corpo se livrasse de impurezas. Estava lindo, leve, feliz e entusiasmado. *Este estado* é o nosso direito natural.

Nos mosteiros, o ato de fazer uma refeição serve como uma das mais poderosas ferramentas para alcançar a consciência e a plena atenção, pois é na comida que perdemos a consciência com tanta facilidade. Afinal, é algo que fazemos desde que nascemos, e não prestamos mais atenção a esse ato. Tornar-se consciente em relação à comida é um passo fundamental para despertar e se tornar consciente na vida em geral.

### Comer constrói o *qi*; o *qi* alimenta o espírito

A qualidade da comida que ingerimos determina a qualidade da energia que temos em nosso sistema. Note-se que eu disse *qualidade*, e não *quanti-*

*dade*. Estamos tão presos à mentalidade capitalista do "quanto mais, melhor" que esquecemos um componente essencial da constituição de nossa força vital: a qualidade da energia que extraímos da natureza leva ao refinamento da referida energia num espírito mais claro e iluminado. É importante saber que a energia se manifesta em frequências variáveis. Quanto maior a vibração, mais leves e iluminados ficamos. As coisas que ressoam mais próximas da pureza do sol e dos sistemas naturais simplesmente trazem uma vibração mais limpa. É a essência das antigas tradições alquímicas, uma compreensão que se perdeu no mundo moderno. A vida emite luz, e nós somos essa luz. O consumo de alimentos contribui para manter nossa luz ardendo, mas nem todo combustível é o mesmo. Sem reverência e respeito pela vida que acabamos de tomar, geramos uma enfermidade espiritual que contamina nosso próprio ser. Quando aprendemos a levar às últimas consequências o "você é o que você come", sabemos que tudo que consumimos se torna uma parte de nós.

## Jejum

Uma prática central da maioria dos ambientes monásticos é o jejum. Ele nos dá uma oportunidade de fazer uma pausa nos alimentos sólidos para curar o intestino, limpar o sangue e pensar na vida com mais clareza. Ao diminuir a carga de trabalho do sistema digestivo, damos-lhe uma chance de se limpar um pouco. Ao jejuar, desviamos parte da energia consumida na decomposição de alimentos para a reparação do trato intestinal. Damos ao sistema imunológico um descanso do constante bombardeio de desafios, permitindo que as células do pâncreas e do estômago rejuvenesçam, ao serem momentaneamente dispensadas da necessidade de gerar um constante fluxo de enzimas digestivas. Quando jejuamos de maneira criteriosa, ingerimos chás ou fluidos para estimular os intestinos, de modo que o processo do jejum também contribua para a desintoxicação.

A prática não só contribui para a saúde e o bem-estar como também nos ajuda a simplificar a vida. O fato de não haver um fluxo constante de alimentos nos leva a valorizá-los mais. Ajuda a pensar no que comemos e a sentir falta. O constante bater da fome nos deixa mais conscientes do corpo e suas necessidades.

Há uma outra coisa importante que acontece quando jejuamos: o corpo começa a decompor células estocadas de gordura, num processo denominado cetose. Trata-se de uma maneira extremamente eficiente de fornecer energia ao cérebro, e a ela pode ser atribuída à excepcional clareza que as pessoas relatam quando jejuam. Na verdade, os antigos o sabiam, tendo constatado que eram capazes de mergulhar muito mais fundo na meditação quando jejuavam. Pense só: Jesus, Moisés, Maomé, Gandhi e tantas outras personalidades conhecidas relataram profundas experiências místicas *durante o jejum*. É uma comprovada tradição espiritual que passou no teste do tempo por um motivo simples: funciona.

O jejum nos ajuda a baixar um pouco a bola e tirar um dia para contemplar a vida e destilar de novo as coisas até reduzi-las ao que realmente interessa. Ajuda-nos a ficar na realidade e não nos deixar arrastar pelo ruído que nos tem distraído da vida, da natureza, do amor e da verdade. O fundamental é tirar o dia para reduzir o ritmo e se dedicar a alguma prática espiritual pessoal. Não vá jejuar num dia de trabalho normal, com prazos a cumprir e tiros zunindo por todos os lados. Estará errando completamente o alvo. Faça disso um ritual e diminua o ritmo. Nos dias em que jejuo, eu simultaneamente faço voto de silêncio. Preservo a respiração e acumulo energia.

George Bernard Shaw escreveu: "Qualquer tolo pode jejuar, mas só o sábio sabe como quebrar um jejum." É uma questão importante que tenho testemunhado quando pessoas tentam no nosso mundo moderno brincar com práticas antigas, causando muitos danos. Se você decidir jejuar durante um dia, bebendo apenas água, terá de retomar lentamente a alimentação, começando com um caldo, depois uma sopa com vários ingredientes, e então legumes cozidos no vapor, e finalmente sólidos, no dia seguinte. O fundamental é voltar aos poucos aos alimentos, e, no nível espiritual, realmente conectar-se com a comida com a qual vai quebrar o jejum. Agradecer à Fonte pela energia vital que você está permitindo retornar é uma excelente maneira de se conectar com a natureza e o significado. Pular esta parte é imprudente; se não for para fazer direito, é melhor não jejuar.

## Sopas

Como disse no Capítulo 3, nossa capacidade de extrair energia e nutrientes das fontes alimentares foi muito ampliada com o uso do fogo. Na verdade, examinando crânios humanos ao longo da história, vemos que o tamanho do nosso cérebro aumentou dramaticamente depois que aprendemos a liberar a corrente nutritiva com o cozimento. Isso levou a um salto quântico no nosso desenvolvimento e nos impulsionou. Na verdade, a cabala sustenta que todos os animais têm acesso aos elementos, mas que o *fogo* é domínio exclusivo dos seres humanos, o que nos distingue dos demais. O que deve ser encarado com reverência, e não arrogância, como se apressam a fazer muitos da nossa espécie. Incluí algumas receitas de sopa para você na seção de Recursos deste livro. Ajuda incrivelmente dispor de alimentos de fácil digestão com alto teor de nutrientes e que representam pouca carga para o corpo. As sopas contribuem para restabelecer a vitalidade e nos dão a energia de que precisamos para viver plenamente.

## PRÁTICAS ORIENTAIS

### Não tenha medo da sujeira

O intestino é a raiz do nosso ser, e também onde os nutrientes são absorvidos. É lá que interagimos com todo tipo de vida ao nosso redor e nos conectamos poderosamente com a Mãe Natureza. Nada nos aproxima mais do que nos envolvermos no processo de crescimento do nosso próprio alimento. Tenha você apenas um aparador na cozinha ou centenas de metros quadrados de terras, aprender a se ligar aos alimentos tratando de cultivar pessoalmente parte deles é incrivelmente compensador e terapêutico. Você pode frequentar semanalmente a feira ou conseguir entregas da maioria das verduras e legumes que consome, mas a complementação das refeições com *alguma coisa* que você mesmo plantar e cultivar é uma maneira de ver o ciclo da vida e participar dele. Naturalmente, opte por processos orgânicos e consiga algumas minhocas para ajudá-lo. Depois que começar, verá como é incrível a sensação de comer produtos gerados por você mesmo. Já vi crianças superando severas aversões alimentares cultivando uma relação com uma planta e colhendo algo para comer. É algo profundo, significativo e importante. Você diminui o ritmo para comer o que cultivou e pensa duas vezes sobre o melhor modo de preparo. As bactérias amigas que acompanham o solo orgânico e o bom cultivo ajudam na nutrição, e o destino que você der aos restos orgânicos mudará sua maneira de encarar a questão do lixo.

Esta prática é incontornável para qualquer um que encare com seriedade o desejo de restabelecer um relacionamento adequado com a alimentação. Além disso, que animal estúpido é esse que esquece como sobreviver no ambiente em que evolui? Se der areia no ventilador, você será capaz de produzir alimentos para sua família? Um Monge Urbano certamente é. Aqui vai um guia de cultivo doméstico: well.org/homegardening.

## Prepare seus legumes e verduras no vapor

Já vimos que o cozimento pode liberar nutrientes e contribuir para a digestão. É um fator fundamental na busca e manutenção da saúde. Facilite a decomposição dos alimentos por parte do seu corpo, e ele vai recompensá-lo com mais energia. Cozinhar levemente legumes e verduras no vapor preserva os nutrientes e ao mesmo tempo faz para você um pouco da "pré-mastigação".

Os vegetais cozidos no vapor oferecem muita água e fibras, o que ajuda a enfraquecer o açúcar no sangue e os picos de cortisol. Ajudam a saciá-lo com coisas boas que não engordam. Os principais elementos da dieta do Monge Urbano são legumes e verduras em grande quantidade, quase sempre cozidos levemente no vapor, em sopas ou crus, para quem puder.

Falando de legumes e verduras, compre repolho orgânico (ou, melhor ainda, cultive) e o fermente para fazer chucrute. Incluí uma receita para você na seção de Recursos.

## Arroz

Não se pode falar da dieta de um monge sem falar de arroz. Pratos simples de arroz com legumes e verduras são uma constante na dieta de muitos mosteiros. O arroz é um cultivo essencial em muitas partes do mundo, apresentando risco muito menor de alergia que outros grãos, como o trigo. Na verdade, o símbolo chinês do *qi* é o arroz. Ele dá energia. Num mundo em que a vida era feita de muito trabalho, a ingestão de arroz proporcionava a base de carboidratos necessária para ir em frente. No mundo moderno, muitas vezes consumimos mais calorias do que precisamos, de modo que comer arroz pode ser um problema quando estamos querendo perder peso. Também tem havido crescente preocupação com o fato de certas plantações de arroz terem alto teor de arsênico, de modo que é importante certificar-se de que seu arroz vem de uma fonte limpa. Limite o arroz a duas porções por refeição à noite (entre uma e três noites por semana), com vegetais e carnes magras (se comer carne), e vai se sentir bem. Não coma carnes acompanhadas apenas de arroz, pois não estará ingerindo fibras e umidade suficientes para mover bem o alimento pelo sistema digestivo. Você poderá ter gases e arrotar muito, sinal de que o corpo não está feliz com a mistura. Se ainda precisar perder peso, corte o arroz da dieta até conseguir reativar o metabolismo; poderá então usar o arroz como principal grão, acompanhado de quinoa e amaranto. Basicamente, os grãos permitem fácil acesso à energia, pois alimentaram a civilização e nos mantiveram funcionando. Certas pessoas, contudo, de fato ficam inflamadas com seu uso, de modo que é bom ver como você se sente e fazer tudo de forma equilibrada.

## Comer com cuidado

O Monge Urbano volta a transformar a alimentação num ritual; ela se torna uma oportunidade de se conectar com o tempo, a respiração, os alimentos, as pessoas e a vida. Promova uma reviravolta na sua agenda e comece a separar mais tempo para as refeições. A hora das refeições é sagrada na minha agenda, e isso nunca muda. Se você não se preparar para o almoço, vai acabar engolindo a comida às pressas entre um compromisso e outro, o que vai dispersar sua mente e sua alma. Planejar uma vida mais simples em torno do cultivo, do preparo das refeições, da alimentação e da lavagem da louça entre boas conversas: é assim que fazíamos.

A cultura da conveniência alimentar imposta pela indústria expulsou-nos de casa e nos tirou do nosso corpo e da nossa mente. *Trate de trazê-los de volta*. Volte a tornar a alimentação divertida e sagrada.

Desfrutar de boas refeições e saborear um bom alimento também ajudam a digerir e assimilar. Aprender a ser grato por *tudo* na vida é uma parte importantíssima da libertação da consciência da ilusão da separação, e a alimentação é um bom começo. Afinal, comemos algumas vezes por dia e em geral o fazemos regularmente, de modo que é um excelente momento para construir rituais; você pode apropriar-se de algo que já seja uma rotina e acrescentar uma ferramenta propiciadora de vida. Reúna os amigos para comer, rir e passar bons momentos. Ser reverente não significa ser tedioso nem sério demais. Você não precisa se comportar de maneira estranha nem deixar as pessoas pouco à vontade; dizer algo assim pode ser bom: "Gostaria de agradecer por esta maravilhosa refeição que faremos com nossos grandes amigos."

Entenda que o que quer que entre pela sua boca *será você* nos próximos dias e semanas. Você literalmente está se transformando no que come, de modo que se dar conta disso não só o impedirá de escolher refeições pouco saudáveis como o ajudará a alimentar uma relação com a comida, os amigos e a família, para ver mais claramente o ciclo da vida de que todos fazemos parte.

## Jejuar certo

Jejum sem uma profunda contemplação é arriscado. Tentar viver o seu dia na mesma velocidade enquanto priva o corpo de alimentos é uma estupidez. Os antigos jejuavam mas passavam o tempo orando e meditando. Não misture as metáforas. Se tirar um dia para jejuar e beber apenas água, opte ao mesmo tempo por escrever, relaxar e pensar na vida. Os domingos são excelentes para isso.

Se você é adepto da retomada do estilo de vida paleolítico e simplesmente dá um tempo até fazer a primeira refeição do dia, tome cuidado com o nível de esforço que faz pela manhã. O principal é certificar-se de que as glândulas suprarrenais estão saudáveis e podem sustentar uma queda da glicose no sangue. Pessoas jovens e saudáveis podem fazê-lo tranquilamente, mas já vi muitos quarentões aparecerem com sérios problemas depois de experimentarem coisas inadequadas para eles.

Uma boa maneira de jejuar é reservar todo o tempo necessário para contemplar em silêncio do nascer do sol ao nascer do sol do dia seguinte. Se seus níveis de glicose no sangue forem estáveis, um jejum com água é ótimo. Se tiver de tomar cuidado nesse terreno, algumas outras receitas podem funcionar melhor para você. Você pode encontrar um guia para jejuar em well.org/fasting.

# FERRAMENTAS MODERNAS

## Saciedade

Descobrir maneiras de moderar o apetite é fundamental para vencer a batalha contra o peso. De grande ajuda é recorrer a fibras, água e gorduras saudáveis. O demônio é o açúcar, e o abrandamento do açúcar ingerido (inclusive em carboidratos simples) com fibras e gorduras boas, como as contidas no abacate ou no óleo de coco, aumenta o tempo de trânsito e modera a liberação de insulina. Por outro lado, aprender a dar preferência a proteínas e gorduras quando estamos com fome ajuda a sair do vício do açúcar e começar a queimar combustível mais limpo.

Na verdade, na medicina funcional, dizemos aos pacientes que devem consumir por dia um grama de proteína para cada quilo de peso corporal. Assim, se pesar 73 quilos, você deveria ingerir aproximadamente 75 gramas de proteína por dia. Na minha experiência, a maioria das pessoas fica muito aquém disso, que é o ponto de partida para administrar a loja que o seu corpo é. Se estiver doente ou se levantar pesos, você pode precisar de mais. Se fizer três refeições por dia, significa que cada refeição deve conter em média 25 gramas de proteína (neste exemplo; calcule em função do seu peso). Na minha experiência, a maioria das pessoas fica aquém no café da manhã e à noite ainda não chegou ao total desejável, o que deixa o corpo estressado. Não ingerir a dose necessária de proteína pela manhã deixa-nos com fome mais cedo, e em geral saímos em busca de carboidratos. Uma solução simples consiste em usar uma boa fórmula de proteína em pó para chegar perto de um terço das suas necessidades de proteína toda manhã. Ingerir triglicerídeos de cadeia média (TCM) também é uma excelente maneira de estimular a leptina no cérebro, o que leva à saciedade. O óleo de TCM é vendido comercialmente, e eu gosto do que está disponível em bulletproofexec.com.

No almoço, coma um pouco de carne magra de peru com brócolis ao vapor e um pouco de óleo de coco. Você pode optar por legumes no vapor com páprica, arroz integral e peixe no jantar. Existem muitas maneiras de comer bem e sair da armadilha do açúcar. O principal é ingerir muitos legumes e verduras, um pouco de carnes magras (se quiser) e muitos ácidos graxos monoinsaturados (MUFAs). A frutose das frutas engorda muito, não sendo bem metabolizada pelo corpo. Os grãos devem ser usados com moderação se você estiver acima do peso, podendo servir como um combustível de efeito rápido para atletas. Incluí na seção de Recursos uma lista de ácidos graxos monoinsaturados.

### Enzimas digestivas

Em caso de dificuldade de decompor os alimentos, algumas enzimas podem ajudar. Identifique os alimentos que causam problemas e passe a tomar a combinação adequada de enzimas. O amido não é decomposto da mesma maneira que as proteínas. Se for difícil para você digerir carnes, pode haver carência de ácido clorídrico. Um bom médico pode realmente ajudar nesse sentido e reativar o seu sistema. Você encontrará mais informações sobre enzimas digestivas na seção de Recursos.

### Cortisol

Se você não tiver uma abordagem coerente da perda de peso, não será possível consegui-la apenas com a alimentação. Volte aos Capítulos 1 e 4 e trate de resolver eventuais problemas que tenha com o estresse e o sono. A medicina moderna compartimenta demais as coisas. O futuro está numa abordagem integrada da saúde, tendo como elemento fundamental o estilo de vida. Um Monge Urbano sabe que as coisas estão inter-relacionadas e por isso é um mestre da vida.

## O PLANO DE AÇÃO DE ANN

Ann tinha muitos maus hábitos que foram resolvidos em algumas poucas intervenções. Para começar, ela nunca tomava café da manhã. Fornecemos-lhe uma receita de vitamina verde fresca com proteínas a ser batida toda manhã no liquidificador. Folhas limpas com leite de coco, óleo de TCM, proteínas e outros produtos frescos davam o tom para começar o dia. Isso a mantinha saciada e satisfeita até a hora do almoço. Se precisasse de um lanche, podia recorrer a amêndoas.

Ann nunca parava para comer, e era este o nosso maior desafio. Tivemos de trabalhar com seu marido e os filhos para recuperar tempo para as refeições. Levou alguns meses, mas finalmente funcionou. Programamos a cada semana um jantar em família para o qual eles preparavam mais alimentos do que precisavam, de modo a levar um lanche para o trabalho e a escola no dia seguinte. Eles começaram a cultivar um pequeno jardim, e as crianças adoraram. Ann ganhou assim momentos agradáveis ao ar livre com a família, e realmente começou a gostar deles.

Mudar a dieta de Ann e particularmente sua ingestão de açúcar não foi assim tão difícil. Logo que ela começou a comer apenas comida de verdade, sentiu uma mudança para melhor. A pele melhorou e sua energia aumentou. Seu estado de ânimo também começou a melhorar, e ela tornou-se mais ativa. A sensação era ótima, mas seu peso continuava sendo um problema.

Procedemos a um exame de urina e encontramos todos os tipos de toxinas. Encaminhei-a para uma clínica onde ela foi submetida a um programa de quelação, que ajudou a eliminar metais pesados do seu corpo. A coisa toda levou três meses, e deu certo trabalho. Cuidamos de melhorar seu trato intestinal e propiciar um funcionamento saudável do fígado. Semanas depois, algo mudou. Ela começou a perder cerca de um quilo por semana, sem recuperá-lo depois. Foi como se tivesse sido ligado um interruptor.

Uma lição importante no caso de Ann é que, mesmo com uma total mudança de estilo de vida, às vezes precisamos da ajuda de um bom médico para zerar o passado. Depois de limpado seu carma alimentar, o problema de peso foi eliminado e sua nova dieta já não ofendia mais sua biologia.

Ann voltou a curtir festas e eventos sociais. Toma óleo de TCM e o adiciona a legumes e verduras antes do aparecimento das comidas tentadoras. Saciada, ela não precisa lutar para resistir aos alimentos prejudiciais, podendo beber sua água gasosa e curtir a conversa. A perda de peso não era mais difícil quando suas referências mudaram. Agora, é simplesmente desse jeito que ela vive. Ann sabe hoje que não é apenas sua aparência, está lendo livros ótimos e desfrutando de conversas agradáveis com pessoas interessantes nos eventos sociais. Não se importa mais com a própria aparência porque está cheia de vida e se sente ótima.

CAPÍTULO 7

# Sem conexão com a natureza e as coisas reais

ETHAN CRESCEU NO BROOKLYN, Nova York. Brincava na calçada e andava de bicicleta pelo bairro. Se não voltasse para casa antes do jantar, seria um inferno, mas, fora isso, tinha toda liberdade. Mamãe em geral fazia espaguete ou pizza para as crianças, e depois era a hora do dever. Ele tinha de lavar as mãos antes da refeição, e a água saía escura de toda a sujeira do jogo de basquete ou handebol nas ruas o tempo todo.

As ruas onde Ethan cresceu tinham árvores, mas ele nunca lhes deu muita atenção. Eram árvores ornamentais, na melhor das hipóteses, e, na pior, uma chatice, pois volta e meia ele precisava retirar delas a sua pipa.

A mãe de Ethan tinha um medo mortal de sair. Achava que tudo era uma ameaça. Fossem os cachorros das ruas ou os ursos e lobos que via na televisão, a natureza para ela era um lugar perigoso, e ela se esforçava para proteger seus filhotes dos monstros selvagens. O pai de Ethan estava sempre muito ocupado com o trabalho para se preocupar com essas coisas. Em vez de compensar as fobias da mãe, o pai relaxava com uma cerveja e ia ver o jogo. Berrava se os filhos tirassem notas baixas, mas não era nenhum modelo de liderança.

Ethan cresceu com um medo inconsciente da natureza e dos perigos do mundo selvagem. Brincar na rua era legal, mas a floresta era assustadora. Hoje ele é consultor de marketing em Manhattan e gosta de encontrar os amigos para beber e de frequentar festivais de música. Esses festivais muitas vezes são em lugares distantes, e ele não consegue se livrar de um certo mal-estar com a "sujeira". Acampar não é com ele, mas os amigos e a nova namorada adoram. Ethan se sente um fracote e tenta absorver e curtir os shows, apesar do ambiente desagradável.

Faz ginástica com assiduidade e gosta de suar, mas só toma banho em casa, pois não confia no piso do banheiro da academia. Usa gel desinfetante com frequência para limpar as mãos e toma remédios para suas alergias. Usa protetor solar diariamente e só viaja com seu travesseiro. Ele é aquele cara que cobre a tampa do vaso no banheiro do trabalho com três camadas de papel e limpa a parte de baixo da bolsa do laptop depois de deixá-la no chão num restaurante.

Não é fácil ser Ethan. Afinal, tudo é uma ameaça.

## O PROBLEMA

Todos sofremos do que Richard Louv, autor de *O princípio da natureza*, chama de "Distúrbio do Déficit de Natureza". Duas ou três gerações atrás, vivíamos muito mais perto da natureza. Nossas raízes agrárias foram antecedidas por milênios de caça, coleta, pecuária e pesca. Todas essas atividades exigiam uma conexão inata com o ambiente natural. Precisávamos entender o canto dos pássaros, ler as nuvens, saber a direção dos ventos, seguir as correntes, identificar insetos invasivos e cuidar de uma vaca doente. Nossa própria sobrevivência dependia desse conhecimento, e nossos antepassados fizeram evoluir a cadeia alimentar desenvolvendo o domínio dessas valiosas habilidades. Tinham profundo respeito pela natureza porque entendiam a nutrição essencial à vida que vinha dela.

Nossa herança e memória genética nos mantinha mais perto da relva, das árvores, do solo e dos elementos. Uma quantidade suficiente de chuva era questão de vida ou morte. Conservávamos água porque alguém teve de percorrer três quilômetros de manhã cedo para ir buscá-la. Quando encontrávamos comida, festejávamos e dávamos graças. Se caísse no chão, limpávamos e comíamos. Não se podia desperdiçar. Os restos serviam de adubo e os ossos eram dados aos cães, que protegiam nossa terra e nos ajudavam a caçar; até eles tinham propósito e direção.

Hoje, muitos de nós vivemos em áreas onde a terra é pavimentada e nosso único autêntico contato com ela se dá nos "zoológicos da natureza" que chamamos de parques. Nos parques locais ou nas florestas nacionais, isolamos a Mãe Natureza na tentativa de preservá-la e protegê-la de nós mesmos. Nós invadimos... destruímos... poluímos. Descobrimos que somos o único animal que devasta o Jardim ao atravessá-lo. No espaço de apenas uma ou duas gerações, desenvolvemos tecnologias e substâncias químicas sintéticas que nos permitiram isolar-nos do mundo natural e nos desconectar desse veio da vida. Matamos germes com antibióticos; usamos ar-condicionado nos nossos carros velozes; queimamos gás natural que vem de terras distantes em vez de cortar lenha para aquecer nossas casas; e nossos alimentos são produzidos em laboratórios e manufaturados em fábricas.

*Antes, comíamos plantas.*
*Agora, comemos porcaria feita em fábricas.*

Tudo isso nos está cobrando um preço físico e psicológico.

E agora temos caras como Ethan que andam por aí nas cidades ingerindo bebidas esquisitas que os fazem sentir mais sede e comendo barras embrulhadas em plástico. Vamos à guerra para garantir o petróleo que permite fazer esse plástico e combatemos o câncer decorrente da ingestão de comidas falsificadas que vêm dentro do plástico. E então nos queixamos de estar cansados, gordos, doentes e deprimidos, e ficamos nos perguntando que médico ou guru tem o segredo dos nossos problemas, quando devíamos na verdade olhar para trás.

*Esquecemos de onde viemos.*

Perdemos contato com a fonte de toda vida e nutrição de que precisamos, o que está criando uma defasagem em nossa capacidade de nos curar e conectar com a vida ao redor. A perda de contato do nosso corpo com o alimento que ingerimos representa um poderoso impacto que estilhaçou a humanidade numa infinidade de fantasmas famintos, tropeçando pela vida em busca de carros, bolsas, dietas, pílulas ou companheiros para fazê-los sentir-se felizes e completos.

## Tudo começa no solo

O ambiente onde cresce uma semente é onde esta história começa. O solo abriga vida há milhões de anos. Nesse rico ambiente de minerais, nutrientes, micróbios, vermes e matéria orgânica em decomposição, temos um vislumbre do próprio milagre da vida. É onde certas bactérias ajudam a transformar matérias inorgânicas em blocos modulares da vida, tal como a conhecemos. É de fato nos nódulos de certas plantas que as bactérias boas do solo contribuem para dar a partida nessa festa, fazendo com que tudo funcione para nós. As plantas crescem e prosperam se houver condições adequadas, e nós as comemos para nos alimentar. Podemos comer os animais que comem essas plantas, mas a base é a mesma: vida orgânica pura brotando do solo puro, onde bactérias amigas (e certos fungos) ajudam as sementes a crescer na presença de água e luz solar. É o mundo real. A essência das nossas origens.

E agora? Bem, piramos completamente com nossa arrogância de que é melhor viver com ajuda da química. Os agricultores cobrem suas plantações com plástico e bombeiam brometo de metilo no solo para matar qualquer coisa até 50 centímetros de profundidade. A política agora é eliminar completamente a vida, para podermos cultivar alimentos igualmente mortos. Comemos essa porcaria e ficamos nos perguntando por que não nos sentimos bem. Ela contém menos nutrição e não oferece colônias de bactérias nem muito menos autêntica força vital.

Perdemos de vista a sabedoria da fazenda familiar, onde os animais e as plantas conviviam na mesma terra. As galinhas comiam os insetos e as cabras comiam as ervas daninhas. O adubo vinha dos animais, e não do petróleo. As plantas mortas viravam fertilizante para a colheita do ano seguinte, os animais tinham nomes e eram honrados quando destinados ao abate.

## Alimentos mortos geram almas mortas

Os alimentos não derivados de crescimento natural proporcionam muito menos nutrientes. Sim, podemos extrair calorias deles, mas será que isso é tudo na vida? Nesses nossos tempos modernos acontecem certas coisas que podemos sentir, mas não exatamente nomear. Algo está errado. Coçamos a cabeça e ficamos nos perguntando por que todo mundo está cansado, doente, infeliz e sem energia. E o fazemos ao mesmo tempo que comemos um bolinho processado, bebemos leite de uma vaca doente, tomamos pílulas para regular o humor, respiramos chumbo ao atravessar a rua e nos besuntamos de cremes cheios de produtos químicos cujos nomes nem sequer conseguimos pronunciar.

## O corpo é capaz de identificar a natureza

Durante milhões de anos, a evolução do nosso corpo fez com que se tornasse muito sensível aos compostos naturais. Somos capazes de distinguir amigos de inimigos e desferir um ataque imunológico contra algo que não devia estar por perto. Mas é tanta porcaria que não pertence ao nosso corpo querendo passar pela imigração que a patrulha de fronteiras está arrancando os cabelos. Estamos constantemente sob ataque, e nosso corpo, em rebelião. Foram necessários milhões de anos para evoluir até o que somos, mas no espaço de apenas duas gerações estressamos nossos sistemas de tal maneira que milhões de pessoas simplesmente não conseguem lidar com as substâncias químicas recentemente introduzidas no nosso mundo. E o recente rompimento com nossos aliados naturais não ajuda em nada, muito pelo contrário.

## O microbioma

O gênio da natureza pode ser testemunhado o tempo todo ao nosso redor. Existe um contínuo circuito de vida que não tínhamos de fato visto nem aprendido a respeitar. Ele se manifesta na forma de bactérias amigas que convivem conosco e nos ajudam a prosperar. É de fato esta a base poética da palavra *simbiose*, que significa "interação entre dois organismos diferentes vivendo em íntima ligação física, em geral em benefício de ambos". Simbiose é a maneira como convivemos pacificamente com a vida ao nosso redor e dentro de nós.

Como já disse, tudo começa no solo. Essas bactérias amigas ajudam as plantas a extrair minerais e nutrientes do solo, para crescer e se transformar na vida que nos alimenta e sustém. Em nível pessoal, muitas dessas mesmas bactérias se instalaram no nosso corpo. Estão conosco o tempo todo. Na verdade, já estavam aqui muito antes de aparecermos. Nós nos desenvolvemos e evoluímos *em torno* de um sistema de transferência vital que já era muito bem articulado.

Essas bactérias são passadas de mãe para filho no nascimento e continuam a trocar colônias e informação ao longo da nossa vida, até retornarem ao solo, com os corpos que apodrecem. Estão literalmente conosco na jornada, e nossa relação com elas é tão fundamentalmente importante que se vem desenvolvendo aí um ramo de estudos sérios na medicina. Revela-se que essas bactérias no corpo respondem por mais informações e codificações genéticas que o ADN das nossas próprias células. Na verdade, já se ponderou que, como só no intestino são estimadas 100 trilhões de células bacterianas, seu número na verdade é muito maior que o nosso.

> *Existe naquilo que chamamos de nosso corpo mais "não nós" que "nós".*

Essas células transmutam-se em proteínas que nos ajudam a combater as más bactérias, digerir certos alimentos, produzir vitaminas essenciais e muito mais. Estudos recentes de enxerto fecal mostraram inclusive melhoras extraordinárias no estado psicológico de pacientes que eliminam suas próprias colônias e começam de novo com uma outra colônia tomada de empréstimo ao intestino de uma pessoa saudável. Na verdade, as mais variadas e absurdas questões de saúde começam a desaparecer nessas pessoas. Isso abriu a caixa de Pandora do tema, e algumas pessoas inteligentes agora encaram a saúde de maneira drasticamente diferente. E se for a eliminação dessas bactérias amigas que nos está levando a ficar mais doentes? Ao eliminar as bactérias boas, estamos abrindo espaço para as colônia más e oportunistas se instalarem e causarem sua devastação. Ao bombardear nosso "solo" interno, expulsamos os mocinhos e perdemos a capacidade de nos adaptar. Fica evidente que a boa saúde mais se parece uma *parceria* com a natureza.

> *Também foi onde perdemos a bússola.*

Os antibióticos salvam vidas e certamente existe espaço para eles, mas o excessivo emprego dessas drogas ao longo da última geração criou um ambiente em que sistematicamente passamos a nos descartar do que é bom juntamente com o que é ruim nos intestinos, propiciando o florescimento de bactérias ruins. Junte a isso alimentos processados, muito açúcar e ausência de contato com solos saudáveis, e não surpreende que tanta gente esteja enferma.

Atualmente estão sendo usados probióticos para combater o problema, mas a ciência é realmente muito nova, e ninguém ainda é capaz de entender realmente a complexidade do microbioma. Bombardeá-lo com acidófilos aparentemente *meio que* ajuda, mas certamente não é a resposta. Por enquanto, o mais próximo que chegamos da resposta é voltar à natureza e parar com todo o absurdo; precisamos retornar ao que funcionou ao longo de gerações.

Nas cidades, estamos praticamente isolados da natureza. Não faltam árvores nas ruas, mas quantas vezes olhamos para elas? Temos quintais, mas passamos a maior parte do tempo dentro de casa, na frente da televisão. Matamos as abelhas e modificamos geneticamente as colheitas para resistir às milhões de toneladas de veneno que espalhamos pela terra – veneno que sufoca a biosfera na qual todos vivemos.

Nossos filhos crescem com brinquedos coloridos de plástico fabricados na China. Tomamos o cuidado de desinfetá-los quando entram em contato com qualquer sujeira, mas não nos damos conta de que muitos têm resíduos de chumbo na pintura, que nos envenenam toda vez que entramos em contato com eles. Podem ser muito mais perigosos que os paus e pedras com os quais as crianças costumavam brincar. Damos nosso dinheiro a pessoas que fazem brinquedos inseguros para nossos filhos porque estamos muito ocupados trabalhando em ambientes fechados e precisamos mantê-los trancados também, para não saírem e se machucarem.

*As crianças querem sair de casa.*

Vivemos na ilusão de que é "o homem contra a natureza", esquecidos de que também *somos* natureza. Foi onde as coisas deram errado para Ethan. Ele não tem qualquer vínculo com a terra e se sente desconectado do próprio ambiente do qual veio e com medo dele. Aquele algo mais que está faltando em sua vida na verdade está ao seu redor, mas ele não deixa entrar. Por quê? Porque foi convencido pela mãe de que os germes são ruins.

## Saúde pública e peste negra

Certamente houve um tempo em que os germes estavam vencendo, mas precisamos voltar um pouco atrás nessa história. A medicina moderna adora levar o crédito por tudo, mas esta vitória pertence ao reino da saúde pública e do saneamento.

A primeira peste bubônica aconteceu no Império Bizantino sob Justiniano I por volta do século VI, e a realmente devastadora que se seguiu na Europa ocorreu no fim da Idade Média (1340-1400). A primeira dizimou algo entre 25 e 50 milhões de pessoas, e a segunda (a peste negra) matou um terço da população humana. Não era mesmo brincadeira.

A doença era transmitida por pulgas ou pequenos roedores, e rapidamente se espalhou. A questão é saber como e por que fugiu ao controle, e hoje temos a resposta.

Começamos a nos mudar para ambientes mais urbanos e viver em cidades nas quais o saneamento era muito precário. As pessoas jogavam fezes nas ruas pela janela, e as cidades eram nojentas. Com bosta espalhada por toda parte, os ratos ficavam felizes, carregando as más bactérias que envenenavam essa repulsiva sopa humana. Era o que nos matava.

Quando nos demos conta de que o encanamento hidráulico e água limpa ajudavam, as coisas melhoraram muito. Com a maior limpeza das ruas, a coleta do lixo e procedimentos básicos de higiene humana, conseguimos nos sair bem. Um dado interessante é que nas populações judaicas as ocorrências eram muito menos frequentes, pois fazia parte de sua tradição religiosa lavar as mãos antes das refeições; mais uma vez, a higiene saía vitoriosa.

O resumo da ópera, então, é que as más bactérias proliferam em maus ambientes e, sim, existe necessidade de um bom saneamento e de remédios para combater os surtos, mas a lembrança genética da morte e da pestilência que foi passada de geração em geração em certas famílias está meio desvinculada da realidade. O solo ao redor do rabanete orgânico que você acaba de colher não é o mesmo que o do esgoto que causou a peste. Estamos num momento da história de efetiva investigação da nossa tendência a jogar fora o bebê junto com a água do banho e de descoberta de um novo equilíbrio na nossa relação com a terra. As boas bactérias são nossas amigas. Ajudam-nos a combater os maus elementos e também a expressar nossa vitalidade. A reativação da nossa relação com a rede vital que nos cerca é realmente a próxima fronteira da medicina. É uma nova forma de encarar a saúde que respeita o papel dos micro-organismos propícios no quadro geral da vida, num novo modelo de saúde pessoal e planetária.

## SABEDORIA DO MONGE URBANO

Os antigos sábios taoistas aprenderam tudo pela observação cuidadosa da natureza. Acompanhavam as mudanças das estações, o movimento dos animais, as propriedades das plantas medicinais e os padrões do tempo no céu. Sabiam que fazemos parte dessa grande sinfonia chamada natureza e que ela tem o seu "jeito", ou Tao, como o chamavam.

A atenta observação das flutuações da marca da vida *através da natureza* faculta-nos uma tremenda percepção de nós mesmos. Afinal, é de onde viemos, e também onde reside um enorme tesouro de lembrança genética e sabedoria inata. Tudo tem uma assinatura energética, e os campos de energia dos seres vivos são robustos e belos. Ao caminhar num ambiente natural, somos banhados pela pura energia da vida ao nosso redor e podemos sentir-nos de novo parte dessa teia. Há toda uma ordem simbiótica de vida florescendo, e nós nadamos nela. Meu mestre de kung fu ensinava-nos que, na natureza, em geral a uma distância de 30 metros de onde estamos, podemos encontrar uma planta ou erva capaz de ajudar com qualquer enfermidade que se manifeste no momento. Muitas vezes ele nos demonstrou isso.

A natureza é como uma enciclopédia de vida que nos cerca. Quando o antropólogo Jeremy Narby quis estudar as raízes da sabedoria medicinal na Amazônia, deparou-se com um desconcertante dilema. Durante anos, os pesquisadores procuravam os xamãs para perguntar o que tinham a oferecer para determinadas doenças. Os xamãs apresentavam alguma mistura maluca de folhas, raízes e outras partes das plantas, misturando-as e fervendo. Incrivelmente, funcionava. Os pesquisadores levavam a mistura, estudavam e isolavam seus ingredientes ativos, saíam correndo para patenteá-los, ganhavam bilhões de dólares e *talvez* dissessem obrigado.

O que Narby notou foi que, toda vez que se perguntava aos xamãs como sabiam o que misturar, em meio à infinidade de possíveis combinações de plantas na selva, a resposta era sempre a mesma: "As plantas nos disseram." Era em geral o momento em que os cientistas sacudiam a cabeça e davam meia-volta para ir enriquecer às custas da selva. Narby teve a sabedoria de parar para perguntar: "E se levássemos a sério as afirmações desses xamãs?" Ele foi à Amazônia e pediu-lhes que explicassem o fenômeno, e como eles perceberam sua sinceridade, decidiram mostrar-lhe.

Basicamente, eles tomavam uma mistura psicotrópica chamada *ayahuasca* e faziam uma cerimônia. Nesse estado alterado, os espíritos das plantas comunicavam-se com eles e a sabedoria era transmitida. Como bom cientista, Narby decidiu participar e ver do que estavam falando. E não se decepcionou. Narby aprendeu muito sobre a comunicação não verbal entre plantas e seres humanos em suas viagens e escreveu um livro maravilhoso sobre o tema, *The Cosmic Serpent* [A serpente cósmica]. Segundo ele, existe uma linguagem sutil que nossas células entendem na compressão e descompressão das nossas fitas de ADN, que nos liga a todos os outros ADNs. De certa forma, existe uma linguagem universal de "Criação" que, através do nosso ADN comum, nos liga a todas as formas de vida, e os xamãs aprenderam a ter acesso a isto com o uso da *ayahuasca*.

Isso causou grande impacto em mim, pois meu professor taoísta nos ensinava a sentar na natureza e meditar para usar nosso *Shen*, ou visão espiritual, para nos comunicar com as plantas e ter experiências muito semelhantes. Tínhamos aprendido a meditar voltados para uma planta ou uma árvore para nos ligar à sua força vital. Passado algum tempo, comecei a experimentar uma sutil comunicação com a consciência da planta, conseguindo aprender com ela. Não há nada mais profundo que ter de fato uma *experiência* disso. Mas você não precisa acreditar em mim: mais adiante neste capítulo, vou mostrar-lhe como experimentar, e assim você poderá *ver* por si mesmo.

## Seguir a natureza é fundamental para nos libertar da ilusão

A sintonia com a natureza nos acalma e mostra nossa própria natureza interna. Quanto mais nos harmonizarmos com isso, mais clareza e calma teremos. Quanto mais nos ligarmos a isso, mais a energia da natureza poderá fluir por nós e mais leves serão nossos passos. Nossos antepassados caçavam em pequenos bandos, rastejavam lenta e silenciosamente e aprenderam a ouvir o vento e a detectar ínfimos cheiros a quilômetros de distância. A consciência permitiu a sobrevivência, e estava totalmente ancorada na Natureza. As plantas nos convidavam a comê-las e usá-las como remédios, e os animais muitas vezes se tornavam nossos aliados no transporte, na proteção e no cultivo (neste caso, nem sempre voluntariamente). Nossas tribos tinham em geral um xamã que nos apresentava ao conhecimento das plantas e nos conectava com a natureza espiritual da nossa experiência. Nossa vida era permeada de *consciência* – árvores, plantas, animais, insetos e, sim, até rochas.

Aprender a meditar na natureza ajuda-nos a acessar essa consciência subjacente. Ajuda-nos a entender que nunca estamos sozinhos no mar da vida que nos cerca. Mais importante, ajuda-nos a nos conectar a todas as outras formas de vida e a despertar para nossa verdadeira identidade. As pessoas estão perdidas porque se desconectaram da corrente de força vital carreada pela natureza e, especificamente, da profunda conexão espiritual que temos com todas as formas de vida ao nosso redor. Uma vez restabelecido isto, não existe vazio. Mais adiante neste capítulo, compartilharei algumas excelentes práticas para ajudá-lo nesse sentido.

## A natureza transmite força vital

Um Monge Urbano vive em união com a natureza. Entende que *todas as coisas* estão vivas e se liga à força vital da natureza ao seu redor para obter energia, inspiração e clareza. Na minha tradição, muitos monges eram incumbidos de ir para a montanha cultivar seu *qi*. O que significa isso? Significa conectar-se com a montanha. Significa aprender a seguir a linguagem da natureza e ser levado até o alimento e o abrigo. Significa calar a mente agitada e aprender a ouvir o som da vida. A partir disso, aprendemos sobre nosso universo interno e a movimentar, juntar, concentrar e refinar a energia do *qi* no corpo. Despertamos nossas estrelas internas (ou chakras) e nelas instilamos força vital. Nós, os monges, não podíamos voltar da montanha enquanto não encontrássemos essa força interior, e não há como alcançá-la sem conhecer seu próprio lugar no mundo natural. Uma vez assentado, podemos levá-lo aonde quer que vamos. Podemos estar em plena agitação da cidade e permanecer ancorados na terra como um gigantesco carvalho.

Isso é necessário para o Monge Urbano? Sim.

Embrenharmo-nos no mundo silvestre e encontrar o silêncio, a paz, a saúde e a abundância de energia gerada por algum tempo passado de maneira concentrada na natureza é fundamental para nos *calibrarmos* novamente com nosso eu essencial. Gosto de me afastar uma vez por trimestre durante pelo menos uns dois dias sem celular nem e-mail. Caminho até algum lugar na natureza com minha mochila e alimento para dois dias. Eventualmente, alugo uma cabana para passar alguns dias com a família num lugar selvagem. O fundamental, no caso, é ter um ponto de apoio e passar os dias na natureza. Uma rápida recomposição dessas ajuda muito quando mergulhamos na natureza. Recorda nossas raízes e origens para termos algo a que recorrer quando voltamos a pegar pesado no cotidiano. Mergulhamos de novo nossas raízes energéticas no solo e nos lembramos de beber à saciedade. Uma vez matada a sede, é mais fácil lembrar que essa paz pode ser facilmente alcançada de novo.

## Trazendo para casa

A investida da sociedade moderna contra o mundo natural é fundamentalmente desequilibrada e perigosa. O que não significa que devamos abandonar nossas cidades; estão surgindo alguns movimentos maravilhosos que têm a elegância de abrir espaço para que a natureza prospere e conviva conosco em nossos prédios e no nosso desenvolvimento. Culturas vegetais urbanas, terraços ajardinados, plantas dentro de casa, casas em árvores e arquitetura orgânica são movimentos incríveis a serem levados em consideração. Caminhar ao lado da natureza é o futuro, e é o que estamos vendo no planejamento urbano, nos painéis solares, nas plantas aquáticas e aéreas, nas paredes de heras, nos quintais, nos quartos de ar purificado ou protegidos de força eletromagnética, no uso de compostos orgânicos voláteis e em tantas outras manifestações. É a nova fronteira a ser explorada. Ir em busca da natureza é maravilhoso e altamente recomendável, mas trazê-la de volta às cidades é o que vai mudar fundamentalmente o nosso planeta.

*Um Monge Urbano traz a natureza para casa.*

Ele se cerca de natureza e pureza, organizando seu ambiente no sentido de *incluir vida* ao redor. Desde as plantas cultivadas dentro de casa até as hortas no quintal, podemos ter uma incrível cultura de coexistência com a natureza em nosso ambiente. Em vez de nos isolar da natureza, podemos honrá-la e levá-la conosco a todo lugar. Isso certamente não elimina a necessidade de proteger vastas extensões de terra para a livre circulação de animais, mas certamente ajuda a reequilibrar nossa vida moderna.

Lembre-se de que um Monge Urbano atua a partir de uma posição de força e poder. As pessoas se deixam facilmente influenciar quando desconectadas da terra. A ausência de raízes, de um lar e de capacidade de sobrevivência gera escravos que farão o que você mandar por dinheiro. Olhe ao seu redor. Eles estão em toda parte: escravos do salário profundamente infelizes no emprego que não podem deixar. Renunciaram a seus sonhos e aspirações e não passam de joguetes das intenções de outros. Isto decorre diretamente do fato de se terem privado de sua força, sua conexão com a natureza. Estão famintos mas não reconhecem o alimento e o remédio naturais que brotam do solo. Cabe a nós despertá-los. Primeiro, cuidamos de nós mesmos e acendemos nosso fluxo energético, para em seguida ajudar os amigos e a família dando o exemplo. Nós nunca deixamos o Jardim; simplesmente fomos levados a esquecer como se vive, exatamente no mesmo ambiente de onde viemos. Na verdade, segundo o mestre xamânico dr. Alberto Villoldo, somos no Ocidente a única cultura que se considera fora do Jardim, expulsa e condenada a uma vida de punição e culpa. Todas as outras tradições nativas se consideram em coexistência com a Natureza e não têm o "trauma de expulsão" integrado à sua narrativa. Isso provavelmente nos levou a usar e abusar da Terra, tratando-a como um objeto a nós submetido. Está na hora de acabar com esse absurdo e cair na real. Esse modelo está matando o planeta, e podemos optar por algo melhor.

## JORNADAS PESSOAIS

Quando eu era monge, fazíamos muito treinamento de kung fu, que intensificava nossa consciência dos campos energéticos. Isso nos ajuda a prever as intenções de alguém e a natureza de um possível ataque, o que é de enorme ajuda numa luta. Comecei a levar esse aprendizado um patamar adiante e passei bastante tempo aprendendo a ver a energia emanando das plantas à noite. Quando os olhos se adaptavam, eu começava a caminhar, sentindo o ambiente natural ao redor. Com a prática, tornei-me capaz de percorrer trilhas à noite na lua nova sem usar luzes artificiais. Eram necessárias atenção meticulosa e plena presença, pois qualquer distração poderia significar a perda dos dentes frontais. Era impressionante, e eu sempre voltava da montanha me sentindo extremamente vivo.

## PRÁTICAS ORIENTAIS

### Aterrar-se

Uma das melhores maneiras de se conectar com a energia da terra e literalmente alimentar-se dela é a prática da "Árvore" no *qigong*. Ela se destina a conectar nosso campo energético à terra sob nossos pés e nos manter extraindo força dessa fonte abundante o tempo todo. O melhor de tudo é que, quando passamos a fazê-lo bem, é possível fazê-lo em qualquer lugar a qualquer momento. Ninguém fica sabendo que você o está fazendo, e no entanto você está bebendo da Infinidade e ao mesmo tempo ancorando sua força. Eis a prática:

- Fique de pé com os pés afastados na largura dos ombros.
- Leve a ponta da língua ao céu da boca.
- Inspire e expire suavemente pelo nariz na direção do *dantian* inferior (três dedos abaixo do umbigo).
- Da próxima vez que expirar, visualize raízes implantando-se meio metro ou um metro na terra a partir dos seus pés.
- Na próxima inspiração, visualize luzes brancas emanando da terra pelas suas raízes até suas pernas, o tronco, os braços e o topo da cabeça.
- Ao expirar, projete suas raízes mais meio metro ou um metro na terra.
- Inspire e repita, levando a luz das raízes até o topo da cabeça.
- Mantenha esse processo durante várias respirações até visualizar suas raízes chegando ao centro do planeta.
- Agora, relaxe e traga energia das raízes ao inspirar, simplesmente sentindo o centro da terra ao expirar.
- Naturalmente, não é o caso de observar escalas de grandeza, pois meio metro ou um metro por respiração levaria semanas para chegar ao centro. Inspire e expire várias vezes para projetar suas raízes até alcançar o centro em quatro ou cinco minutos.

o Quando tiver concluído, simplesmente volte a projetar a respiração na direção do *dantian* inferior e vá cuidar da vida; não é preciso desconectar-se da terra. Na verdade, quanto mais frequentemente você fizer isto, melhor será sua conexão e mais enraizado haverá de se sentir na vida cotidiana.

## Caminhadas em silêncio na natureza

É um excelente exercício que aprendi como rastreador nas caminhadas e também da sabedoria nativa americana e do meu mestre taoísta. Basicamente, vá para um ambiente natural e comece a praticar "pisadas vazias". Nós nos transformamos em animais grandalhões e desajeitados por uma série de motivos. O primeiro é comermos demais, carregando excesso de peso no corpo. Outro é sentarmos com muita frequência em posições pouco naturais, o que faz com que nossos quadris não funcionem mais corretamente e nossos passos se tornem desajeitados. O terceiro é que nos isolamos tanto da natureza e dos imperativos da sobrevivência que nos tornamos tragicamente inconscientes das nossas próprias pegadas. Muito se pode conhecer de uma pessoa por suas pegadas, e qualquer bom rastreador é capaz disso. Fazia parte da nossa sabedoria genética e foi perdido pela maioria das pessoas, mas não pelo Monge Urbano.

Nesse exercício, vá para o ar livre e comece a caminhar lenta e metodicamente. Inspire ao elevar um dos joelhos e lentamente expire enquanto dá a passada, do calcanhar à ponta do pé. Repita do outro lado. O objetivo, inicialmente, é diminuir a marcha e ganhar equilíbrio na passada. Você nem deve ser capaz de ouvir seus passos.

Inicialmente, vai se sentir trêmulo e desajeitado – é o legado da cadeira do escritório. Quando os quadris começarem a se equilibrar corretamente de novo, você ganhará força no centro, o que o ajudará a se endireitar a partir do *dantian* à medida que caminha. Isso ligará suas pernas ao centro e à respiração de novo.

Ao melhorar na prática do exercício, comece a fazê-lo em lugares e superfícies diferentes. Quando já conseguir praticá-lo em folhas secas caídas sem se ouvir, saberá que chegou lá. Para ver como se dá isso, dê uma olhada no vídeo em theurbanmonk.com/ch7/naturewalk.

Quando tiver desenvolvido essa habilidade, aplique a mesma dilatação do tempo e a mesma atitude de calma à observação dos padrões da natureza ao seu redor. A diminuição do ritmo permite-nos aprender com a Mãe Natureza, o maior dos mestres.

## Meditação do regato

Esta é uma das minhas atividades favoritas desde a época em que era monge e uma das mais poderosas formas de medicina telúrica que eu conheço. Eu me entregava a esta prática com frequência ao longo dos anos, e posso garantir que contribuiu mais para a minha sanidade e meu crescimento pessoal do que a maioria das coisas que li em livros.

Encontre na natureza um rio ou regato junto ao qual possa sentar-se por algumas horas. Certifique-se de ter privacidade, para poder entregar-se tranquilamente à sua prática. Em geral eu ia para o interior e passava um dia inteiro entregue a essa prática numa região isolada, sem ver ninguém num raio de quilômetros. Se esse luxo estiver ao seu alcance, aproveite. Caso contrário, encontre algo que funcione para você.

- Sente-se perto da água numa posição confortável. Você permanecerá nesse lugar por algum tempo. Se não se tratar de uma área de rápidas enchentes, eu consideraria a possibilidade de encontrar uma rocha no meio do rio e sentar voltado para o *nascedouro*, de modo que a água venha na sua direção o dia inteiro, limpando seu campo energético e lavando as camadas de energia negativa que a ele aderiram.

- Leve uma cadeira e uma jaqueta ou um pulôver, para não precisar ir a lugar nenhum durante algum tempo. Também deve haver água potável por perto. Basicamente, prepare-se para permanecer no lugar por algumas horas.

- Inspire e expire lentamente pelo nariz na direção do *dantian* inferior. Leve alguns minutos se acalmando na respiração até se acomodar.

- Agora, preste atenção no som da água e comece a respirar com ele. Deixe que esse som lave todos os outros pensamentos. Associe a ele a sua respiração e passe bem uns 20 a 30 minutos nesse estado.

o Inspire e expire suavemente enquanto a água corre.

o Você notará que os pensamentos começam a pipocar. É normal. Simplesmente os identifique e permita que a água os leve. Sempre que perceber que se deixou levar pelo redemoinho de uma corrente de pensamentos, simplesmente respire e volte a ouvir o regato. Solte o pensamento na água e veja se flutua na corrente. Com o tempo, você vai pegar o jeito, e o ruído começará a diminuir à medida que o som da água permeia o seu ser.

Isso requer alguma prática, de modo que é necessário ser paciente. Minha regra era não me levantar até me sentir purificado e estar ouvindo apenas o som do regato. Você saberá quando chegou lá porque haverá um momento em que você simplesmente desaparece, restando apenas o regato, o que é uma boa coisa. Esta prática apresenta excelentes lições sobre quem somos realmente. Convocar a Mãe Natureza a nos ajudar a acessar o estado do fluxo eterno é um bom remédio. Alguns alunos ficam assustados e sentem como se fossem arrastados pelo rio quando o ego reaparece, mas é normal. Uma vez abrindo mão da insistência em ser a pessoa que fingimos ser, podemos nos divertir descobrindo quem somos de fato. Entreguei-me a essa prática com frequência e tive experiências incríveis, nas quais muitos animais silvestres nem sequer notavam mais minha presença. É quando você sabe que chegou lá, quando o rio lavou toda a sua "loucura" e você se integrou completamente ao ambiente natural.

## Comunicação com os espíritos das plantas

Como prometido, aqui vai a prática de comunicação com as plantas. Não é para começar entrando num bosque e pedindo às plantas que conversem com você, e embora eu seja um admirador do valor terapêutico da *ayahuasca*, sinto que tem sido terrivelmente mal-empregada ultimamente e usada por pessoas que não estão preparadas para essa jornada. Dito isso, sob a orientação de um autêntico xamã, ela é um excelente remédio.

Eis a prática:

o Sente-se num lugar natural sem distrações, levando um livro ou um aplicativo que o ajude a identificar as qualidades medicinais das plantas da região. Nos velhos tempos, seria o caso de consultar um xamã ou apelar para a tentativa e erro. Hoje, podemos pesquisar no Google.

o Escolha uma planta com a qual tenha afinidade e sente ou fique de pé defronte dela. Comece com algumas respirações no *dantian* inferior e mantenha o olhar repousado e ligeiramente desfocado na direção de uma folha, do tronco ou da planta inteira. Comece a sincronizar sua respiração com a planta e se conecte com ela. Pode usar o terceiro olho ou o coração para estabelecer esse contato. Logo verá que cada planta (ou forma de vida, na verdade) tem uma personalidade distinta, de modo que é bom aproximar-se com suavidade e se apresentar respeitosamente. Declare suas intenções e pergunte se pode aprender com ela. A maioria das plantas é muito prestativa e gentil. Comece uma conversa não verbal com ela e (sei que pode parecer loucura para alguns, mas se deixe levar) veja o que virá. Pergunte se ela tem algum poder medicinal a ser compartilhado e com que finalidade poderia ser usado.

o Não comece simplesmente a arrancar folhas de uma forma viva; a regra número um do trabalho na natureza é pedir permissão antes de colher.

o Você poderá ouvir algo ou não. Pode levar algum tempo. Se tiver sucesso, agradeça à planta e vá confirmá-lo no seu livro, no Google ou da forma que puder. Se estiver com o celular, busque a resposta e desligue-o de novo.

Não saia comendo plantas aleatoriamente, pois podem ser venenosas. Uma vez estabelecidas e *corroboradas* a sua intuição e a sua perícia em matéria de comunicação com as plantas, a brincadeira pode começar. Você nunca mais voltará a ficar sozinho depois que se der conta de que está o tempo todo cercado de uma sinfonia de vida e sabedoria.

## FERRAMENTAS MODERNAS

### Aprender habilidades primitivas

Uma das mais valiosas qualificações de um Monge Urbano é aprender a sobreviver na natureza. Isto foi um dom fundamental da nossa espécie durante milênios, e na minha opinião a carência desse conhecimento é o motivo pelo qual tantas pessoas se sentem perdidas hoje em dia. Que animal estúpido é esse que esquece como sobreviver no próprio ambiente onde evoluiu? É a humanidade.

O treinamento de sobrevivência no mundo selvagem é divertido e muito recompensador. São os seguintes os dados essenciais de que precisamos para viver, tal como transmitidos pelo meu bom amigo e especialista em sobrevivência Cliff Hodges:

Aprender a fazer fogo

Aprender a obter água limpa

Aprender a obter alimentos

Aprender a construir abrigos

Dispondo desses quatro, você está vivo. São essas as suas necessidades, e tudo mais se torna um "desejo". É uma lição importante, pois a maioria das pessoas sofre em virtude dos seus "desejos" na nossa sociedade. Mantendo o senso da realidade e aprendendo a voltar às nossas raízes, podemos recalibrar o "balde de estresse" e parar de nos preocupar com porcaria.

Uma enorme sensação de conforto e tranquilidade nos acomete quando aprendemos a sobreviver por conta própria no mundo selvagem. É como livrar-se de um gigantesco fardo de angústia existencial que trazemos conosco no mundo moderno, sem conseguir explicá-lo. Os Monges Urbanos aprendem essas habilidades e sabem que são capazes de desempenhá-las. Em todo o mundo podem ser encontrados cursos da matéria. Aprender a gerar fogo pela fricção é essencial, e é possível vê-lo em vários vídeos online. Mas fazê-lo de fato é uma outra história, de modo que é preciso praticar para conseguir. Uma vez pegando o jeito, você terá algo que ninguém poderá lhe tomar: uma habilidade para a vida.

## Voluntariado

Uma excelente maneira de ir ao encontro da natureza para se conectar com ela é se alinhar com uma causa em torno da qual já estejam montadas atividades na sua região. Parques muitas vezes precisam de voluntários.

Atuar nesses lugares é algo poderoso, e fazê-lo com pessoas afins, imbuídas de um espírito de serviço, é realmente muito bom. Você ganhará novos amigos, fará diferença e disporá de ferramentas para ajudá-lo a se sentir mais à vontade no mundo selvagem. Com o tempo, esse tipo de atividade não substituirá a necessidade de passar algum tempo sozinho na natureza, de modo que você pode usá-la como uma orientação para entrar nesse mundo e em seguida ampliar seu próprio tempo na natureza. Muitas dessas organizações ajudarão a treiná-lo em habilidades valiosas e também a conectá-lo com recursos importantes.

## De mochila pelo interior

Eis uma das minhas atividades favoritas, que também se tem revelado incrivelmente terapêutica para as pessoas às quais a recomendei, mesmo se na época não se sentiam assim. Enveredar pelo mundo silvestre dependendo apenas do que está numa mochila é algo primal e puro. É como funcionávamos, e mexe com nossa memória genética disso. Viajar de mochila nas costas efetivamente nos leva a ponderar de que "coisas" de fato precisamos e o que é supérfluo. Por quê? Porque você tem de carregar o negócio. Alguns quilômetros de viagem são o suficiente para começar a se perguntar que diabos há naquela mochila. Os mochileiros experientes carregam o menos possível. Estão sintonizados com os princípios de sobrevivência de que falamos anteriormente. Precisamos de comida, fogo, água e abrigo – e pronto. Mergulhar de volta no mundo selvagem permite-nos perambular livremente e escolher onde será nossa casa a cada noite. Ganhamos a liberdade de saber que nossa "casa" está conosco o tempo todo, e não existe nenhum lugar para onde precisemos voltar correndo. Estamos bem. Temos todas as nossas "coisas" e podemos desfrutar tranquilamente deste lago, deste regato, desta campina.

Caminhando ao ar livre, podemos queimar gordura, pegar sol e nos reconectar com a natureza de uma maneira significativa. Sair pelo mundo com amigos, a família, os cães e um bom livro é uma forma incrível e barata de recreação. Não deixe de separar algum tempo de tranquilidade individual nessa aventura e não desperdice o acesso à pureza da natureza com conversa fiada.

## Parques locais

Se você vive em ambiente urbano, é provável que disponha de um parque público à distância de alguns quilômetros da sua casa. Não é exatamente o mundo silvestre de que estivemos falando, mas a gente precisa aproveitar o que tem e fazê-lo render.

Diariamente caminho com meus cães pelo parque local e passo algum tempo correndo com eles na grama. Não é exatamente o Parque Yosemite, mas serve para mim. É como uma injeção de natureza no braço entre viagens maiores, mas o suficiente para ancorar o *qi* e fazer a conexão com algumas árvores e a relva.

A natureza é poderosa. Pense no broto que irrompe por uma fenda na calçada de concreto para viver. É a energia da natureza, que reside no interior de todos nós. Encontre na sua região um lugar onde possa se conectar com essa energia e passe a frequentá-lo, talvez levando um cobertor e um livro, ou seus filhos. Moral da história: é de graça, é saudável e é de onde você veio. Encontre um parque.

## Plantas e cultivos em casa

Trazer a natureza para casa é um ingrediente fundamental na nossa reconexão com a vida. Claro que ir ao encontro da vida natural é incrível, mas, sejamos francos, todo mundo tem seu emprego e muita coisa para fazer na cidade. O cultivo de plantas em casa é algo maravilhoso. Elas ajudam a criar um clima e nos acalmam, e muitas atuam na transformação do carbono de compostos orgânicos voláteis que estão no ar. Também nos lembram dos fundamentos da vida: precisar de água, de um bom solo e de luz solar.

Como já disse, os jardins caseiros também são o futuro. Gramados significam desperdício de água. Um jardim e uma horta nos fornecem alimentos e nos ajudam a fazer a conexão com eles. A jardinagem nos permite entrar em comunhão com a natureza regularmente e lembrar das coisas importantes da vida – os dados básicos da própria vida.

## Probióticos e dietas prebióticas

A complexa mistura de bactérias boas encontradas no intestino humano saudável é algo que apenas começamos a entender, mas uma coisa é certa:

ingerir muitos alimentos prebióticos saudáveis ajuda a criar o ambiente necessário para as bactérias boas, e ingerir muitos alimentos fermentados (não pasteurizados) contribui para estabelecer e manter essas colônias. Os alimentos prebióticos contêm fibras que não são bem digeridas, e desse modo criam um ambiente no qual as bactérias boas podem prosperar, ao passarem por nós. Basicamente, nem todos os alimentos que ingerimos são para nós. Fibras como a chicória não se decompõem muito bem no estômago nem no intestino delgado, o que significa que chegam ao intestino grosso prontas para alimentar as bactérias úteis que lá abrigamos. Nós as alimentamos e elas cuidam de nós. As fibras ajudam a limpar o intestino e também sustentam nossas bactérias amigas.

Aqui vai uma relação de bons alimentos prebióticos:

Raiz crua de chicória: 64,6% de fibra prebiótica por porção

Girassol-batateiro cru: 31,5% de prebióticos por porção

Folhas cruas de dente-de-leão: 24,3% de fibra prebiótica por porção

Alho cru: 17,5% de prebióticos por porção

Alho-poró cru: 11,7% de fibra prebiótica por porção

Cebola crua: 8,6% de fibra prebiótica por porção

Cebola cozida: 5% de fibra prebiótica por porção

Aspargo cru: 5% de fibra prebiótica por porção

Farelo de trigo cru: 5% de fibra prebiótica por porção

Farinha de trigo cozida: 4,8% de fibra prebiótica por porção

Banana crua: 1% de fibra prebiótica por porção

E agora uma lista de alimentos de alto teor de bactérias boas (probióticos):

- Carne de soja
- Missô
- Chucrute
- Iogurte
- Quefir
- Kombucha
- Kimchi

Ingira uma colher bem cheia de um desses alimentos probióticos por dia, e estará aumentando suas chances de combater o crescimento exagerado de bactérias ruins. Inclua os prebióticos nas suas receitas, e terá uma fórmula vitoriosa. Não deixe de reforçar esse uso depois do emprego de antibióticos, para restaurar suas colônias, mas tomar um pouco diariamente também ajuda a compensar a perda das que morrem em consequência de minúsculas quantidades de antibióticos contidas em carnes tradicionais.

## O PLANO DE AÇÃO DE ETHAN

Tal como Ann no capítulo anterior, Ethan também é fruto da geração cesariana. O médico de sua mãe a convenceu a fazê-la, pois era muito mais fácil, além de estar na moda na época. Tanto a mãe quanto Ethan passaram a tomar antibióticos a partir do seu primeiro dia de vida, e ele nunca conseguiu desenvolver uma dose saudável de bactérias boas para começar a jornada da vida. E também não ajudou nada que a mãe vivesse pregando o medo da natureza.

Passamos algum tempo adaptando sua dieta para que incluísse um pouco de fibra insolúvel, prebióticos e bons alimentos fermentados. Ele gostava de chucrute, e eu o encaminhei a uma fonte para aprender a prepará-lo. Ele gostou da ideia, e o ritual de preparação do seu próprio "remédio" foi uma boa jogada no caso de Ethan.

Ele entrou para um clube de caminhadas e começou a buscar a vida ao ar livre. Descobriu que gostava de escalar rochas, e nós o encorajamos a persistir. Levou mais ou menos um ano para que ele realmente começasse a se sentir confortável com o acampamento em tendas durante as viagens, mas o medo aos poucos foi cedendo. É bom não estar cercado de gente que enche o saco. Seus novos amigos o ajudaram a superar e a andar para a frente na vida. Sentavam-se em torno de fogueiras ao ar livre e desfrutavam da noite depois de um longo dia de escaladas.

Mandei-o para uma viagem de sobrevivência na selva, o que mudou sua vida. Ele realmente entendeu o espírito da coisa e se deu conta de como era medroso com tantas coisas. Quando conseguiu fazer fogo pela primeira vez, foi como uma experiência religiosa, um rito de passagem. O menininho assustado agora era um rapaz autossuficiente.

Ele cresceu preocupado em lavar as mãos sujas para se livrar de "coisas escuras" depois de brincar nas ruas do Brooklyn. Agora, faz escaladas e come misturas de frutos secos e castanhas com as mãos sujas sem ficar apavorado.

As escaladas na academia substituíram os pesos quando ele estava na cidade, e nos fins de semana, sempre que podia, ele ia para as colinas. O acesso era difícil a partir de Manhattan, mas ele frequentava o Central Park e também começou a praticar remo em caiaque em rios próximos.

Os shows de rock eram mais agradáveis agora, mas ele passou a preferir momentos de tranquilidade na floresta. Ethan chegou inclusive a desenvolver uma bela prática de meditação, que realmente o ajudava a se acalmar. Ainda dava um pulo de susto quando um besouro subia pela sua perna, mas aprendeu a sorrir e voltar ao silêncio; leva algum tempo para reverter um instinto, mas a carga em torno dele se fora. Hoje, Ethan é muito mais tranquilo e realmente encontrou um lugar seu na natureza.

CAPÍTULO 8

# Cercado de gente, mas solitário

MARK NÃO TINHA a menor ideia de como chegara àquela situação na vida. Tinha amigos no ensino médio e se dava bem com as pessoas. Teve algumas namoradas ao longo dos anos e não tinha problemas com as mulheres. Quase chegou a ficar noivo certa vez, mas as coisas mudaram e acabou não rolando. Era uma garota legal, mas havia um certo drama na família, o que acabou levando ao rompimento.

Ele é *personal trainer* e cuida muito bem da aparência. Os clientes gostam dele e ele está em forma. Viaja mais de uma hora para chegar à academia e seu dia de trabalho é longo e árduo. Na verdade, ele passa a maior parte do tempo andando pela academia e contando repetições, mas no fundo é o que os clientes precisam. O que os clientes não sabem é que ele dá umas fugidas nos intervalos para fumar. Também não foram informados de que diariamente, depois do trabalho, ele volta para casa de carro, derruba doze latas de cerveja e vê televisão até mais ou menos meia-noite. Visita a família nos fins de semana quando pode, mas a maior parte do tempo, quando não está trabalhando, Mark se posta diante da televisão, bebendo sozinho.

Ele não sabe ao certo como é que as coisas foram parar nisso. Pode ter começado com algumas decepções nos relacionamentos, e o último rompimento amoroso o levou a questionar a coisa toda. O tempo todo ele diz aos clientes coisas como "o ser humano não presta" e "as garotas legais todas já encontraram alguém", e o pessoal acha graça. O que os clientes não percebem é que Mark passou a acreditar nisso. Ou talvez precise acreditar, pois a explicação alternativa é muito dura para ser aceita: ele mergulhou em depressão e isolamento, tornou-se um alcoólatra e está deixando sua vida ser descarrilada por suas fobias sociais.

Afinal, por que um sujeito em forma, bonitão e atraente como ele se trancaria dentro de casa e passaria os melhores anos da vida vendo porcaria na televisão? A resposta está ao nosso redor, o tempo todo. Mark não é o único, não está sozinho nisso, e é essa a ironia. Milhões de pessoas não estão sozinhas *sendo sozinhas*.

## O PROBLEMA

Apesar de cercadas por milhões, muitas pessoas se sentem totalmente sozinhas e isoladas no nosso mundo. Como Mark, fazem o possível para tolerar os outros durante o dia, e de noite se retiram para uma vida solitária em casa diante da televisão ou passam horas sem fim perdendo tempo online. Ainda estamos em busca de conexão, mas o fato é que a versão digital em banda larga desta palavra não é tão completa assim. Uma internet mais rápida não resolve esse problema de conexão.

Você pode ter mil amigos no Facebook e ainda assim não dispor de alguém a quem possa telefonar para comentar o dia que passou. Pode ter na cidade onde vive toda uma rede de velhos amigos que não têm a menor ideia de como você está infeliz e deprimido. As conversas são superficiais e tolas. O tempo que se passa juntos gira em torno de eventos esportivos, aniversários e casamentos. Milhões de pessoas se congregam em torno de espetáculos esportivos, projetando sua paixão nos altos e baixos de um time com o qual se identificam superficialmente.

*E como ficou a prática de esportes de verdade?*

Nos transformamos em uma cultura de não participantes: assistimos aos outros praticando esportes enquanto comemos batata frita, bebemos cerveja e ficamos exultantes ou arrasados em função do resultado desses jogos. Temos nosso time e nossos jogadores favoritos, e nosso humor depende do seu desempenho. Vestimos a camisa e acompanhamos suas vidas, muitas vezes mais de perto que a dos nossos próprios filhos. Vemos pela televisão programas sobre namoro e viagens em vez de botar o pé no mundo e acionamos aplicativos em realidades alternativas em vez de participar da nossa própria vida.

Milhões de pessoas se sentem totalmente sozinhas e isoladas na vida conjugal. Você pode ter um marido e três filhos, mas estar morrendo por dentro. Casou-se cedo e a coisa desandou: Vamos fazer alguns bebês e começar uma vida juntos. Com o passar do tempo, a coisa ficou feia. Os filhos não a deixam dormir e você perdeu a vida pessoal. Seu marido vai assistir aos esportes na televisão ao voltar para casa e você quer conversar sobre design, filosofia e criação dos filhos, ou talvez queira apenas fazer amor e ele não está captando os sinais. Talvez já esteja cansada de pedir. Existe uma verdadeira indústria produzindo literatura romântica para atender a essa necessidade, mas o fato é que ler sobre o assunto não é exatamente a mesma coisa.

Há pessoas que sentem vergonha dos rumos que sua vida tomou. Sonhos e ambições para o futuro não chegaram a engatar, e elas estão amarradas num emprego qualquer, realizando tarefas humildes que não lhes permitem sentir-se realizadas. Acham que a essa altura já deviam ter chegado a algum lugar e vivem arrependidas e desconsoladas com uma série de decisões equivocadas que tomaram ou fracassos que tiveram de amargar. Muitas vezes tratam de racionalizar o estado em que se encontram. Talvez seja possível culpar um cônjuge. Talvez uma doença tenha vindo comprometer os planos. Ou talvez os bons tempos tenham durado demais, levando o álcool e as drogas a uma década de desperdício que as tirou do fluxo da vida. É tudo muito bom e divertido, até não ser mais.

Um dos maiores componentes do problema está na autoimagem. Temos uma noção equivocada de como "deveríamos" ser – como deveria ser nossa aparência, como deveríamos nos vestir, o que deveríamos fazer, como deveríamos nos divertir. Não falta quem se sinta culpado por causa daqueles quilos a mais. A televisão diz que precisamos ter determinada aparência, usar certas roupas e estar atualizado com tudo que é "maneiro", mas a realidade é que é impossível para qualquer pessoa se adequar a esse molde. É por isso que tantas supermodelos e estrelas de Hollywood acabam enfrentando problemas com drogas. É tudo uma enorme bobagem, mas a maioria do mundo civilizado deseja ser como as fachadas que vê na televisão. As pessoas se sentem feias, velhas, sem energia e inseguras no momento de enfrentar o mundo. Serão julgadas pelo *beautiful people*, até que as rugas desse pessoal também comecem a aparecer. Eles então gastam com médicos para consertar a fachada e continuar fingindo que são melhores que nós.

Não sei o que é mais deprimente: ir ao shopping ou não ir. Quando vamos, parece que os espaços públicos estão tomados por pessoas absolutamente esdrúxulas com as quais nada temos em comum. O estacionamento é sempre um problema, e pode ser bem irritante esperar alguém vir tirar nosso dinheiro para podermos levar algo para casa. Recorremos então às compras online, e o isolamento é maior ainda. Ficar em casa nunca foi tão fácil. O cara das entregas não é um amigo de verdade. Está louco para pegar sua assinatura correndo e voltar para casa para pegar o jogo.

*Hoje, o círculo se rompeu.*

Como caçadores-coletores, viajávamos em pequenos grupos e não havia tempo nem paciência para isolamento. Alguém chegava e o arrastava para o círculo. As tentativas de nos conectar por meio do nacionalismo, da religião, da fidelidade ao grupo ou do espírito de equipe na escola muitas vezes erram o alvo, e milhões de pessoas se desgarram, tornando-se mais solitárias e isoladas. A necessidade de pertencer a algo decorre de circuitos mais antigos no cérebro, que nos ligam aos outros mamíferos. Ao subir na escala evolutiva a partir do cérebro "reptiliano", no qual lidávamos com questões básicas de sobrevivência, passamos ao cérebro "animal", no qual a ordem social e o sentimento de pertencer são importantes. Precisamos conhecer nosso lugar no rebanho. Precisamos saber onde ficamos na hierarquia social. Infelizmente, os meios de comunicação nos posicionam bem lá embaixo. Vendo as sensacionais estrelas do rap e as residências dos bilionários, somos diariamente lembrados dos fatos da vida: *Essas* pessoas são importantes, mas você, não. A única maneira de participar é comprar as mercadorias baratas às quais pespegam seus nomes e ser um fã. Elas são estrelas, mas você, não. A indústria tirou as estrelas do céu e as plantou em Hollywood: aqui estão aqueles que *nós* dizemos ser importante seguir.

Os meios de comunicação nos dizem que o mundo é perigoso e que precisamos da polícia para nos proteger. Ao que parece, morte e destruição também são mais cotadas no noticiário. Ficamos traumatizados ao trancar a porta de casa e só a abrimos para o entregador de pizza ou o do correio, que vem trazer a mais nova remessa da Amazon.

O impulso sexual nos ajuda a sair desse lugar e ir ao encontro de outras pessoas, mas o problema é que ninguém nos ensinou a nos comunicar autenticamente. O namoro online ajuda um pouco, mas no fim das contas temos de parar na frente de outro ser humano e nos comunicar, o que se tornou muito esquisito. Os aplicativos e os sites de namoro transformaram a coisa num caça-níqueis de sexo pelo qual podemos usar uns aos outros para atender às necessidades físicas e rapidamente voltar para o isolamento social.

Quanto mais envelhecemos, parece que se torna mais difícil conhecer alguém, pois nos tornamos mais exigentes e mais acomodados no nosso estilo de vida. Ficamos amargurados, mas ansiamos por conexão. Tratamos de nos ocupar, mas nosso desejo é comunicar. Desejamos ser tocados, ouvidos, entendidos e amados. Sentimo-nos sozinhos e não encontramos jeito de sair dessa. Drogas, álcool, pornografia, videogames, séries de televisão e mídias sociais são as nossas distrações. Vão acumulando ruído para nos distrair do que de fato está acontecendo; a verdade é dolorosa demais para ser encarada.

Estamos desconectados da nossa natureza Eterna e, portanto, aterrorizados com a realidade que aparentemente se apresenta: todos os nossos problemas vão se agravar cada vez mais e com o tempo as coisas vão piorar.

## SABEDORIA DO MONGE URBANO

A realidade é que cada um de nós está destinado a ser uma estrela. Não me refiro a algum tipo de status a nós atribuído pelos sociopatas de Hollywood ou Nova York, mas ao sentido verdadeiro da palavra. Como podemos tomar o caminho que nos foi destinado e viver a vida dos nossos sonhos? Como nos sintonizar com nosso propósito e alinhar nossas ambições pessoais com o bem planetário? Como acessar nossa sabedoria interior e vivenciar a autorrealização? A essência da alquimia é a ignição dos centros espirituais do nosso corpo e a ignição da Luz que emana eternamente da Fonte da qual fazemos parte. Dizem que Jesus era o Filho de Deus. Pois na sabedoria hermética ele é atribuído ao sexto Sefirot, denominado Tiferet, que é o Centro Solar. Ele era considerado, num sentido real, o "Sol" de

Deus, pois ascendeu seu Corpo de Luz e mostrou que podia ser uma Luz Em Si Mesmo. E acredite você em Jesus ou não, a história nos ensina algo importante. Para minha linhagem taoista, para os tibetanos, os xamãs incas e maias, para as tradições ocidentais, existe uma sabedoria viva que nos ensina a ativar nosso Corpo de Luz para nos abeberarmos na energia do Eterno Desejo do Bem. A auréola representada em torno da cabeça dos grandes Mestres destinava-se a ilustrar o que acontece quando despertamos e nos abrimos para a vida. Era uma representação do que as pessoas de fato viam em torno dos sábios e é o que os praticantes podem esperar alcançar com uma prática espiritual.

As religiões esotéricas na verdade limitaram nosso acesso a essa sabedoria, pois a diluíram e distraíram a humanidade da verdade. Atuaram no sentido de potencializar a necessidade do nosso "cérebro animal" de se sentir pertencente a algo e transformaram a religião numa questão muito mais comunitária que de crescimento espiritual pessoal. Exauriram o misticismo e o diluíram de tal maneira que as pessoas se afastam sem parar. Por quê? Porque sentem que se tornou algo vazio, comercial e artificial. Nos sites de relacionamento, a opção mais assinalada no item "religião" é "espiritual, mas não religioso". As pessoas passaram a ignorar, mas ainda precisam de alguma energia para se conectar. Sentem uma conexão com a vida e a luz que transcende as velhas histórias de reis e irmãos homicidas da Bíblia. Essas histórias mantiveram nossa sociedade coesa durante milênios, contudo, de modo que precisamos de um novo código ético – uma nova narrativa de acordo com um mundo em mutação.

## De volta às raízes

Nosso impulso para a individuação levou-nos a um caminho de crescimento e avanço descontrolados, o que também puxou o tapete sob nossos pés na frente interna. Historicamente, viemos de fortes tradições familiares; nossos antepassados cresceram em pequenas tribos e tinham famílias ampliadas que os apoiavam e cuidavam deles. Viviam numa rede simbiótica de apoios recíprocos em matéria de defesa, busca de alimentos, caça e interconexão. O moderno mundo ocidental assistiu à destruição da unidade familiar forte.

No Novo Mundo, os colonizadores tinham pontos de vista religiosos radicais e excessivamente zelosos que os haviam afastado da sua sociedade de origem. Deixaram tudo para trás para começar do zero e ter a liberdade de pôr em prática suas convicções. Isso os ajudou a romper com regimes opressores. Também os ajudou a justificar o massacre dos nativos que encontraram nas novas terras e a imolação de dezenas de mulheres acusadas de feitiçaria. Estavam num novo mundo ainda tosco no qual havia amplo espaço para a rápida expansão em busca de lucros pessoais. Se papai e mamãe viviam no extremo Leste e eu ficava sabendo de amplas oportunidades de conquista territorial no Oeste, saía correndo atrás! Estava desfeita a coesão.

Sim, famílias já vêm com dependência mútua e drama, mas também com apoio, conforto, partilha de recursos e gente que se importa com você. O estilhaçamento da família ocidental representou um rasgo na trama da nossa sociedade. Hoje em dia, a garotada mal pode esperar para sair de casa aos 18, mas não consegue chegar ao fim do mês. Em vez de contar com o apoio da família para obter uma melhor educação, aprender sobre o mundo, partilhar gastos e cozinhar de maneira colaborativa, são levados a trabalhar como garçons e garçonetes e acumular empregos para ter sua "liberdade". O que não deixa tempo nem espaço para o crescimento pessoal, gerando uma sociedade povoada por pessoas isoladas que vivem em pequenos apartamentos, todas elas se perguntando por que o Sonho Americano não está ao seu alcance. Se observarmos as famílias de imigrantes, veremos que muitas vivem sob o mesmo teto e trabalham juntas para "chegar lá" no Ocidente. Foi o que aconteceu com italianos, irlandeses, mexicanos, indianos, chineses e praticamente todas as outras raças do Velho Mundo que chegaram ao Novo Mundo. Trabalham duro, mandam os filhos para a faculdade e constroem seu futuro. O isolamento chega uma ou duas gerações depois, quando os filhos passam a confundir liberdade com escravização ao débito, comprando a ilusão do "sonho" errado.

## Uma vida de família equilibrada

O Monge Urbano encontra o equilíbrio entre as correntes invasivas das questões familiares e uma cultura de isolamento pessoal; esse equilíbrio gira em torno do *trabalho espiritual*. E se pudéssemos crescer juntos? Que tal cultivar plantas como família? Existem muitas maneiras de integrar o ambiente a atividades saudáveis que possamos exercer com os entes queridos. Dar caminhadas, andar de bicicleta, jogar jogos de mesa, ouvir audiolivros ou cozinhar juntos são excelentes maneiras de curtir a companhia e ao mesmo tempo fazer algo bom para si mesmo.

Se você mora longe dos entes queridos, pode usar o Skype ou o Facetime para desfrutar de sua presença enquanto faz alguma coisa. O objetivo é estar presente uns para os outros, sabendo que não há necessidade de preencher o silêncio com conversa fiada. Se tiver algo a dizer, diga. Caso contrário, desfrute da companhia exercendo e sentindo a presença. É uma arte perdida que você pode resgatar. Se a sua família for de trato difícil, cure onde for possível e encontre uma nova "família" à qual possa vincular-se em níveis mais profundos. Bem lá no fundo, precisamos dessa conexão, e sua perda causa ansiedade e vazio em nossa vida. Resgate-a!

> *Quando nos conectamos profundamente*
> *aos outros, ficamos inteiros.*

Podemos estar junto à família e aos amigos, presentes. Podemos tomar um gole de Infinitude, sem nos sentir sedentos o tempo todo. O reequilíbrio da dependência mútua da vida de família começa com o aprendizado de como extrair o que precisamos da Fonte e não nos ressentir dos outros por não nos darem o que não podem dar. Eles têm lá seus próprios problemas, e a nós cabe dar apoio e receber, sem culpar os entes queridos por atrapalharem nossos sonhos.

Os monges praticam o isolamento social porque precisam de tempo para contemplar a realidade e cultivar a força interior. Quando descem da montanha, vêm sorridentes e em geral muito gentis e acessíveis. Passaram bastante tempo cuidando de si mesmos e estão *cheios,* o que lhes permite ser amorosos e atenciosos com os outros. Por quê? Porque se deram ao trabalho de cavar fundo. Enfrentaram o desconforto e não têm problemas com o fato de estarem sozinhos. Afinal, qual o problema conosco que nos impede de ter vontade de ficar sozinhos? É *aí* que estão as boas coisas. É onde o Monge Urbano vai extrair o ouro espiritual, voltando com o verdadeiro tesouro.

Como chefe de família, separe o tempo que for possível. Duas horas no sábado é um excelente começo. Alterne com seu cônjuge se for necessário cuidar dos filhos, mas tratem de *dar cobertura um ao outro*, para que ambos possam encher o tanque e tornar-se inteiros. Quando isso é comunicado de maneira correta, somos capazes de dar apoio aos objetivos do outro na vida.

A ironia é que cada momento é uma oportunidade de beber da Infinitude. O que encaramos como tempo ocioso, solidão e isolamento social é na verdade uma incrível bênção. Significa que de fato *dispomos de tempo* para desenvolver uma prática pessoal e ir em busca do que importa. Esta simples mudança de perspectiva vai mudar sua vida para sempre.

## Matar o tempo é se matar

O tempo é o maior dom que temos, e se você o estiver preenchendo com distrações, a boa notícia é que está rico. Tem à sua frente a única coisa de que precisa para dar uma olhada e descobrir quem é. Em vez de ingerir conteúdos de baixa vibração vindos da televisão ou da internet, você pode ler, ouvir programas de áudio, assistir a algo relevante, crescer pessoalmente e cultivar o seu *qi*.

Cada momento é uma oportunidade de despertar e beber do Néctar. Se se sentir solitário e isolado, precisa saber que a solução é interna. Não tente preencher o silêncio ou o vazio fazendo coisas sem significado ou perdendo tempo com outras pessoas. Preencha-o consigo mesmo. Respire no momento e veja como se sente. Sinta a força vital movendo-se por você e tente perceber onde está paralisada. É o seu trabalho. Chegando ao outro lado, vai se dar conta do quanto o tempo é realmente um dom, e nunca mais vai dispensar nem um momento sequer.

*Vá ganhando experiência.*

Quando avançar nessa direção, você verá que as pessoas certas são atraídas para você. Verá pistas aparecendo no seu caminho para levá-lo a lugares maravilhosos. Surgirão oportunidades que o conduzirão em direções capazes de animar sua vida. A primeira etapa consiste em descobrir o próprio eu e fazer a pergunta fundamental: "Quem sou eu?"

Na verdade, não haverá nunca uma resposta – apenas mais perguntas. Uma vez acostumado a essa ideia, você verá que a própria vida é um enorme mistério e que estamos aqui para aprender e explorar.

*É o fim do tédio e da solidão.*

Ao beber da Fonte, a felicidade brota de dentro de você. Quando estiver interiormente contente, os amigos certos aparecerão. Vocês não precisam uns dos outros, de modo que desfrutam da companhia sem a es-

## JORNADAS PESSOAIS

Meu mestre de kung fu me mandava correr como um louco quando eu estava na faixa dos vinte. Eu me matriculara em 24 créditos na UCLA, dirigia um campo de verão para crianças e treinava mais de 30 horas por semana kung fu, tai chi, *qigong* e meditação. Toda vez que eu me esquivava e começava a me queixar, ele pedia que encontrasse um jeito e mantivesse o foco. Rapidamente percebi que me acostumara a me desconcentrar nas aulas, de modo que tinha de ler todo o material de novo em casa. Sabia que não tinha tempo para isso, e assim passei a ficar bem atento nas aulas. Punha os livros na carteira e começava a lê-los, fazendo anotações enquanto os professores falavam. Foi quando me dei conta de que o "tempo livre" que achava que precisava na verdade não me nutria. Em vez de passar uma hora no telefone ou assistir a um programa imbecil, eu saía para fazer tai chi. Voltava com mais energia e clareza mental. Era algo restaurador, recarregando minhas baterias e meu entusiasmo. À medida que comecei a avaliar todas as facetas da minha vida, passei a descobrir o que não estava funcionando e me tornei realmente bom em dar um jeito nas coisas. Só tirei notas boas naquele trimestre, e, em todas as outras áreas, era sopa no mel. O que me ensinou uma importante lição: minha experiência era criação minha. Simplesmente parei de fazer coisas que não atendiam ao meu interesse, passando a remar contra a maré dos hábitos culturais. Agora, quando relaxo, realmente relaxo, e quando está na hora de pôr mãos à obra, é o que faço plenamente.

quisitice toda da codependência. Podem apreciar juntos o silêncio ou até sentar-se no mesmo sofá e ler livros e aproveitar uma lareira.

## Faça a curadoria da sua experiência

Encontrar-se não precisa ocorrer no isolamento. Vá seguindo a trilha de migalhas de pão das coisas que o interessaram no passado. Sempre quis remar em caiaques? Ótimo, comece agora. Tênis? Legal. Encontre um clube. E que tal conhecer as pirâmides? Fantástico. Reserve uma passagem e um hotel.

O Monge Urbano não tem medo de fazer as coisas sozinho. Na verdade, é algo que deseja. As melhores coisas da vida acontecem quando estamos no nosso caminho. Conheci alguns dos meus melhores amigos em aldeias do alto do Himalaia ou em praias de terras exóticas. Por quê? Porque eles também se desligaram do seu mundo de limitações e estavam desfrutando da vida. Quando damos o salto, todas as desculpas e pequenos temores saem do caminho e a aventura da vida começa. Quando estamos fazendo coisas incríveis pelo mundo, conhecemos pessoas cuja companhia vale a pena. E se essas pessoas não estiverem lá, você vai se sentir igualmente bem sozinho.

Talvez você ainda não seja bom no tênis. E daí? Papai não está mais olhando, mas é esta a sensação. Todos nós começamos em algum ponto. Faça aulas e comece a aprender a se divertir fazendo as coisas sozinho. Ninguém está nem aí se você se sair mal. É o que acontece com todo iniciante.

O principal é não se preocupar com o que as pessoas pensam e fazer as coisas pelo prazer de fazê-las. No início é difícil, mas, com a prática, você aprenderá a esquecer todas essas bobagens e a começar a desfrutar da vida sem temer julgamentos.

*Então você estará a caminho da liberdade.*

## Uma vida de serviço

Numa cidade de vários milhões de habitantes, será possível que *ninguém* seja interessante, ou você se isola porque suas tentativas de fazer amizades e travar relações fracassaram? É fácil culpar o mundo pelo nosso isolamento, mas precisamos olhar para nós mesmos.

- Precisamos arranjar amigos melhores?
- Como consertar as coisas em família?
- Quais são nossos interesses e como podemos caminhar na sua direção?
- Como usar o tempo que passamos sozinhos para nos melhorar e tornar mais leve o coração?

Olhando mais atentamente para nós mesmos, podemos entender melhor as outras pessoas e nos tornar mais amorosos. Mesmo que você seja a pessoa mais interessante e inteligente em algum lugar (e todos pensamos assim), comprometa-se a *servir* aos que estão em torno e saia da casca.

Prestando serviço à humanidade, o melhor de nós se manifesta e começamos a sair do delírio de grandeza que acaso tenhamos e da ilusão da separação. Através do serviço, nós nos conectamos aos outros. E, afinal, quem diabos é você? Por que essa identidade importa? Se a sua identidade fabricada realmente não tem importância, por que você se leva tão a sério?

Encontrar-se não significa entrar num estado de exaltação. Sempre que eu converso com alguém que fez regressão a vidas passadas, a pessoa me diz que era um rei ou uma princesa ou alguém muito importante numa vida anterior. Todo mundo acha que esta é a resposta, como se Hollywood também tivesse contaminado nosso sentido de espiritualidade. E se a essência de quem você é não for diferente da essência de todas as pessoas ao seu redor? E se ninguém for mais importante que ninguém e todos fizermos parte da mesma linda força vital? Como você se distingue dos outros? Como chega ao topo? Não chega. Querer ficar acima dos outros é besteira.

O serviço humilde nos ensina sobre nossa verdadeira natureza. Ajuda-nos a entender o drama da humanidade e nos permite atuar como agentes da mudança a serviço de todas as manifestações de vida. Atitudes e sentimentos de presunção e superioridade são um caminho certo para a solidão e o isolamento. Afinal, como é que vou aguentar a companhia dessas pessoas? Elas estão tão abaixo de mim... e aquelas outras são superiores demais para o meu gosto. Ao julgar, nós nos isolamos e sofremos. É um dado fundamental do conceito de classe e status social. Muitas pessoas são criadas com padrões tóxicos da família, dizendo-lhes desde a mais tenra idade que são diferentes. Aprendem que sua família vem de uma posição superior ou que sua raça ou sua cor da pele é melhor que as das outras pessoas. Aprendem isso tão cedo que presumem que é verdade, simplesmente o jeito como as coisas são. É importante desfazer essa programação e aprender a se libertar do racismo, do machismo, do isolamento de classe e outras besteiras generalizantes. É um componente necessário do crescimento pessoal, pelo qual todos devemos passar.

É importante lembrar que esse crescimento tem dois sentidos. Aprender a perdoar também é um desafio. É o que podemos ver no caso dos brancos no Sul dos Estados Unidos e da nova geração de jovens alemães. Em que momento eles se libertam dos pecados dos antepassados?

Agora – mude o que precisa ser mudado ainda em vida e se afirme pelos seus próprios méritos.

Quando poderemos parar de nos odiar mutuamente? Quando não precisarmos mais do conflito para nos definir. Nossas mães, nossos pais, tios, professores e vários outros adultos impingiram opiniões sobre os outros a nossas mentes ainda sugestionáveis antes que fôssemos capazes de discernir. Como adultos, podemos reavaliar tudo isso e abrir caminho para algo maior.

Quando dedicamos a vida ao serviço e o *porquê* torna-se mais importante que o *meu*, começamos a nos libertar da ilusão da separação. Avançar para um propósito mais elevado significa fazer as coisas pelo bem geral e ajudar pessoas necessitadas. Significa servir à comunidade e limpar o ambiente. Significa conectar-se aos outros e atender com desprendimento às suas necessidades. Ao tomar esse rumo, você rapidamente se afasta do isolamento. Há muito trabalho a ser feito e muitas pessoas a serem ajudadas. Levante dessa cadeira, junte-se aos outros e pare de se levar tão a sério.

## PRÁTICAS ORIENTAIS

### Meditação centrada no coração

Aprender a se reconectar ao chakra cardíaco é uma excelente maneira de acessar a consciência transpessoal. Ajuda-nos a sair do ego e a abrandar a personalidade. Esta meditação está no centro de muitas tradições espirituais e há milênios tem ajudado as pessoas a se entender e apoiar reciprocamente. Eis a prática:

- Sente-se numa posição confortável e comece a inspirar e expirar pelo nariz na direção do *dantian* inferior (três dedos abaixo do umbigo).
- Leve alguns minutos acalmando a mente e ancorando a respiração.
- Em seguida, leve a atenção ao centro cardíaco (na altura dos mamilos, no meio do peito) e ponha as mãos em frente ao coração com as palmas juntas, em posição de oração (pontas dos dedos para cima).
- Inspire e expire nessa região algumas vezes.
- Sinta a área se aquecer enquanto respira.
- Agora, comece a focar num sentimento de amor incondicional no coração. Sinta-o em relação a todas as manifestações de vida: tudo ao seu redor e tudo e todos que conheceu ou virá a conhecer.
- Sinta esse amor a cada inspiração, e na expiração projete-o em todas as direções a partir do coração.
- Sinta-o por todas as pessoas que você conhece, ama, odeia, precisa perdoar e ainda vai conhecer.
- Faça-o durante várias respirações e concentre a atenção na expansão da esfera do coração a cada respiração, até abarcar tudo que existe.
- Expanda-se até envolver a Terra, o sistema solar, a galáxia e, por fim, todo o Universo.
- Fique nesse lugar por alguns minutos e sustente esse amor no coração.

Ao terminar a prática, guarde esse amor no centro do coração e permita que oriente suas decisões e influencie suas interações. Com o tempo, verá como essa prática é valiosa para tirá-lo do isolamento.

## Curar o passado

Aprender a curar as feridas do passado é a única maneira de ter paz no presente. Todos nós carregamos tremendos fardos e julgamentos do passado.

Usando a prática anterior, uma vez que estiver num estado amoroso intensificado, você pode isolar um sentimento que o acometa com frequência e aplicar-lhe essa esfera de amor incondicional. Envolva-o em luz branca e veja sua carga tornar-se positiva.

Uma vez que o tenha feito no presente, volte ao passado e tente encontrar um acontecimento que tenha provocado essa inversão de polaridade. Volte mentalmente ao passado e cure esse acontecimento. Veja a carga tornar-se positiva antes de prosseguir.

Você pode encontrar vários casos. Trate cada um deles individualmente e tente curá-los. Com o tempo, vai encontrar o evento original que desencadeou essa energia, e poderá curá-lo também. Veja essa situação e todas as pessoas ao seu redor e ao redor dela. Congele o tempo e o envolva em amor. Envolva todo mundo em luz branca. Em seguida, nesse tempo congelado, reviva a situação da maneira como gostaria que fosse. Veja-a claramente e imprima essa visão na sua consciência. Ancore-a no coração, reforce essa revisão dos acontecimentos e escore-a em amor. Vê-la e senti-la são dados fundamentais. É assim que ancorar a consciência com emoções e visualização de fato pode ter um efeito mágico.

Com o tempo, esta prática vai mudar sua vida e libertá-lo da carga pesada de emoções que vem arrastando. Aprendi isso com o dr. Carl Totton, do Tao Institute.

## Atos de amor intencionais

Doar o seu tempo e prestar serviços a uma causa próxima é uma poderosa prática para sair do isolamento. Descubra uma causa na sua região que lhe diga alguma coisa e apresente-se como voluntário. Mas não se limite a isso: pratique sempre atos de gentileza e ajude desprendidamente as pessoas, sempre que puder. Não espere elogios nem reconhecimento em troca. Tampouco aqui é você que está em causa. Simplesmente seja útil e saia do caminho. Depois de algum tempo, verá como isso abranda sua personalidade e lhe abre espaço para fazer parte de algo sem toda aquela fricção.

O filósofo hebreu Maimônides referia-se ao princípio de dar livremente e sem necessidade de elogios nem reconhecimento. Ao fazê-lo, ligamo-nos a um princípio universal e tiramos o ego da equação.

## Os cinco animais

Uma parte importante da tradição do kung fu é o papel dos cinco animais (Tigre, Leopardo, Garça, Cobra e Dragão), ao lado de várias outras formas animais que têm sido praticadas e transmitidas ao longo dos anos (Macaco, Urso, Águia, Louva-a-Deus e muitos outros). Os antigos sábios observavam os movimentos de diferentes de animais e sua capacidade de luta e defesa. Cada um deles tinha uma força própria que usava para explorar as fraquezas dos outros. Cada um irradiava um poder que os praticantes do kung fu tentam imitar.

Um autêntico praticante das artes marciais *transforma-se* no animal que está "interpretando". Em grande medida como nas artes cênicas, a pessoa entra plenamente no personagem, inspirando-se no espírito, na essência e na força do animal. Ao fazê-lo, impregna-se de um arquétipo puro de algo enraizado na natureza (nada tendo a ver com algum exótico animismo vudu ou qualquer prática tenebrosa). Isso permite sair do "drama de controle" do ego ao desempenhar o papel. Com o tempo, percebemos que é divertido e seguro. Na verdade, é terapêutico, pois cada animal tem sua expressão emocional e podemos usar essas práticas para nos expressar de maneira alquímica e transformar energia emocional. Isso nos dá espaço, permissão e um veículo para mudar nosso estado mental e emocional, recorrendo a algo natural e puro. E também, de lambuja, nos dá um tempinho para "brincar" longe da pressão do ego, ou nossa identidade fabricada. Passando mais tempo a brincar com outra coisa ou usar diferentes máscaras, começamos a nos dar conta de que aquela que usamos diariamente *também é apenas uma máscara*. É quando a coisa começa a ficar divertida. Quando deixamos de fingir ser *aquela pessoa*, finalmente podemos ser quem de fato somos. E quem é essa pessoa? Cabe a cada um de nós descobrir. É muito mais divertido estar na companhia de pessoas que não se levam muito a sério.

Você pode encontrar um vídeo sobre isto na seção de Recursos.

## Encontre a espiritualidade se a religião não deu certo

Se você vem de uma tradição em que as freiras eram severas demais, as pessoas só fingiam ou os padres faziam coisas inconfessáveis, ou então de uma tradição que simplesmente não fazia sentido para você, por favor entenda que religião e espiritualidade não são a mesma coisa. A religião institucionalizada tem muitos méritos e durante milênios manteve coesas as nossas culturas, mas também bagunçou muita coisa. Não foi Deus quem o fez, mas as pessoas – em nome de Deus. Na verdade, o melhor esconderijo para o Demônio é a Casa de Deus, e, em consequência, a confiança de muitas pessoas foi gravemente abusada com a religião.

Se é o seu caso, encontre uma prática espiritual pessoal e encontre Deus por conta própria. Quem é Deus? Ninguém poderá dizer-lhe. Descubra por si mesmo. Faça as grandes perguntas, como "O que havia *antes* do Big Bang e como se manifestou?". Existem livros maravilhosos e obras de santos que podem ser lidos com proveito.

Dito isso, aprendi mais sobre espiritualidade nas ruas da Índia do que em qualquer *ashram*. Às vezes a experiência de vida é o maior mestre, e precisamos estar abertos para receber lições da forma que vierem. Se a palavra Deus não lhe agradar, opte pelo taoismo, o budismo, um xamã ou o que quer que lhe fale. São apenas palavras tentando conferir sentido a uma realidade que todos compartilhamos. A exploração da essência dessa realidade é onde todas elas convergem. Não aceite dogmas; em vez disso, encontre as respostas por sua própria conta. De modo que a prática é sua, e não algo que siga cegamente.

O principal é comprometer-se com a sua iluminação e realmente arregaçar as mangas para se trabalhar. Tudo mais virá daí. Também existe por aí muita bobagem Nova Era sem nada a ver com a realidade. Minha sugestão é que você se volte para as tradições consagradas e vá direto à Fonte. Se se interessa pelo cristianismo, leia o que Jesus de fato disse. Se o seu interesse voltar-se para o budismo, aprenda a meditar como Buda recomendava (visite dhamma.org para encontrar ajuda nesse sentido) e veja o que acontece. Se quiser explorar o xamanismo, encontre alguém de reais credenciais.

Existe por aí uma infinidade de parasitas loucos para explorar as pessoas que saltaram do "barco da religião". Utilize as práticas aprendidas neste livro para acessar seu sentimento e ver o que parece adequado. Se for algo parecido com um "culto", saia correndo sem parar. Você não precisa dessa porcaria.

## FERRAMENTAS MODERNAS

### Feiras de produtores

Ir ao encontro dos agricultores locais é o futuro em matéria de alimentação, mas também resgata para nós algo que se perdeu há uma geração: a *agora*, o mercado. Historicamente, é uma área pública onde os cidadãos se reúnem para tratar das suas questões. O domínio das grandes empresas nos Estados Unidos gerou na maioria das cidades (especialmente as mais novas) um ambiente sem praças públicas. Não existem lugares seguros para se permanecer que não sejam de propriedade privada, e assim ficamos com a sensação de que temos de comprar alguma coisa ou ir em frente.

A multiplicação de mercados de agricultores nas cidades de todo o mundo representa nesse sentido uma lufada de ar fresco. Neles, é possível misturar-se às pessoas, ouvir música, comprar alimentos frescos e simplesmente ficar por ali e observar o movimento. É uma ótima maneira de sair da casca e desenvolver um ritual em torno da boa alimentação e da cultura. Sair do isolamento começa com sair de casa, e nada melhor para isso que a boa e velha fome. É outra excelente maneira de se encontrar em torno dos alimentos, alegrar-se, contar piadas e desfrutar da companhia de pessoas de verdade num lugar público. Vamos voltar a nos relacionar em torno da comida.

### Grupos locais

A internet nos tem proporcionado recentemente uma bela variedade de aplicativos que nos ajudam a nos aproximar e conviver. Desde os grupos locais de Facebook, Meetups, LinkedIn e outras mídias sociais até os grupos de *flash mob*, corrida na lama e outros tantos, a internet passou a conectar as pessoas também em lugares reais, fazendo coisas reais e divertidas. Comece a procurar perto de você e veja o que o interessa para ir atrás. Encontre pessoas que, exatamente como você, estão em busca de conhecer gente e diversificar atividades. Você não é nenhum esquisitão diferente dos outros; todo mundo se sente solitário e precisa dessas coisas. Quando se der conta disto, você deixará para trás o besteirol todo e voltará a se divertir com os outros.

Também crescem movimentos em torno de interesses especiais. Os autoproclamados *nerds* e *geeks* dispõem de canais como as convenções de WonderCon e Star Wars. Na verdade, se você gosta de determinada atividade, a probabilidade é que milhares de pessoas também estejam interessadas, realizando reuniões por toda parte. Se o seu interesse são os pássaros, existem grupos de ornitologia. Se gosta de baleias, existem barcos que entram no mar para avistá-las. Basicamente, a probabilidade é de que você não esteja sozinho no seu interesse, e pode usar a internet para encontrar gente com afinidades e se envolver com elas em eventos e conferências. Muita coisa divertida está acontecendo por aí, e nós precisamos apenas procurar e nos ligar. As pessoas são incríveis. São peculiares, esquisitas e interessantes, exatamente como você. Está na hora de encontrá-las e se divertir um pouco.

## Cortar o cabo

Um crescente número de pessoas está se desvinculando da TV a cabo para resgatar seu poder próprio nas mídias e no entretenimento. Realmente não há mais motivo para continuar pagando por acesso a incontáveis canais de porcaria que impõem publicidade e conteúdos inqualificáveis. Conversores Set-top, canais por assinatura, YouTube e iTunes são algumas das muitas novas alternativas para obter conteúdo de qualidade que sejam realmente enriquecedores.

Se você está interessado em cortar o cabo, vários serviços de assinatura são oferecidos atualmente, como a HBO ou a Netflix, que agrega conteúdos das grandes redes de televisão. É portanto cada vez menor a necessidade de pagar por 500 canais a que você nunca vai assistir. Você pode assinar sua rede de esportes favorita e limitar-se a conteúdos que realmente quer consumir. Os podcasts são uma excelente opção, assim como os audiolivros e as transmissões da Vimeo. Certamente ainda existe televisão boa e inteligente por aí, e mais ainda virá, mas isso não significa que você precise de todos esses outros canais. A moral da história é que você tem escolha e deve exercê-la.

O Monge Urbano faz a curadoria da informação que recebe. Não perca nem mais um minuto em frente à sua televisão vendo bobagem. Recupere seu poder e corte o cabo.

Melhor ainda, vá para a rua e comece a viver de novo. A vida não é um esporte de espectadores. Você pode ouvir um podcast da mesma maneira caminhando ou andando de bicicleta, e assim terá o melhor de dois mundos. E, caramba, tem até chances de conhecer alguém se sair de casa.

### Ler coisas de valor

Nós somos o que comemos, de modo que é melhor comer coisa boa e acordar para a vida. Isso significa reservar algum tempo para encontrar livros, filmes, shows, revistas, audiolivros, palestras ou o que quer que você julgue capaz de ajudá-lo a crescer. Use seu precioso tempo para intensificar sua experiência humana e aprender. *É muito mais divertido estar por perto de pessoas interessantes.* Desenvolva uma cultura de aperfeiçoamento próprio, empenhando seu tempo como um aprendiz da vida inteira. Isso não só nos torna mais educados, cosmopolitas e interessantes como nos infunde humildade, pois rapidamente nos damos conta de que há muito para aprender, o que abala a arrogância de quem pensa que sabe tudo, além de gerar uma cultura pessoal que ajuda a se conectar melhor com os outros.

Eis o segredo: *todo mundo* tem algo a lhe ensinar. Quando você está interessado em informação e em aprender sobre a vida e a própria realidade, cada pessoa que encontra tem para você alguma informação valiosa a respeito de algo. Esteja você perguntando ao motorista de táxi sobre a cidade aonde chegou, a um velho sobre os patos no gramado ou a uma criança sobre sua cor favorita, há sempre algo a aprender, e a *pergunta* abre o diálogo. Permite-nos atribuir a alguém a nobre tarefa de ensinar algo. Honra esse interlocutor por algo que sabe e o faz sentir-se valorizado na sociedade.

Agradeça sempre às pessoas por sua sabedoria e faça-o com elegância. É a melhor maneira de quebrar o gelo, pois o ajuda a se conectar com as pessoas de um jeito nobre e o mantém na cultura de estar sempre aprendendo.

## Uma boa psicoterapia ajuda muito

Que foi que aconteceu, para começo de conversa, que o levou a se voltar sobre si mesmo no isolamento? A terapia de investigação no tempo da seção "Curar o passado" é uma poderosa ferramenta para liberar boa parte da energia parada na sua vida, mas a maioria de nós tem histórias de abuso e grandes traumas. Podemos precisar de alguém que nos ajude a ir em frente, e existem por aí milhares de excelentes terapeutas aos quais podemos recorrer.

Talvez você esteja pensando: "Cara, já tentei esta", mas só porque tentou no passado não significa que deva desistir. Considere o que aprendeu com este livro e procure alguém que trabalhe *com você* para deixar de atrapalhar seu próprio caminho e ser de maior utilidade para a humanidade. Quando tiver solidificado sua intenção como Monge Urbano, você poderá convocar um aliado em sua busca da paz e da felicidade. Existem muitos excelentes médicos que podem ajudá-lo a não fazer o caminho sozinho.

## Sinta-se desconfortável

Tente fazer aulas de falar em público se é algo que o aterroriza. Faça coisas que o tirem do casulo. Improvisar números de comédia é incrível. Existem aulas disso. (Você encontrará dicas para localizar aulas na seção de Recursos.) E que tal dançar? Você é péssimo de dança? Ótimo! Aprenda a dançar e supere. Tudo bem não ser bom em alguma coisa, pois nos dá muitas oportunidades de melhorar e se divertir. O tédio é filho do conforto e da estagnação; nada disso tem lugar na vida do Monge Urbano.

O desconforto aciona nossos genes da sobrevivência e nos desperta da realidade tediosa e insípida em que estagnamos. Sacuda-se e faça barulho. Romper nossos medos é uma excelente maneira de descartar hábitos que nos paralisam e nos jogam para baixo. Enfrentar desafios na presença de outras pessoas (especialmente estranhos) nos deixa vulneráveis e nos torna reais. Quando podemos vê-lo uns nos outros, encontramos um terreno comum nos nossos medos e preocupações recíprocos. Quando vemos alguém superar algo que nos aterroriza, desenvolvemos respeito e companheirismo, e então nos ajudamos reciprocamente. Criamos laços. Conexões. Voltamos a estar juntos, do jeito que era e deveria ser sempre. Estamos nisso juntos, e simplesmente precisamos lembrá-lo.

## O PLANO DE AÇÃO DE MARK

Mark realmente não achava que tivesse algum problema até que lhe apresentei a definição de alcoólatra. Ele ficou chocado ao se dar conta de que já estava bem avançado nesse caminho. O que começara com apenas uma ou duas cervejas tinha saído de controle. Por quê? Porque alguma coisa precisava preencher o vazio, e, na ausência de algo real ou interessante, o álcool cumpria a função.

Fizemos Mark mudar sua rotina durante a semana. Em vez de entrar pela noite diante da televisão, ele passou a fazer caminhadas toda manhã antes do trabalho. Desse modo, tinha de se levantar mais cedo e ficava mais difícil justificar as noitadas até tarde. Acabaram-se a cerveja, a televisão e o isolamento à noite. No início não foi fácil. Ele fumava com mais frequência, pois a ansiedade realmente borbulhava. Contratou outro treinador para acompanhá-lo nas caminhadas, e em coisa de um mês já havia um grupo estável de algumas pessoas, entre elas alguns clientes. Eram momentos saudáveis de diversão. Com o tempo, ele passou a recorrer menos à automedicação. Como se levantava mais cedo, não podia ficar acordado até tarde para não ter problemas. Mas ainda havia momentos em que queria muito um drinque, e então o submetemos a um programa de desintoxicação, reforçando a química cerebral com uma mistura de 5-HTP e L-tirosina. Esses suplementos realmente ajudaram Mark até ele retomar plenamente o prumo.

Recuperado um pouco da energia positiva, Mark voltou a ler sua Bíblia. Ele fora criado no catolicismo e a certa altura levou-o a sério. Eu então o apresentei a Valentin Tomberg e alguns outros influentes escritores católicos, e Mark pôde ler obras estimulantes, profundas, significativas e relevantes. Ele agora tinha acesso a uma sabedoria que o levava a contemplar e a fazer as grandes perguntas.

Ele voltou a ler livros com voracidade e fez amizade com algumas pessoas através dos clientes. Eles saíam para caminhadas, para acampar e se alternar na cozinha à noite. Precisei certificar-me de que Mark guardaria tempo suficiente para si mesmo depois que sua nova vida social ganhou vida própria. Com equilíbrio e moderação, Mark reservava tempo para relaxar, fazer seus exercícios, e passou a conviver com gente legal. Da última vez que falei com ele, Mark planejava com entusiasmo uma viagem com os amigos ao Peru, onde percorreria a pé a Trilha Inca, visitando Machu Picchu e também trabalhando como voluntário num orfanato durante alguns dias. Ele agora nem de longe parecia o pálido fumante recluso que já fora, sofrendo de um autoimposto isolamento. Mark recuperou sua vida e sempre que podia ajudava os outros.

CAPÍTULO 9

# Sempre faltando dinheiro

NATALIE NEM SE LEMBRA MAIS da época em que o dinheiro não era motivo de estresse. Ela cresceu com quatro irmãos, e o pai estava quase sempre desempregado. O dinheiro era sempre apertado, o que era difícil para uma menininha. Para os irmãos não parecia ser problema usar os mesmos sapatos na escola, mas na adolescência as garotas eram cruéis, constantemente ridicularizando as colegas que não se vestiam bem. Natalie estava sempre envergonhada de suas roupas. As viagens escolares, os acampamentos de verão, as mochilas e os sapatos novos a lembravam sempre que sua família não tinha dinheiro e que era "menos" que as outras. Quando jovem, Natalie tratou de arrumar emprego assim que pôde. Trabalhou como garçonete, telefonista, *promoter* de boate e cabeleireira. O dinheiro melhorou e finalmente ela podia comprar coisas. Viajava com as amigas e comprava belos sapatos, bolsas, roupas e o que mais julgasse necessário. Parcelou a compra de um bom carro e de muita coisa boa para seu apartamento. Para quem via de fora, tudo parecia ótimo.

O problema de Natalie é que está vivendo além das posses.

A menininha que não quer parecer pobre entrou agora num jogo perigoso de aparências que está acabando com ela. Corta cabelos seis dias por semana e gasta milhares de dólares para tratar as costas no quiroprático, pois morre de dor por ficar o dia inteiro de pé. Os saltos que usa tampouco ajudam, mas a moda determina que ela continue sofrendo. Ela não tem uma poupança, nem casa própria, nem um plano de aposentadoria; quando adoece e não pode trabalhar, não entra dinheiro algum.

Natalie encheu sua vida de "coisas" para potencializar uma identidade "rica". Há sempre uma nova bolsa a comprar, mesmo que não possa pagar, e agora, como o carro já tem dois anos de idade, ela está de olho num novo modelo. Um hotel quatro estrelas não basta, quando as amigas estão hospedadas num cinco estrelas e alugaram uma limusine para a festa. Ela está sempre fazendo a manutenção da fachada por trás da qual vive: de que é uma pessoa cheia da grana e está entre os descolados. Natalie paga em média mais de 20% de juros pelas dívidas que acumula no cartão de crédito e já está quase estourando o limite. O pai ofereceu-se para ajudar com um plano de quitação da dívida, mas ela abandonou o projeto quando apareceu um novo namorado e ela quis levá-lo para um spa no fim de semana. Os dois *mereciam* relaxar.

Natalie acha que a solução para os seus problemas é conseguir mais dinheiro. Não se dá conta de que *ela* está no centro de um problema que não pode ser resolvido com mais dinheiro.

## O PROBLEMA

Vivemos num mundo que se aproveita dos nossos desejos. O que quer que tenhamos, não é o suficiente. Somos levados a nos sentir incompletos e isolados se não usarmos as roupas da moda, não andarmos no mais recente modelo de carro, não frequentarmos aquele restaurante recém-inaugurado ou não comprarmos o mais novo videogame para os filhos. Está sempre faltando alguma coisa, e nos sentimos incompletos em tudo se não tivermos o melhor e o mais recente.

Natalie não é diferente das pessoas que povoam as estatísticas sobre ganhadores da loteria. Uma pesquisa da Fundação Nacional de Educação Financeira dos EUA calcula que 70% das pessoas que receberam inesperadamente grandes quantias acabaram falidas em sete anos. Por quê? Por que as pessoas que recebem grandes quantidades de dinheiro acabam duras de novo?

### Uma economia de energia deficiente

As pessoas não entendem o valor do dinheiro como energia, e assim se apressam a desperdiçá-lo. Se o deixarmos de lado, ele se acumula e cresce.

Adquire vida própria e começa a gerar abundância, como veículo de si mesmo. Pode gerar juros e investimento nos nossos sonhos. Torna-se uma espécie de banco de energia potencial que temos acumulada e fica ao nosso dispor. Economizar exige um estado psicológico diferente, requerendo disciplina e cultivo. É um estado mental e um estado de ser.

### JORNADAS PESSOAIS

Quando eu era criança, nós nos mudávamos muito. Meu pai trabalhava na construção civil, e nós íamos de casa em casa enquanto ele as construía e tentava sustentar a família. Certa vez, eu fui parar num subúrbio, sem amigos, bem no início do ensino médio. Deixei de ser um garoto tranquilo que não se importava com o que vestia ou fazia, passando a ser ridicularizado por não usar as roupas certas nem ver os programas do momento. Era terrível. Pela primeira vez na vida eu me sentia marginalizado, e precisava desesperadamente me adequar. Na época, estavam na moda os óculos Oakley Iridium. Eram muito caros, e nós não tínhamos muito dinheiro. Durante semanas implorei aos meus pais que comprassem para mim. Imigrantes de primeira geração que trabalhavam duro para se sustentar, eles achavam aquilo ridículo, mas eu tanto insisti que eles acabaram concordando.

Consegui! Finalmente eu podia exibir os óculos e me sentir enturmado no colégio. Eles nem notaram nada e já estavam zombando uns dos outros por outras bobagens ridículas. Lembro da expressão no rosto paciente e compreensivo do meu pai quando viu o que acontecera. Fiquei envergonhado. Aquilo significava menos comida na mesa, e para quê? Eu fora levado a tirar dinheiro do bolso dos meus pais para elevar as apostas num jogo boboca impossível de vencer.

*A maioria das pessoas vive em modo de sobrevivência.*

Tal como Natalie, a maioria das pessoas está revivendo um drama infantil, e suas vidas são o livro de histórias dessa condição. Umas querem poder. Outras tentam atrair um parceiro ou parceira. O que tem movido Natalie nas três últimas décadas é o desejo de nunca mais ser pobre de novo. Existem muitos motivos para fazermos o que fazemos, mas o dinheiro é o meio pelo qual muitas vezes se manifestam nossos desequilíbrios. Podemos saber muito de uma empresa examinando suas finanças, e podemos entender a vida de uma pessoa vendo como andam suas finanças pessoais. Por quê? Porque dinheiro é energia, e os extratos e relatórios financeiros registram o *fluxo* dessa energia na nossa vida. É possível ver questões de dinheiro vazando por todas as facetas da vida de uma pessoa.

## Publicidade

A economia *precisa* que os consumidores gastem dinheiro ano após ano. A própria palavra é degradante. Por que as pessoas são chamadas de consumidores? Porque sustentam um sistema que funciona como o câncer, precisando que compremos sempre mais, ano após ano, e ao mesmo tempo tentemos ignorar que essas coisas poluem o ar, a água, a terra e as células do nosso corpo. Estamos dispostos a matar a Terra para perpetuar esse absurdo, pois é o "nosso modo de vida". A indústria da publicidade é construída em torno do desejo humano. Os publicitários induzem-nos a pensar que não seremos completos, felizes, saudáveis, sexy, jovens, belos ou seguros se não tivermos o produto ou serviço que estão tentando vender. Toda a nossa sociedade foi construída em torno disso.

Como, então, os publicitários conseguem que pessoas felizes deem atenção aos seus produtos, e como conseguem de fato levá-las a gastar um dinheiro suado nessas coisas?

Primeiro Passo: fazer com que os consumidores se sintam uma bosta. Fazê-los sentir-se indignos e de alguma forma carentes. Mostrar-lhes uma celebridade magérrima e insistir bastante na ideia de que *isto* é beleza. *Isto* é desejável. Com o tempo, eles se convencem. Compram.

Vem então o Segundo Passo: botar alguma coisa na frente deles e associá-la à volta incompleta do desejo gerada no Primeiro Passo. Você não é sexy e ela é. Pois então compre o creme facial que ela usa, para ser sexy como ela. Caixas registradoras tilintam em balcões de lojas de cosméticos em todo o planeta...

Você quer uma caminhonete? Pois esse atleta fodão, heroico homem de verdade, dirige *este aqui*. Pois trate de ir atrás e conseguir um também...

São necessárias dezenas de impressões geradas pela mídia para surtir esse efeito, por isso somos bombardeados com cartazes, anúncios de televisão, comerciais de rádio, letreiros, folhetos, spam e o que mais os publicitários forem capazes de jogar na nossa direção. O inconsciente precisa ser inundado de mensagens até simplesmente aceitarmos esses padrões fabricados como se fossem fatos.

Por sinal, esse é outro motivo pelo qual o Monge Urbano não assiste à mídia tradicional. Não há motivo para receber flechadas o dia inteiro, pois num momento de fraqueza você vai sangrar. É como passar o dia inteiro sentado num ambiente com pessoas espirrando. No fim, você também vai começar a ficar resfriado.

## Dívidas

Vivemos numa economia baseada no endividamento, na qual a maioria de nós na verdade não tem muita coisa: temos uma hipoteca da casa, carros comprados em parcelas, prestações para pagar utensílios. Na realidade, a maioria das famílias americanas levará entre um e seis meses para atingir o fundo do poço se vier a perder o emprego ou ser acometida por alguma doença ou ferimento catastrófico. É o modo de vida de Natalie e, no fundo, o motivo pelo qual está sempre estressada – nada que tem é de fato seu. Ela deve tanto nos cartões de crédito que se parasse de fazer os pagamentos mensais mínimos eles tomariam seu carro e se apossariam de suas contas. Vive em regime de servidão ao próprio estilo de vida, mas, como qualquer viciado, não consegue enxergar luz no fim do túnel em que se meteu.

Natalie pensa que será marginalizada pelo seu círculo social se perceberem que está dura, exatamente como fizeram as colegas do colégio. Nesse caso, ficará sozinha e infeliz. Ela tem bem lá no fundo essa crença e nem sequer tem consciência de que ela ainda vigora, mas o fato é que ela está por trás de boa parte de suas decisões cotidianas. O assustador é que todos temos esse tipo de loucura. O que fica fora do alcance do radar determina mais do que imaginamos do nosso comportamento.

No capitalismo, o endividamento é uma ferramenta poderosa para alavancar um negócio e crescer rapidamente. Ajudou-nos a financiar boas ideias e movimentar força e energia. Usada corretamente, é capaz de vitalizar uma boa ideia ou um bom negócio, fazendo-o crescer exponencialmente. Os bons homens e mulheres de negócios sabem como usar o endividamento com sabedoria e como uma alavanca para avançar na vida. O problema é que a maioria dos americanos está sobrecarregada de dívidas ligadas ao consumo, o que está acabando com suas vidas. Comprar alguma coisa com um cartão de crédito porque não se pode deixar de tê-la agora mesmo não chega a ser um problema se essa coisa for alimento para o bebê, mas certamente não se for uma bolsa inútil. Comprar por impulso no cartão de crédito leva-nos a sair da mente racional e gastar dinheiro *que não temos*, muitas vezes com coisas de que *não precisamos realmente*, o que, por sua vez, nos aprisiona em altas taxas de juros e pagamentos sem fim a credores, muito felizes com os resultados disso no seu próprio banco.

Este ciclo nos mantém numa mentalidade de "lutar ou fugir". As paredes não param de desmoronar, e os credores podem aparecer para levar nossa casa, o carro, os objetos, e nada nos restará. É um gatilho primordial do sistema límbico, pondo em risco nossa própria sobrevivência. Não podemos conseguir dinheiro suficiente para enfrentar o imprevisto, de modo que o estresse está sempre presente. É o desafio fundamental a ser enfrentado por um chefe de família. O asceta abre mão do dinheiro e vai para a montanha. Isso o libera do fardo do dinheiro e do mundo, para que possa praticar livremente e contemplar a realidade. Mas nós, chefes de família, não temos esta sorte. Temos de lidar com o dinheiro diariamente e aprender a fazê-lo bem. O teto sob o qual nos abrigamos, a conta de energia, as mensalidades da escola e a comida são coisas que nos prendem ao dinheiro, de modo que temos de enfrentar essa questão de frente.

## Agarrado ao dinheiro

Esta questão tornou-se confusa em virtude de interpretações equivocadas das escrituras e ideais espirituais na tradução do Oriente para o Ocidente e dos tempos antigos para o presente. Muitas pessoas tentam desvincular-se do dinheiro, mas acabam diariamente estressadas com o assunto. Pessoalmente, tive de lidar com a questão e entregar. Convivi durante cerca de uma década com muitos hippies, pessoas religiosas e grupos de Nova Era, e acabei contaminado por sua maneira de pensar. Que maneira de pensar? Que o dinheiro não presta e as pessoas boas não estão interessadas nele. Muitas vezes eram as mesmas pessoas que estavam sempre duras e precisando enfrentar a falta de dinheiro. É estressante não poder pagar as contas. Quando a energia é cortada e chega a ordem de despejo, já está um pouco tarde demais para voltar a atenção para o dinheiro. Eu finalmente entendi a diferença entre um asceta (o que muitas pessoas confusas tentam ser) e um chefe de família (um membro responsável da sociedade que trabalha para tornar o mundo melhor). Se tiver contas a pagar, você é um chefe de família. É uma conscientização fundamental para um Monge Urbano, capaz de libertá-lo.

Mesmo quando temos dinheiro, estamos constantemente com medo de perdê-lo. Protegemos nossos bens e ficamos alertas ante os que quiserem nos fraudar. Estamos na defensiva, exatamente como o leão que monta guarda junto a um antílope que não consegue comer sozinho. E você? Vai deixá-lo apodrecer ou compartilhar com os outros? Como lida com as pessoas que se aproximam parecendo querer o seu dinheiro? Na verdade, basta dispor de alguns trocados para ter aguda consciência de como o mundo pode ser parasitário. Aparece gente do nada com ares de estar tramando para se apropriar do seu dinheiro. Gente que gruda e quer sugar. Tornam-se amigos instantaneamente e se mostram muito mais bonzinhos que os cretinos com os quais você cresceu. O problema é que, ao contrário dos verdadeiros amigos, essas pessoas desaparecem quando a fonte seca. Isso leva a uma outra doença, uma doença de desconfiança. Conheço muita gente rica que se pôs constantemente em guarda, traumatizada com a sensação de que está todo mundo querendo o seu dinheiro. Ficam paranoicos e na defensiva, isolados e indiferentes aos semelhantes.

Ironicamente, o ponto comum é o mesmo. Esteja você sem dinheiro e constantemente se esforçando para consegui-lo ou sentado num monte de dinheiro e tentando manter os outros afastados, a questão essencial tem a ver com *sobrevivência*.

## Afundar ou nadar

Vivemos todos em constante pânico porque as mudanças de amanhã podem tornar-nos irrelevantes. Quem quer ser o próximo MySpace ou a próxima Kodak? Não queremos ser um sucesso passageiro que sente o gostinho da vida boa para em seguida ser atirado de novo no chão pela mais recente novidade. Um pequeno êxito não nos preenche; simplesmente nos faz querer mais. Os canteiros estão desempregados por causa das paredes de acabamento imitando pedra pré-fabricadas na China. No panorama competitivo de hoje, estamos todos a um escorregão de nos tornarmos irrelevantes, de sermos tragados por algum recém-chegado.

A *mudança* é a força alquímica universal que nos compele a nos manter no jogo e continuar sendo relevantes.

### Da vida nada se leva

A realidade é que vamos todos morrer e não podemos levar nosso dinheiro, por maior que seja a pirâmide que construímos e a quantidade de ouro que nela estocamos para a vida depois da morte. Essa história não é nova. O maior e mais malvado leão da floresta está sempre enfrentando desafios dos mais jovens e sabe que vai acabar envelhecendo e destronado. Por isso é que criamos fundações e consórcios. Procuramos ter filhos e deixar um legado. Competir em ostentação com os vizinhos é o máximo dessa insanidade que distorce nossa visão do que realmente importa: nosso crescimento, nossas experiências, nossa autorrealização e nosso legado.

Vamos examinar melhor essa questão do dinheiro para desvendar de onde vem de fato esse estresse.

## SABEDORIA DO MONGE URBANO

Dinheiro é moeda corrente, o que significa fluxo, circulação. A água e a eletricidade também fluem em correntes, donde a expressão inglesa *currency*. O *qi* também flui em correntes. O movimento dinâmico da força vital está ligado à abundância e às qualidades vitalizantes dela decorrentes. Acredite você na Criação ou em algum Grande Mistério, o fato de estarmos aqui e sermos fruto da procriação é realmente incrível. A vida brota, cresce, floresce e se multiplica. É um dos grandes milagres ao nosso alcance. Se nos ligarmos ao fluxo de nossa força vital e nos conectarmos com a energia da abundância, também estaremos nesse fluxo. Os tributários levam aos rios e depois aos lagos. Quando entramos no fluxo natural dessa energia, o dinheiro flui pela nossa vida, abastecendo nossos sonhos e viagens. Quando aprendemos a direcionar parte desse fluxo para meios onde ele possa multiplicar-se, geramos abundância e crescimento desvinculados do nosso trabalho, exatamente como um jardim que passa a crescer e proliferar depois do nosso esforço inicial.

Algumas pessoas, contudo, têm sérias dificuldades com o dinheiro. "O dinheiro faz mal" é um princípio que se infiltrou na psique da humanidade, e somos obrigados a adequar nossa posição a respeito na idade adulta. Quando começam a chegar as contas, sentimos que precisamos aguentar firme e cair na real, que consideramos povoada por imbecis e trapaceiros. Passamos a aceitar que é esta a "realidade" e deixamos de questionar por que precisa ser assim. Os sociopatas adoram o jogo do dinheiro porque lhes proporciona uma moeda comum de poder e controle que ajuda a alimentar seus dramas de controle. Contribui para preencher um vazio neles.

As pessoas normais em geral trabalham das nove às cinco e depois vão conviver com amigos e família. Estão mais voltadas para outras coisas do que para o dinheiro, mas com frequência se veem mais estressadas com ele do que gostariam. Ou bem acreditamos que o dinheiro faz mal e evitamos "tocá-lo" energeticamente, o que o afasta de nós, ou então desenvolvemos um "amor ao dinheiro" e acabamos entrando na cobiça. É a visão polarizada desenvolvida por muitos, que é muito primitiva. Como estabelecer uma relação saudável com o dinheiro, já que vivemos neste mundo? Os monges ascetas estavam livres da questão, mas nós, como chefes de família, vivemos numa sociedade que funciona na base do dinheiro. Evitá-lo e ignorar a questão não resolve nada. Vamos examinar o assunto mais de perto.

O fato de estarmos todos sobrecarregados pelo endividamento significa que esquecemos o que o dinheiro deve significar para nós. O dinheiro é um meio pelo qual podemos trocar valores na nossa sociedade, e nos ajuda a dispor de um veículo comum de trocas, a bem da simplicidade. Serve para comprar alimento, abrigo, água e liberdade para dispor do tempo.

## *O dinheiro é um meio de troca.*

É uma maneira de trocar bens, serviços e recursos mediante uma convenção de transferências. O valor atribuído a alguma coisa ou a um serviço é determinado pelo mercado, de modo que os preços flutuam com base na oferta, na procura, no sentimento dos consumidores e em outros fatores.

O preço que eu pago por uma deliciosa maçã orgânica depende de algumas coisas. Por se tratar de uma mercadoria, eu posso buscar o preço médio de uma maçã orgânica no Google e constatar que é de R$ 5,76 por quilo, em comparação com uma maçã convencional, cujo preço médio chega a R$ 4,83 por quilo. Muitos poderão argumentar que é um preço alto, perguntando o que o justificaria. O fato é que as maçãs orgânicas não são cultivadas com pesticidas venenosos e nocivos à saúde. Não são geneticamente modificadas e são cultivadas de maneira sustentável, o que as torna mais saudáveis para nosso corpo e o ambiente em geral. Se minha família é pobre e eu estou simplesmente tentando botar comida na mesa, posso argumentar que esse valor não é importante para mim; minhas prioridades são levar para casa a maior quantidade possível de comida pela menor quantidade de dinheiro, e então eu opto pela maçã convencional. Alguém poderá argumentar comigo, sustentando que os riscos para a saúde poderão levar a gastos ainda maiores, mas eu posso contra-argumentar que meu atendimento de saúde está coberto pelo Estado, de modo que chuto o problema para a frente e boto comida na mesa agora.

Vou então até o mercado local de agricultores e vejo duas barracas vendendo maçãs igualmente orgânicas, mas a preços diferentes. A razão determinaria que eu comprasse a mais barata. Mas o sujeito que está vendendo a maçã mais cara reza toda manhã junto às suas macieiras e manda ajuda para órfãos na África. Destina uma parte de seus lucros a organizações caritativas e se lembra do meu nome quando eu passo. Talvez eu goste da *história* e da *narrativa* contadas pelo agricultor que cobra mais caro, e assim gasto um pouco mais para comprar seu produto. É o chamado valor percebido, que determina preços em todas as circunstâncias. É assim que o mercado oscila. E se eu já entrei na onda do orgânico, existe um outro fator bem interessante.

O valor que atribuímos a determinado produto ou serviço também contribui para determinar o custo. Basicamente, a questão é: o que estamos dispostos a pagar, e por quê? Essa transação representa nossas crenças, nossos valores e nossas prioridades na vida. Hoje em dia temos maior acesso a alimentos orgânicos porque certas pessoas decidiram pagar mais por produtos de qualidade, ajudando e apoiando agricultores nesse sentido. Hoje, cresce uma enorme indústria baseada em práticas sustentáveis, graças aos valores de pessoas que se deram ao trabalho de assumir uma atitude a respeito dos orgânicos.

O dinheiro torna-se a moeda comum de uma linguagem que calcula cotações e vantagens. É uma ideia que concordamos em compartilhar para que a sociedade funcione tranquilamente. Nossa *energia* e nosso poder é que estão depositados nessas unidades monetárias que manuseamos e trocamos diariamente. Concretamente, quantas horas da sua vida estão contidas naqueles 100 paus que você acaba de gastar? Quanto valor você extraiu daquele lindo par de sapatos que usou uma vez na festa? Quantas respirações ou quantos batimentos cardíacos ganharam o dinheiro que você acaba de desperdiçar em algo de que não precisa? Não surpreende que se sinta cansado. Se você vive na economia do "tempo é dinheiro", o desperdício de dinheiro é como desperdício da sua própria força vital. Você pode até contabilizar as horas de vida que acaba de desperdiçar em algo.

Entender o que é o desejo e como reagimos a ele é a melhor maneira de sair do ciclo enlouquecido de dependência ao dinheiro para atender a necessidades abstratas. Estamos tão mergulhados nisso que muitas vezes não identificamos a diferença entre nossas necessidades e nossas vontades. Voltemos então aos conceitos de "necessidades" e "vontades" ou "desejos" de que falamos no Capítulo 7. Temos *necessidade* de alimento, abrigo, água e calor. Tudo mais é *vontade*.

Temos *necessidade* de alimento e abrigo.

Temos *vontade* de bife e mansões.

## O novelão humano

Os belos carros e mansões nos proporcionam capital cultural num outro jogo que costumamos jogar: o jogo do status, da classe e da posição social. É o que fazemos para nos posicionar e competir na tribo global. Para nos sentir pertencendo e marcar nosso lugar na hierarquia. Para atrair um parceiro ou parceira desejável. Para mostrar àqueles cretinos do colégio que *chegamos lá*. Temos instintos primitivos que são satisfeitos com alguns desses impulsos básicos. Na era paleolítica, o caçador que abatia um animal era recompensado com seu melhor corte (o filé) e sua pele. Podia então compartilhar a carne com a companheira e presentear-lhe a pele. Alguém aí quer um bife e um casaco de pele? Certas coisas realmente não mudaram. O desejo de mostrar que se tem riqueza e se é capaz de cuidar de uma companheira é um instinto forte e primitivo que vem de tempos muito antigos. Significa que você tem probabilidade de sobreviver. Entendemos isso bem lá no fundo e respeitamos culturalmente; é algo não dito, mas sempre presente.

O desejo de comprar coisas aleatoriamente para ostentar abundância pode decorrer de um desses instintos primitivos. Se você for capaz de fazê-lo depois de botar algum dinheiro de lado para a aposentadoria e contribuir para uma causa social, tudo bem: desfrute dos frutos do seu trabalho e vá se pavonear por aí. É um direito seu. Mas se não estiver ao seu alcance e você estiver comprando besteiras para construir uma fachada, vai ter sérios problemas.

Comprar coisas que não estão ao seu alcance não faz sentido, e mesmo assim é o que muitos de nós fazemos. Por quê? Porque a indústria da publicidade descobriu nossos pontos de dor e excita nossos desejos, como vimos anteriormente. Nossa amiga Natalie compra para se enturmar e não se sentir pobre. Vai a shows caros e se distrai com a ilusão de um status por ela própria derivado do fato de ter coisas caras. Esqueceu-se do que dá verdadeira satisfação e significado à vida na busca das quinquilharias que brilham. Os publicitários são muito bons nisso, e muitas vezes não temos consciência do quanto somos manipulados. Hoje em dia, equipes de neurocientistas estudam impulsos e comportamentos em relação ao ato de comprar. Trabalham no sentido de ativar os centros de prazer no nosso cérebro e testam suas estratégias com aparelhos de ressonância magnética para se certificarem de que acertam no alvo. Por quê?

## *Porque estamos adormecidos e somos influenciáveis.*

Vamos tropeçando pela vida em busca de soluções fora de nós mesmos para resolver nossos problemas, em vez de olhar para dentro.

- ◆ Qual creme facial me fará parecer mais jovem?
- ◆ Que carro vai atrair as garotas?
- ◆ De que *coisas* preciso para que as pessoas gostem de mim, me queiram, me respeitem?

- Quem posso encontrar para me ajudar?
- Quem ou qual programa pode me fazer feliz?

É onde entra o Monge Urbano. Ele sabe desvincular o ego das "vontades" e sabe quais são de fato suas *necessidades*. Quando desvinculamos nosso senso de identidade das coisas materiais, da aprovação cultural, dos elogios e dos velhos dramas emocionais, ficamos livres. Quando nos libertamos de toda a tralha sem interesse, passamos a pensar com clareza e usar adequadamente o dinheiro. Não o desperdiçamos mais, como uma criança jogando fora as férias de verão porque está entediada. Aprendemos seu valor e o investimos com bom senso.

Para onde, então, deve ir nosso dinheiro?

- Para coisas que reforcem nossa saúde e vitalidade
- Para produtos úteis e livres de venenos e substâncias químicas tóxicas
- Para um futuro sustentável para nós mesmo e nossas famílias
- Para empresas que sejam úteis à comunidade
- Para causas que contribuam para a proteção da natureza e do nosso futuro coletivo

## O alvorecer da nova economia

Estamos numa encruzilhada da história da humanidade, e coisas incríveis acontecem neste exato momento debaixo do nosso nariz. Milhares de pessoas bem-intencionadas dirigem suas empresas para torná-las agentes de mudança. As pessoas estão ficando cansadas da economia de consumo. As Ferraris não compraram a felicidade, tampouco o Prozac. Chegou a hora de repensar fundamentalmente as coisas. Sejam empresas lucrativas, organizações não governamentais ou cooperativas sustentáveis, estão surgindo em todo o planeta empreendimentos e grupos que basicamente põem em prática o preceito budista do "correto viver". Isso quer dizer que aquilo que fazemos por dinheiro também deve beneficiar a comunidade e o mundo. O velho modelo de patrocínio está desaparecendo gradualmente porque nos damos conta de que a maioria das organizações sem fins lucrativos passa boa parte do tempo correndo atrás de dinheiro e doadores, em vez de fazer aquilo que deve fazer. Agora, empresas bem-intencionadas direcionam lucros e vendas para determinadas causas, de maneira a criar *veículos* para que o dinheiro flua e essa corrente de energia se sustente. As empresas podem ganhar dinheiro, fazer um bom trabalho e contribuir para as soluções. É parte integrante do que são, e disso elas podem se orgulhar. Essas empresas podem ser coletivamente corretas e íntegras.

### Onde é então que você gasta seu dinheiro?

O Monge Urbano redireciona o dinheiro de sua aposentadoria para um fundo sustentável. É um consumidor informado e não compra produtos de empresas sabidamente poluidoras ou que patrocinem lobbies que pressionem por energia suja. Contribui para o sustento da economia local e apoia as artes, a cultura, a educação e outras formas de investimento capazes de uma contribuição positiva e duradoura para sua própria vida e para a comunidade.

*O Monge Urbano não compra porcarias sem necessidade.*

Ele sabe que o dinheiro ganho com suor é *energia*. Investe essa energia em pessoas, causas, viagens, cursos, investimentos e produtos que ao mesmo tempo contribuam para o seu aperfeiçoamento e o aperfeiçoamento do mundo.

É esta a marca da nova economia. Um ecossistema no qual todos vivemos e interagimos. O velho sistema se baseava na inconsciência de pessoas tropeçando por aí e comprando o que lhes diziam que comprassem. O que mantinha o *status quo* e enchia os bolsos de arrogantes que compraram os políticos e influenciaram o direcionamento do mundo para a poluição, a guerra e o sofrimento. Agora basta.

Dinheiro é energia, e esse entendimento significa que aprendemos a entender também o fluxo dessa energia.

A questão essencial é: quem sou eu, para começo de conversa?

Faça então as seguintes perguntas:

- Por que estou gastando este dinheiro?
- O que me move?
- Eu preciso disto, ou apenas alimenta alguma dor emocional?
- É um hábito ou uma necessidade?
- De fato vai me fazer feliz?
- Como e por que o fará?

O dinheiro faz a economia funcionar, e não há nada errado em mantê-lo circulando, mas é preciso aqui chamar a atenção para um componente fundamental.

*Nós votamos com nosso dinheiro.*

Estamos conferindo poder, energia e influência às pessoas a quem damos dinheiro. Tenha muita clareza quanto a esse fluxo e comece a controlá-lo. Se quiser ver um mundo melhor, vote nessa direção. Gaste nessa direção.

Se se vir na situação de Natalie e for apanhado no "jogo do dinheiro apertado", está na hora de consertar as coisas. Diz o ditado que as melhores coisas da vida são de graça, o que, à parte comida e abrigo, é absolutamente verdade. É incrivelmente fortalecedor redirecionar o dinheiro para uma poupança, livrar-se dos juros do cartão de crédito ou fazer uma doação a uma organização caritativa, em vez de desperdiçá-lo como de hábito. É a primeira metade da equação: acabar com o desperdício e parar de gastar dinheiro com frivolidades.

O outro lado da questão é entrar no fluxo do dinheiro. Um Monge Urbano pode tranquilamente buscar o sucesso financeiro, pois significa ser um melhor chefe de família no sentido clássico. Usar dinheiro e influência para o bem é o caminho do futuro. O altruísmo e a autenticidade fazem parte integrante da maneira como o Monge Urbano se envolve em negócios e no comércio, e a cada passo ele torna o mundo um melhor lugar para se viver. Assim, quanto mais dinheiro ganhar e gerar, maior será o bem que ele poderá fazer ao mundo ao seu redor. Lembre-se de que as pessoas conferem valor a produtos e serviços, dispondo-se por isso a gastar seu dinheiro. Onde você se situa na cadeia do valor? Que precisa fazer para melhorar seu valor, suas ofertas, sua cotação ou seus preços? Como conseguir mais clientes e gerar abundância no seu mundo? Existem muitas e poderosas ferramentas capazes de ensinar-lhe isto. A internet revolucionou nossos modos de comércio, e hoje em dia *qualquer um* pode ser um milionário com um negócio online. Para isso, é necessário apenas *você*. Mesmo que tenha de fazer uso do computador de uma biblioteca pública para criar seu negócio online, é possível. O fundamental é entender o valor que está gerando, e para quem. Quem é o seu público e como você pode ajudá-lo? Esteja você numa empresa tradicional ou prestando serviços profissionais, os mesmos princípios vigoram. Você pode arrumar um bico para vender artesanato online e evoluir para uma empresa próspera. Pode criar um blog para fazer ser ouvida sua voz e arrebanhar seguidores. Tribos se formam em torno de enfermeiras, professores, poetas e qualquer um hoje em dia.

A economia é apenas uma ideia, e o mesmo se aplica ao dinheiro. Quando tiver clareza a este respeito, você estará livre e poderá moldar a vida dos seus sonhos. Se está gastando dinheiro com algum drama identitário, acabe com essa besteira e entre na onda. Você vale mais que isto, e o mundo precisa que esteja do lado certo. Traga sua energia para a festa e trabalhe com pessoas afins para gerar abundância, riqueza e mudanças positivas para as próximas gerações.

## PRÁTICAS ORIENTAIS

### Meditação das compras

Você pode fazer um exercício muito simples e eficaz no momento de qualquer compra. Ao sacar a carteira, o cartão de crédito ou o celular, simplesmente pergunte a si mesmo: "Isto é uma necessidade ou uma vontade?"

Esta prática aparentemente simples vai fornecer muitos dados interessantes. Você verá que vai discutir consigo mesmo sobre certos itens. Sentirá que certas coisas são necessárias, ou que podem ser consideradas necessárias, por serem tecnicamente "alimentos". Isso não quer dizer que não deva comprá-las; simplesmente significa que deve *pensar a respeito* e ver a frequência com que isso acontece. Nós racionalizamos quando compramos por impulso e depois ficamos estressados com o dinheiro. Achamos que merecemos certas coisas mas reclamamos quando um negócio não é fechado na empresa, pois na verdade precisávamos daquela comissão para pagar o aluguel.

Este exercício é uma simples prática de contabilidade que poderá fazê-lo economizar milhares de dólares se praticá-lo corretamente. Também está sintonizado com o conceito budista de correto viver, pelo qual cabe perguntar se determinada compra prejudica alguém ou o planeta. Caso prejudique, não a faça.

Eis aqui a segunda parte.

Tome nota de cada item que você pretendia comprar, com o respectivo preço. No fim do dia, transfira esse valor para sua poupança e deixe-o lá. Deixe esse dinheiro fora do seu alcance, para que não seja abocanhado por seus velhos hábitos impulsivos. Dê as costas a esse produto, e se continuar a desejá-lo depois de uma semana, tire dinheiro do seu orçamento e compre-o quando puder sem recorrer à poupança. Logo, verá que seu dinheiro começa a aumentar, e perceberá que ficou muito bem sem o objeto que deixou de comprar.

O investimento das economias em algo que gere lucro e garanta o seu futuro mudará a sua vida. Tudo começa com o empenho de se livrar do feitiço para interromper os comportamentos compulsivos na hora das compras.

## Jejum de gastos

Neste exercício, você suspende quaisquer gastos desnecessários durante um mês. Toda vez que for gastar, você pergunta: "Eu realmente *preciso* disto?" Diferente do primeiro exercício, que é uma boa prática a ser usada ao longo da vida, este é temporário, então você sabe que vai aguentar. Seja 100% rigoroso com ele durante um mês. Separe cada centavo que pretendia gastar e o deposite numa conta-poupança. Serão incluídas despesas para jantar fora, comprar brinquedos para o cachorro, trocar de celular ou até tomar um café fora de casa. No fim do mês, você poderá saldar algumas dívidas, investir ou até comprar algo que sempre desejou. O objetivo do exercício é aprender a se conter para ver que não é tão terrível assim. O que é terrível é preocupar-se com dinheiro o tempo todo. Ao se libertar dessa escravidão, você estará livre para desfrutar do seu tempo e relaxar sem a pressão dos genes da sobrevivência.

## Exercício para "entrar no fluxo"

Os exercícios anteriores destinam-se a estancar o sangramento. Este aqui tem o objetivo de aumentar o fluxo e de fato gerar mais dinheiro.

A visualização de energia e dinheiro entrando na sua vida é uma prática importante para mantê-lo no fluxo do *qi* do Universo. A mente precisa de um contexto ou uma visão para que a energia seja atraída. Esta prática destina-se a ajudá-lo a se alinhar com a riqueza e a atrair abundância.

- Sente-se confortavelmente com a coluna ereta.
- Comece a respirar na direção do *dantian* inferior (três dedos abaixo do umbigo) para acalmar a mente.
- Inspire e expire pelo nariz durante uns dois minutos e se acomode no corpo.
- Leve as mãos à posição de prece em frente ao coração (palmas unidas com as pontas dos dedos para cima).
- Comece a inspirar e expirar na região cardíaca.
- Abra um sorriso no rosto e sinta o coração aquecer-se.
- Agora visualize o seu centro cardíaco como um brilhante sol amarelo emitindo luz em todas as direções.
- Em seguida, visualize uma chuva quente caindo sobre você e ao seu redor.
- Enquanto a chuva bate no chão ao seu redor, visualize flores e plantas brotando e desabrochando.
- Veja a energia vital aumentando à medida que a chuva cai e se dê conta de que é o sol no centro do seu coração que está desencadeando todo este processo. *O sol no centro do seu ser está ativando a vida ao seu redor.*

o Deleite-se com isso por várias respirações e então direcione essa visualização para alguma parte de sua vida em que as coisas estejam emperradas.

o Veja a situação e traga-a para o seu jardim. Banhe-a na chuva para nutri-la e projete nela a luz do seu coração.

o Veja a vida crescendo em torno dela e deixe que a energia vital libere tudo que estiver preso.

Você pode voltar a essa visualização a qualquer momento, e recomendo que a aplique a todos os aspectos do seu negócio.

Com o tempo, você verá os mais variados tipos de coisas maravilhosas se abrindo para você. Também pode aplicar essa visualização a acontecimentos passados e lembranças, levando-lhes cura e o fluxo da abundância. Na verdade, muitos dos nossos bloqueios na vida estão presos em algum ponto do passado, e o emprego deste exercício para voltar e limpar a energia em torno de um acontecimento problemático é muito poderoso.

## A benevolência leva à abundância

Uma das maneiras de liberar sua abundância é deixar de torná-la condicional. Doe seu tempo e ajude as pessoas a entender de onde vem a verdadeira riqueza. Quando aprendemos a deixar de emperrar as coisas e a nos tornar um *agente* da abundância, levamos uma vida de serviço. Ao fazê-lo, as coisas começam magicamente a se abrir para nós. A abundância precisa passar por nós, e o que pode ser mais decisivo nesse sentido do que *sair do caminho*? Quanto menos tivermos a ver com ela, mais facilmente ela flui. Sim, nossos pés é que caminham, mas a energia está sempre atuando através de nós. Quando aquilo que fazemos é maior que nós, abre-se espaço para acontecerem coisas boas.

Afinal, quando se tem comida, calor, abrigo e água, não é para ficar feliz? Imagine todas as pessoas que nem sequer dispõem dessas coisas básicas. Estamos sofrendo por causa de coisas *além* das nossas necessidades básicas, quando existem pessoas que nem sequer dispõem delas. Esta constatação nos ajuda a lembrar o que é importante e também mantém sob controle os nossos desejos.

## FERRAMENTAS MODERNAS
### Você prepara um orçamento?

Você acompanha o fluxo do seu dinheiro? Muitas pessoas gostam de fingir que não veem esse quesito. Consideram que o dinheiro é um mal. É estressante e sujo. Os ascetas podem cultivar esse tipo de atitude, mas os chefes de família, não. Evitar a questão do dinheiro não funciona, pois é necessário pagar o aluguel no prazo, de modo que não podemos deixar de enfrentá-la.

Estabelecer um orçamento confere estrutura e ordem à vida. Ajuda a desenvolver disciplina e lhe dá um contexto no qual dizer "não" a itens que não estejam no planejamento. Lembre-se: a negação é a chave da mestria. Vem do córtex pré-frontal e é uma função do raciocínio cortical elevado. Também está alinhado com o terceiro olho das tradições espirituais. Trabalhar no cultivo desse centro (e dessa parte do cérebro) é um *imperativo* no domínio da vida. Um Monge Urbano não banca o "espiritual", evitando a realidade material. Posicionar-se para lidar com a realidade de frente é um passo gigantesco na nossa volta para casa.

O estabelecimento de um orçamento começa pelas suas necessidades. Entre elas, aluguel ou hipoteca, água, gás, energia, carros, impostos e afins. Depois de separá-los, volte a examiná-los para ver o que pode ser podado. Será que dá para deixar de regar o gramado? E as luzes não estão ficando ligadas à toa? Em seguida, você pode relacionar todas as suas outras despesas e examinar por que são importantes. De que maneira o atendem? O que é desnecessário? Comece por aí e continue cortando. Depois de montar a equação do dinheiro que entra e do que sai todo mês, você pode começar a separar as "necessidades" das "vontades". Em geral, a limpeza das vontades não é a parte difícil. Examinar friamente as "necessidades" pode desencavar coisas bem complicadas. Você pode, por exemplo, parar de comprar carros zero-quilômetro em prestações e comprar um carro usado que dure por um bom tempo. E quem sabe não começa a recorrer ao transporte solidário para o trabalho, economizando gasolina? E por que não se mudar para uma casa menor, agora que os filhos se foram?

Se está parecendo a última coisa que você gostaria de fazer, é porque provavelmente é *a primeira coisa* que deve fazer. Pare de fugir da realidade.

## O homem mais rico da Babilônia

*O homem mais rico da Babilônia*, o clássico livro de George Clason, ensina uma excelente prática que pode mudar para sempre a sua vida. Depois de estabelecer um orçamento e passar a prestar atenção aos fluxos de entrada e saída, a chave do sucesso consiste em destinar 10% da sua renda à poupança, *para sempre*. Deixe a coisa crescer e veja o que acontece. A magia, aqui, é que o dinheiro também ganha vida própria, e quando o deixamos crescer, ele começa a gerar energia. O capital é algo poderoso. Pode financiar ideias, gerar juros, ser útil na tomada de empréstimos maiores e muito mais. O principal é deixar seu dinheiro crescer e oferecê-lo às gerações futuras. É uma fundamental decisão de bom senso que se perdeu em muitas famílias do Ocidente, pois estamos nas mãos dos publicitários e entramos no esquema do endividamento consumista. A verdadeira liberdade surge quando você tem a possibilidade de se livrar da droga do seu emprego sabendo que terá o que comer por muito tempo. Dispondo de dinheiro, pode financiar seus sonhos, comprar terras e investir num futuro melhor para os filhos, mas como chegará um dia a acumular se nunca economiza?

Comece agora. Separe 10% de todo o dinheiro que entra na sua vida e passe a juntá-lo num certificado de depósito ou numa aplicação bancária de bom rendimento. À medida que for crescendo, você pode consultar especialistas e transferi-lo para fundos com melhor rendimento, mas não se preocupe com isso por enquanto – simplesmente comece a poupar. Se quiser fazer melhor ainda, faça esses 10% incidirem também sobre sua contribuição de aposentadoria. Terá de se esforçar mais para enxugar seu estilo de vida e gastar menos na vida cotidiana. A questão, aqui, é que o dinheiro da aposentadoria deverá servir quando você tiver alcançado determinada idade, mas os 10% de economia ajudam a abastecer investimentos e aumento de capital, o que servirá para libertá-lo do círculo vicioso do tempo-é-dinheiro.

Se associar essas providências aos exercícios anteriormente sugeridos neste capítulo, você poderá adicionar a esses 10% todo o dinheiro que gastaria em porcaria e separar também esses fundos. Em breve, mil ou 2 mil reais vão se transformar em dinheiro de verdade, e vocês se verá agindo como um investidor. A coisa realmente muda de figura.

## Investir no futuro

Outro dado fundamental para se tornar uma parte da solução é investir apenas em fundos de ética ecológica e sustentável. Surgem atualmente os mais variados meios de investimento positivo, com frequência oferecendo rendimentos bem competitivos. Há pessoas que já decidiram fazer parte da solução, abrindo caminho para que possamos segui-las. Já tem muita gente fina em ação, e nós podemos ajudá-las a ajudar o mundo. Não existe a menor possibilidade de consertar o mundo individualmente, mas juntos temos nas mãos um brilhante futuro. Um Monge Urbano sabe onde botar seu dinheiro. Lembre-se: votamos com nosso dinheiro. Incluí links para alguns desses fundos na seção de Recursos.

## Deixe o que é velho para trás

*A mágica da arrumação*, o best-seller de Marie Kondo, teve enorme impacto ao nos ensinar a fazer faxina na nossa vida. Acho que a tese é interessante, mas deixa de lado um ponto importante. Claro que devemos vender ou doar as coisas de que não precisamos para nos organizar, mas também é importante *parar de comprar mais porcaria*. Acumulamos tantas coisas ao longo dos anos, e a maior parte fica encostada. Por isso é que eu gosto de viajar de mochila pelo interior. Favorece o despojamento. Passe em revista suas coisas e veja o que pode ser considerado uma necessidade ou uma vontade. Fotos e relíquias de famílias são legais, mas e aquela raquete de tênis que você guarda desde o colégio? Será que algum dia voltará realmente a usá-la? O entulho age como um *qi* estagnado no seu sistema. Não ajuda e atrapalha o caminho. A garagem poderia ser transformada num estúdio de dança ou num salão de ginástica se não estivesse tão entulhada. Por que pagar por todos aqueles metros quadrados simplesmente para guardar porcaria de que você não precisa? Trate de passar adiante num ponto de venda local ou pelo eBay, ou simplesmente doe e se desfaça. Descarregue o que está demais e desentulhe sua vida. Limpeza geral! O dinheiro assim obtido será apenas um bônus.

Um dado fundamental dessa prática é a importante lição que aprendemos com ela. Dar destino às caixas e aos caixotes de lixo que acumulamos ao longo dos anos também nos leva a pensar duas vezes da próxima vez que botarmos o olho em alguma quinquilharia numa loja. Visualize o futuro e se veja vendendo esse mesmo objeto para se livrar dele. Como se sentiu? Vale a pena projetar nele o seu dinheiro e a sua força vital? Se valer, compre-o. É uma outra maneira de dar um passo no sentido de usar a razão para interceptar uma compra impulsiva.

## Não compre bens que se depreciam

Depois de varrer o lixo e constatar o pouco que obteve por toda essa porcaria, você terá aprendido uma importante lição: bens que se depreciam são uma droga, e é preciso evitar comprá-los ao máximo. Um carro novo tem seu valor depreciado em até 11% assim que você sai com ele da concessionária. No caso de um carro que custe 30 mil reais, são mais de 3 mil reais que você acaba de perder, e daí para a frente as coisas só pioram. Por outro lado, o valor de um imóvel em geral aumenta ano após ano. Joias, antiguidades, armas de fogo, instrumentos musicais de qualidade e terras tendem a se valorizar, ao passo que milhões de toneladas de lixo plástico que chegam em navios da China praticamente se transformam em descartáveis uma vez comprados. Mas nem sempre é o caso. Itens de colecionador podem valorizar-se e representam um bom investimento.

A questão, aqui, é encarar sempre os seus gastos como investimento. Naturalmente, seja um consumidor consciente e compre coisas produzidas com sustentabilidade e contribua para tornar o mundo melhor. Quanto mais nos alinharmos com os valores nos quais investimos, maior clareza teremos. Lembre-se de que seu dinheiro é sua energia, não devendo ser desperdiçado caoticamente. Projete-o no mundo de sonhos que está criando e veja a mágica acontecer.

## Suba de patamar

Uma vez estancada a sangria, o passo seguinte é melhorar seu produto ou ofício, sua mensagem ou suas vendas para elevar a renda. Verter mais água em canos furados só gera mais confusão, mas uma vez estabelecidos um orçamento e uma hierarquia do que é importante, será incrível aumentar o volume, o que significa dispor de um contexto para alcançar maior sucesso. Se você estiver satisfeito com seu estilo de vida depois de reorganizá-lo, em que poderia ser útil uma quantidade maior de dinheiro?

É aqui que você pode direcionar um percentual maior do novo fluxo para investimentos e divertimento. Gosto de reservar 5% da minha renda num fundo de férias e garantir que o gastamos anualmente. Também reservo 30% para investimentos, fazendo a empresa crescer e também investindo em coisas nas quais acredito do ponto de vista pessoal. Doar para organizações beneficentes também representa um canal importante para esse dinheiro. Quando ele começar a entrar, você verá como se torna mais potente na sociedade. Uma coisa é falar em mudar o mundo; os Monges Urbanos põem a casa em ordem e de fato aplicam seu dinheiro naquilo em que acreditam. Propiciamos boas coisas e participamos de uma solução global.

Como é, então, que você contribui para aumentar o fluxo? Depende de onde se encontra na vida neste exato momento. Se tem um emprego assalariado, comece a tentar descobrir como pode obter bônus. Você deve estar *sempre* lendo, aprendendo, treinando e aperfeiçoando sua capacitação, seja qual for a sua profissão. Busque uma promoção, consiga esse bônus ou se prepare para desempenhar uma outra função se a empresa na qual trabalhar não oferecer boas oportunidades.

Se você trabalha por conta própria ou na base de comissões, já sabe que a limitação em geral está na sua faixa de frequência. Aprenda a administrar melhor e a delegar. Busque ajuda quando necessário e se aperfeiçoe em tudo que faz, começando com sua vitalidade. Pratique *qigong* e melhore sua energia. Somos mais produtivos quando fortes e em forma. Alimente-se de maneira saudável e movimente o corpo. Durma melhor. Você pode investir o acréscimo de *qi* na sua carreira. Pode ler aqueles livros, dar aqueles telefonemas, comparecer àquele evento ou fazer o que for necessário para ir em frente.

Quando aumentar sua vitalidade pessoal, você terá mais para investir na carreira e projetar nela mais energia. Como já sabemos, o dinheiro é uma forma de energia, abastecendo a economia. Com ele, você pode contratar ajuda, aumentar seu orçamento publicitário ou adquirir aquela máquina ou aquele galpão que vai soltar suas amarras, e lá vai você!

Um Monge Urbano se supera porque sabe o bem que poderá fazer com esse dinheiro. Um bom chefe de família é um líder comunitário capaz de empregar milhares de pessoas e financiar várias organizações caritativas. O dinheiro para ele não é um problema, pois já o dominou e o utiliza como um veículo para o bem.

## O PLANO DE AÇÃO DE NATALIE

Natalie tinha muitos maus hábitos, mas era fácil trabalhar com ela, pois já estava mesmo em um beco sem saída. Os pagamentos do cartão de crédito estavam acabando com ela, e quando começamos a descascar as camadas da cebola, ela ficou perplexa ao constatar quanto desse dinheiro era constituído apenas por juros. Natalie gastava mensalmente um terço da sua renda no pagamento de juros. Botei-a em contato com um especialista em endividamento e eles negociaram planos de quitação com cada banco, até que ela encontrasse uma saída razoável. No início, a disciplina foi dolorosa. Tivemos de cortar os cartões de crédito e dar uma sacudidela no seu estilo de vida. Era o fim das viagens caras e dos sapatos novos. Na verdade, ela vendeu mais de 40 pares de sapatos que nem sequer usava.

Já agora sem cartões de crédito, Natalie começou a ver como era caro seu estilo de vida. Os seis dólares que ela gastava na Starbucks toda manhã foram resgatados, passando a comprar uma boa marca de café para prepará-lo em casa antes de sair. O pão que costumava acompanhar o café foi substituído por ovos orgânicos tirados da geladeira. Ela começou a cozinhar em casa com amigos com mais frequência, e parte da turma não acompanhou. Ótimo. Os amigos de verdade eram pessoas que podiam simplesmente estar ao seu lado, bater papo, sair para caminhadas e ir ao cinema juntos.

Ao começar a praticar um pouco de ioga, ler livros de verdade e fazer anotações num diário, Natalie entendeu de que maneira sua infância estava por trás de boa parte do seu caos financeiro. Isso a ajudou a se tornar mais consciente de seus estados emocionais e de suas decisões impulsivas. Com lembretes na carteira de dinheiro, um limite no cartão de débito e uma pulseira lembrando seu mantra pessoal, Natalie tornou-se uma mestra em matéria de dizer "não". Deixou de frequentar shoppings para se divertir e passou a buscar lugares onde podia desfrutar da vida sem gastar dinheiro que não tinha. O parque, as caminhadas, os museus e as casas dos amigos passaram a ocupar esse lugar.

A ioga e a melhor alimentação contribuíram para melhorar a dor nas costas, o que lhe permitiu economizar a tonelada de dinheiro que semanalmente destinava ao quiroprático. Ele a ajudou com alguns exercícios a serem feitos em casa, e desta vez ela ouviu e começou de fato a fazê-los. A verdade é que os pacientes que colaboram melhoram.

Natalie levou dois anos para se livrar das dívidas, e então aconteceu algo excepcional. Ela passou a gostar tanto do novo estilo de vida, em comparação com o que deixava para trás, que, uma vez saldadas as dívidas, continuou destinando a mesma quantia a uma conta-poupança, com vistas ao futuro. Ela sabia que não poderia continuar sustentando o mesmo ritmo no emprego, de modo que precisava de uma estratégia de saída. Começou a buscar tinturas de cabelo não tóxicas e achou algumas bem legais. À noite, começou a fazer cursos de marketing pela internet e criou um site. Livre das dívidas, investiu uma parte do dinheiro que estava separando num negócio online, e em questão de poucos meses começou a entrar dinheiro das vendas. Ela se tornou "a garota das tinturas não tóxicas" e o negócio começou a progredir.

Com o tempo, ela largou o emprego e hoje está se saindo muito bem como empresária. Toma cuidado com os gastos e economiza todo mês. Natalie orgulha-se do que conseguiu, e com razão. Faz doações para órfãos na Bolívia e também trabalha com meninas pré-adolescentes no desenvolvimento de uma autoimagem positiva.

CAPÍTULO 10

# Viver a vida com um propósito

VERONICA ACORDOU UM BELO DIA e se deu conta de que estava perdida. Há quatro meses alcançara a promoção pela qual tanto havia lutado, e continuava se sentindo a mesma. Há três anos vinha pressionando por esse cargo. Ficava acordada até tarde, não parava para o almoço, se comunicava por Skype com as equipes na Ásia muito depois de encerrado o expediente e sempre se desdobrava além do esperado. Agora, trabalha a mesma quantidade de horas e tem mais responsabilidades. O aumento salarial também a levou a pagar mais no imposto de renda, de modo que ela não está botando no bolso exatamente o que esperava. Um carro novo e uma carteira de sócia de um clube depois, lá estava ela às voltas com as contas de novo.

O esforço para conseguir a promoção deixou suas glândulas suprarrenais exaustas, e os hormônios começavam a criar caso. Ela ganhava peso, sentia-se ansiosa e tinha dificuldade para dormir. O marido continuava a roncar e os filhos enfrentavam problemas na escola. Agora ela tinha a mesma quantidade de dores de cabeça e ainda menos tempo para lidar com os problemas da vida.

Não era a primeira vez que Veronica se sentia assim. Numa época anterior da vida, ela e o marido enfrentavam certas questões, e a resolução então tomada por ela foi ter um bebê. Ela foi convencida pela mãe de que isso resolveria o problema, mas era um equívoco. Com o bebê vieram noites sem sono e infindáveis discussões para ver de quem seria a vez de "lidar" com a criança. Passado o entusiasmo inicial pelo nascimento do bebê, Veronica estava de volta ao trabalho e com inveja da babá que ficava em casa vendo sua filha crescer. Certo dia, quando voltou do trabalho, o bebê chorou para ser devolvido aos braços da babá. Veronica ficou destruída. O segundo bebê foi uma repetição do mesmo padrão.

Que diabos estava acontecendo e por que tudo aquilo valia o esforço? Ela estava infeliz e frustrada, e apesar de uma forte ética do trabalho e de elevadas metas de carreira, ela alcançava seus objetivos, mas ainda não era capaz de desfrutar da devida recompensa emocional. O que estava faltando?

## O PROBLEMA

Vivemos numa cultura em que o significado das coisas se perdeu. Vamos buscá-lo em lugares onde não está. Não temos pela frente a jornada do herói. As velhas histórias contadas ao redor da fogueira deram lugar a comédias de situação e *reality shows* na televisão. Antigamente, éramos inspirados por grandes homens e mulheres honrados que faziam a coisa certa. O rei Arthur, Robin Hood, Luke Skywalker, Florence Nightingale e Rosa Parks se posicionaram por alguma coisa. Permitiram-nos conhecer melhor a condição humana e nos ajudaram a nos entender melhor. Hoje, vivemos numa realidade insípida em que nada é de fato interessante, e então ansiamos por algo mais. Buscamos significado mas ficamos de mãos vazias ou nos satisfazemos apenas parcialmente. Compramos uma visão de mundo que nos foi entregue prontinha, mas que não cumpriu o prometido.

Desde a origem dos tempos, as pessoas tentam influenciar os pensamentos e emoções dos outros. Nossa cultura deu *mais um* passo em direção a algo irreal depois da Segunda Guerra Mundial, e desde então tentamos em vão conferir-lhe sentido. Muito empenho intelectual voltou-se para a invenção de nossa identidade depois da guerra porque precisávamos identificar nosso *ethos* em contraste com a filosofia do comunismo e do socialismo, que representavam um novo inimigo. A União Soviética construiu-se sobre esses princípios, que expandiam sua esfera de influência em todo o mundo. O ataque frontal ao capitalismo, à religião e ao "nosso estilo de vida" gerou para o Ocidente a necessidade de traçar uma narrativa pela qual pudéssemos todos nos alinhar, algo que nos unisse e pelo qual valesse a pena lutar. O resultado foram séries de televisão como *Papai sabe tudo* e *Leave it to Beaver*. A TV e o cinema eram usados para ajudar a pintar um quadro do que deveríamos ser e como teríamos de nos ajustar a essa coisa chamada sociedade. Uma visão forçada, machista e excessivamente limitadora. Não demorou para que surgisse uma contracultura, pois as pessoas sentiam instintivamente que tudo aquilo carecia de vida. Estamos enfrentando as consequências disso desde então, e o vemos de maneira profunda nas jovens gerações.

### *Eles sabem que é conversa fiada.*

Sabem que não funciona e só causa sofrimento, mas o problema é que não conhecem nenhuma boa alternativa. Viram que Mamãe e Papai se matavam de trabalhar e ainda assim acabavam se divorciando. Viram que o emprego dos sonhos também levava a um ataque cardíaco. Viram o câncer acabar com tudo em famílias próximas. Sabem que o dinheiro não resolve tudo, mas compra comida, e precisamos de empregos para ganhar esse dinheiro. Se quiser um emprego, você terá de frequentar a escola ou pelo menos vestir-se de certa maneira e cumprir as ordens. Petróleo e gasolina são coisas sujas, mas seu emprego fica a quase 50 quilômetros de distância e as linhas de ônibus não chegam lá. A indústria da moda é uma insanidade, mas você de fato precisa de uma jaqueta neste inverno.

Sabemos que existe um jeito melhor e estamos em busca dele, mas falta coesão. Alguma coisa está terrivelmente errada, e ouvimos falar de calotas polares derretendo e cidades árabes sendo tomadas diariamente por fanáticos. Vamos trabalhar, tomamos a condução, contribuímos para a sociedade (talvez), pagamos impostos, assistimos a guerras e atrocidades, lemos as manchetes e voltamos para casa para ver televisão e comer comida requentada no micro-ondas. Falta energia.

Fomos buscar na igreja mas voltamos de mãos vazias. Experimentamos drogas e nos divertimos um pouco, mas não achamos respostas, apenas mais perguntas e talvez uma passagem na delegacia. Talvez tenhamos tido nessa época um vislumbre de como é sentir-se livre, mas também vimos as consequências que isto teve para alguns amigos. Não podemos nos dar ao luxo de estar do lado errado da lei e, agora que temos filhos, está completamente fora de questão.

Achávamos que era apenas uma questão de casar e fundar uma família, mas isto dá um enorme trabalho. O interminável desfile de idas ao playground, jogos de futebol, caronas, professores particulares, visitas à emergência e os malditos resfriados que lá pegamos é realmente exaustivo. Amamos nossos filhos e queremos o melhor para eles. Faríamos qualquer coisa por eles, mas sentimos que estamos perdendo o controle. Diariamente eles voltam para casa com uma nova ideia ou alguma atitude petulante aprendida com os colegas na escola. Sentimos essa perda de controle como se tivéssemos entregue nossos bens mais valiosos a perfeitos estranhos que estão ocupados demais em cumprir rotinas de ensino para se preocupar realmente com as necessidades individuais dos nossos filhos. Podemos estar mais pesados e meio amargurados. Afinal, achávamos que a esta altura já estaríamos melhor de vida ou mais felizes. A vida atrapalha muitos sonhos, e o tique-taque do relógio só contribui para nos deixar ainda mais preocupados.

Para onde nos voltamos? Quem somos nós e o que estamos fazendo? Como foi que chegamos aqui, e será que a vida sempre foi essa coisa insípida e sem sentido?

Podemos nos interessar por muitas coisas, mas não nos entusiasmamos realmente por grande coisa. Tentamos nos empolgar com certas coisas, mas bem lá no fundo não sentimos de verdade. Parece tudo meio cinza; sentimo-nos fechados e desconectados daquela sensação de pura alegria que sentíamos quando pequenos. Que foi que se perdeu?

Para que levantar da cama? Vale a pena lutar por alguma coisa? Vemos gente morrendo na África e no Oriente Médio diariamente – centenas de pessoas vivendo o inferno na terra. Que podemos fazer? Já invadimos e tentamos ajudar, mas não funcionou. Como é que tudo isso pode fazer sentido? Por que essa droga toda é culpa *nossa*?

O mundo é mesmo um lugar muito estranho. Um cidadão médio do Ocidente cresce com camadas de culpa projetadas pelos antepassados. Do racismo à escravidão, ao imperialismo, à desigualdade econômica, ao esgotamento de recursos naturais e à poluição global, todos já levamos pela frente uma boa dose da energia "a culpa é sua". Para quem participou ativamente disso tudo, a situação é outra, mas a maioria das pessoas no Ocidente cresceu, frequentou a escola, arrumou emprego e vem tentando seguir em frente e fazer a coisa certa. Não são filhos de donos de empresas petrolíferas e nunca passaram perto de uma mina africana de diamantes. Dito isso, é possível que tenham comprado diamantes, dirigido um SUV e ainda estejam impregnados de tóxicos padrões racistas transmitidos pelo

Vovô. Será que os ocidentais de hoje em dia precisam carregar o fardo e se responsabilizar por reparações para o resto do mundo, além de enfrentar sozinhos as mudanças climáticas, ou seria isso injusto? São essas as questões da nossa época. Todos queremos pagar pelos pecados de nossos pais, mas a maioria não sabe como. Queremos conferir sentido e propósito à vida, mas não dispomos de modelos. Queremos retribuir à comunidade, mas não sabemos como é essa comunidade nem o que precisa.

## Voltar à ativa

Nos nove últimos capítulos, exploramos a paisagem de muitas das questões de estilo de vida que estão sugando nossa força vital e drenando nossa vitalidade. Mergulhamos profundamente em cada uma delas para liberar seu poder pessoal mediante exercícios, ferramentas e um entendimento melhor de como navegar nessas águas turbulentas. Qual o impacto dessas questões no tema do significado e propósito? Elas nos ajudam a restabelecer a conexão com *a própria vida*, e assim nos devolvem ao fluxo do Universo. Vamos então examinar cada uma delas rapidamente.

### *Estresse*

Excesso de estresse afeta o sistema imunológico e o sistema nervoso, desorganizando nosso metabolismo. Interrompe o fluxo para a parte frontal do cérebro, associada às mais altas considerações de ordem moral e à capacidade de pensamento crítico, que fazem nossa humanidade. A dissociação dessa parte do cérebro nos mantém no cérebro animal de luta ou fuga, sentindo a necessidade de pertencer a um grupo. Buscar significado quando estamos presos aos instintos primários é quase impossível. Precisamos abrir caminho para que o cérebro mobilize e ative nossas faculdades espirituais mais elevadas. E então não precisamos mais buscar significado: ele se apresenta a nós, vindo de dentro.

### *Tempo*

O tempo nos liga a toda a força do Universo. O melhor entendimento do que ele significa e de como podemos existir no seu fluxo nos liberta de maneiras que nem podemos imaginar. O tempo é um dos nossos maiores mestres, e um aliado na vida. É a âncora do nosso ser; quando desperdiçamos tempo, estamos jogando fora força vital. Como estamos desconectados do nosso ser essencial, passamos a gastá-lo de maneira inconsequente e dizemos que estamos entediados. O Monge Urbano domina sua interface com o tempo e encontra significado e propósito uma vez que tenha encontrado seu ser essencial fora do tempo linear. Parar o tempo e encontrar a eternidade é a prática diária que devemos dominar.

## Energia

É a moeda corrente da vida. Como sabemos, a energia do *qi* pode ser cultivada como *Shen* (Espírito). Torna-se então a suculenta substância que nos ajuda a nos conectar com a vida ao nosso redor. É o tecido de consciência que compartilhamos com todas as manifestações de vida, algo que podemos refinar e aprimorar com a prática. O fundamental é dispor de um sistema robusto e saudável que flua com o *qi*. Deixar de ser um obstáculo para nós mesmos e refinar nossa energia em espírito é o caminho da alquimia e uma das peças que faltam para a solução do dilema de "falta de propósito" que enfrentamos no Ocidente. Uma lâmpada vacilante não resolve o problema. Precisamos nos abrir para a vida.

## Sono

Tudo que sobe tem de descer, e o sono é como nos curamos no nível da alma. Como a mente subconsciente se conecta com o inconsciente coletivo e como extraímos significado dos acontecimentos do nosso dia. A maioria das pessoas acumulou uma tal dívida de sono que tem a sensação de que está sempre faltando alguma coisa. A correção desse problema e a conexão com a nossa "pequena morte" diária ajuda a buscar forças na trama da vida. Quando dormimos adequadamente, nossa ansiedade básica começa a se dissipar e recuperamos o foco e a perspectiva necessários para encontrar respostas. Sentimo-nos bem e nossa força vital irradia uma sensação de conforto e tranquilidade. Precisamos dormir para nos sentir completos.

## Estilo de vida estagnado

Parar em certos momentos para ponderar sobre a existência era parte da vida de um monge. O resto era buscar água e cortar lenha diariamente. A vida era ativa e as colinas, íngremes. Para viver era necessário movimentar o corpo, suar ao calor do sol, enfrentar os elementos e levantar objetos pesados. É o que tem acontecido desde que nossa espécie deixou para trás a primeira era glacial. Vivemos agora a primeira época na história da humanidade em que nos tornamos tão inertes, parados e sentados a maior parte do dia. Muitos de nós estamos perdidos e desconectados de nossas raízes primordiais. Movimentar-nos é essencial para liberar nossa energia vital e ativar genes fundamentais ligados ao crescimento e à longevidade. Quando o corpo não se movimenta, sinaliza inatividade e embota a mente, levando a uma sensação de desconexão e desconforto. O propósito nem sempre nos pega de surpresa vindo de fora. Vem naturalmente quando voltamos a acender nossas luzes, reintegrando-nos ao fluxo do movimento.

## Dieta

Uma boa alimentação energiza o cérebro e ativa centros espirituais superiores para nos despertar. A má alimentação faz o contrário, fazendo-nos adormecer e atrapalhando nosso fluxo energético. É fundamental estar do lado certo dessa equação. Não se pode comer porcaria e esperar encontrar um propósito mais elevado na vida. Somos o que comemos em todos os níveis, inclusive o físico, o mental, o psicológico, o espiritual, o energético e outros ainda. O Monge Urbano faz uma curadoria da sua experiência de vida para ingerir bons alimentos e evitar os que possam desacelerá-lo e sobrecarregar de alguma forma o seu sistema. Você se torna o que ingere e usa esse combustível para despertar ainda mais.

## Natureza

Como diz o mestre xamânico Alberto Villoldo, nós ocidentais somos os únicos seres humanos que se consideram *fora* do Jardim. A noção de que fomos expulsos de um paraíso natural desligou-nos do profundo respeito ao mundo natural que faz parte de tantas culturas. Arrasamos florestas, escavamos montanhas em busca de minerais, poluímos rios e enchemos a terra de lixo plástico de que não precisávamos realmente. Desconectados da natureza, somos afastados do cordão umbilical do universo e nos separamos de todas as outras formas de vida às quais estamos ligados. É o que fazemos, e depois frequentamos oficinas em retiros na montanha na tentativa de encontrar significado e propósito, quando a primeira parada deveria ser a reconexão com o mundo natural no nosso próprio quintal.

## *Solidão*

Não existe solidão quando encontramos Deus, a Verdade ou qual seja o nome que você quiser Lhe dar. Desconectados do nosso ser essencial, sentimo-nos isolados e confusos. A primeira parada é investigar nossas paixões infantis e entender que todos continuamos carregando certas porcarias. Podemos então encontrar significado uns nos outros. Podemos entender nosso drama comum e nos ver nos outros. Cuidando de nós mesmos e vitalizando nossa vida, podemos apoiar os outros e mobilizar a energia do serviço. Com isso, deixamos de ser um obstáculo para nós mesmos e permitimos que nosso Eu Superior atue através de nós, e então entendemos melhor quem somos verdadeiramente.

## *Dinheiro*

Conheço muita gente rica que não encontra sentido na vida. Frequentam retiros caros, usam as melhores roupas de ioga, pagam por muitas sessões de massagem e continuam infelizes. O dinheiro não compra significado quando se entrou na onda da falsa promessa do consumismo ostentatório. Use o dinheiro para abastecer seus sonhos e levá-lo a uma vida de aventura e busca. Use-o para ajudar outras pessoas e tornar o mundo melhor. Significado não é algo que se compre. Vem de dentro. O Monge Urbano não confunde essas questões. Se você estiver tentando identificar-se por meio de diferentes padrões culturais ou comprar entrada para uma posição mais alta na sociedade, estará perdido. É fundamental entender a diferença entre nossas necessidades e nossas vontades para nos libertar da armadilha do dinheiro. Reduza as coisas ao essencial e construa sua visão de mundo a partir daí.

Descascando as camadas da cebola para descobrir por que nos falta significado, vemos que a questão está intrinsecamente ligada à nossa conexão com a própria vida. O problema não é que ainda ainda não encontramos a filosofia certa ou o livro de autoajuda adequado para então encontrar significado. Isso é absurdo. Boa parte dessas crenças decorre de tradução equivocada de tradições cristãs e zen nas quais o mestre de uma hora para outra transmite iluminação ao pupilo. Nossa cultura pode resumir-se na imagem do chefão mafioso que vai à igreja pedir perdão no domingo por ter passado a semana massacrando gente. Algumas ave-marias depois, e ele está absolvido e pronto para pecar de novo. Uma iluminação súbita pode render uma excelente história, mas não é assim que a coisa funciona na realidade. Nós nos conectamos à vida diariamente. Oramos a Deus diariamente. Sentamos para meditar e encontramos a paz, significado e um propósito mediante nossa prática. O Monge Urbano pratica diariamente o que prega. É um agente da própria vida e serve à vida ao seu redor. Desse modo e mediante suas práticas diárias, obtém conexão, significado e propósito. Volte à vida, e você verá significado por toda parte.

## SABEDORIA DO MONGE URBANO

Vivemos numa cultura de proclamações, e não de autoinvestigação. Isso significa que, na madura idade de 17 ou 18 anos, temos de decidir o que queremos ser pelo resto da vida e dar um jeito de anunciá-lo ao mundo. "Vou ser médico, advogado, programador, professor..." Acabamos fazendo uma declaração sobre aquilo que somos com base nos volúveis interesses do fim da adolescência, e não raro ficamos presos a essa decisão pelo resto da vida. Suponhamos que alguém decida ser advogado porque quer segurança no emprego e gosta de ler; a pessoa então se verá cercada de outros advogados por boa parte da vida. Se optar pelo direito penal, poderá ver-se cercada de clientes não muito agradáveis. Os médicos vivem cercados de pessoas doentes e outros médicos. Os professores vivem sobrecarregados de questões políticas e salas de aula superlotadas. Basicamente, se somos o que comemos, as decisões que tomamos no início da vida muitas vezes nos cercam daqueles tipos de pessoas com os quais teremos de conviver durante décadas. O que não é intrinsecamente ruim, mas de fato nos imbui de uma visão de mundo que reforça uma identidade fabricada. Aquilo que pensamos ser é moldado por aqueles que aceitam essa máscara.

Tudo isto acontece num momento da vida em que deveríamos, pelo contrário, estar fazendo esta importante pergunta:

*Quem sou eu?*

Na cultura oriental, era forte a ênfase na necessidade de que cada um encontrasse seus pontos fortes para ir atrás do próprio destino. Quem é você, e o que o faz feliz? Como percorrer um caminho alinhado com o que o deixa feliz? Como descobrir a si mesmo e percorrer um caminho pessoal que seja gratificante e nobre?

Na cultura ocidental, evitamos essas questões e muitas vezes ficamos perdidos. Na adolescência, proclamamos uma carreira que muitas vezes nos define e nos sentimos obrigados a sustentar essa fachada pelo resto da vida. Por mais argamassa que apliquemos a essas paredes rachadas, lá dentro a coisa está a ponto de explodir. Nosso eu verdadeiro sente-se isolado e à espera de poder se afirmar. Somos imobilizados naquela posição e passamos o resto da vida buscando maneiras de nos sentir melhor. Buscamos distrações, curas para nossa ansiedade, livros de autoajuda e férias em spas para remover o incômodo desse sentimento subjacente, mas de alguma forma ele sempre continua lá. E se não estivéssemos fazendo as perguntas realmente importantes?

## Somos todos heróis

Bem lá no fundo, ansiamos por ser pessoas como as que encontramos nas histórias antigas. Filmes, livros, jogos de fantasia, videogames ou qualquer outro veículo que utilizemos para evocar esses sentimentos são ótimos, mas, no fim das contas, ver Luke Skywalker brandir um sabre de luz não é o mesmo que aprender *kendo* e ser você próprio um herói. Torcer pelo Homem-Aranha cruzando os céus da cidade não é tão legal quanto balançar você mesmo numa trepadeira na Amazônia na sua próxima viagem. Assistir a campeonatos de dança na televisão e de fato dançar são coisas muito diferentes. Dançar é divertido, e no entanto o reduzimos hoje a um esporte a que assistimos por uma tela, e não mais uma atividade que nos enche de alegria.

O problema com o mundo moderno é que as "estrelas" são as únicas pessoas que se divertem. Não é preciso ser um atleta para fazer aulas de ginástica e aprender a fazer uma ponte. Perdemos esse fato de vista, e milhões de pessoas desistiram, limitando-se a assistir porcarias passivamente pela televisão. Não é necessário ter proficiência profissional para começar a fazer alguma coisa. Muitas pessoas nadam e gostam de nadar sem ter batido nenhum recorde mundial. Talvez simplesmente gostem de estar na água.

## *Elas encontraram o seu nicho. Onde está o seu?*

Ao identificar as conexões com nosso ser mais íntimo, temos acesso a uma contagiosa onda de energia. É possível identificá-la imediatamente nas pessoas. Dá para ver quando alguém está ativado, e nos sentimos atraídos por essas pessoas. Há quem sinta ciúmes, como se pode constatar em famílias e empresas em todo o mundo. Seja como for, notamos os sinais vitais, e então comparamos essa percepção com nossa autoimagem e temos uma reação. Ou bem ficamos impressionados, influenciados, repelidos, ofendidos, ou então nos sentimos motivados por essas pessoas vibrantemente vivas. Elas nos transmitem alguma coisa e nos lembram de algo que ansiamos ser, ou então nos ressentimos delas por serem algo de que não nos sentimos capazes.

## *Do que você gosta?*

O que é que o deixa ligado? Onde encontrar aquela fagulha que vai incendiar seu espírito? A resposta pode ser encontrada na arrumação dos itens discutidos nos nove primeiros capítulos deste livro e separando o tempo necessário para voltar a nos conhecer. Quando a vitalidade volta a fluir em nós, podemos saborear de novo a vida e as pessoas o veem no nosso olhar. Não precisamos sair em busca de significado ou propósito porque as direções da vida começam a surgir por elas mesmas. Vamos seguindo a trilha dos farelos de pão e nos damos conta de que somos parte de algo muito maior. Contribuímos para levar *à frente* a sociedade, a arte, a cultura, as matemáticas, a ciência, a filosofia ou o que quer que toquemos. Colaboramos com a própria vida para torná-la melhor para as futuras gerações porque vemos nosso ser imortal no futuro de todas as formas de vida, e o entendemos num nível profundo.

Descobrir nossa verdadeira personalidade é fundamental para encontrar significado e propósito. Uma personalidade subdesenvolvida é como um rádio sem sinal claro, de forma que a perfeição do som é distorcida. O fundamental é limpar os canais para que possamos ressoar com a sinfonia harmônica do Universo, o que significa deixar de ser um obstáculo para si mesmo. A felicidade é um subproduto da autorrealização e da ignição da nossa vitalidade. Quando temos acesso à essência daquilo que somos mediante o *qigong*, a meditação, a oração, os exercícios, a dieta, os hábitos de dormir, os relacionamentos e o que quer que façamos, nenhuma pergunta sem resposta pode manter-nos acordados à noite. Dormimos com um sorriso no rosto porque tivemos mais um dia pleno e incrível.

## PRÁTICAS ORIENTAIS

### O exercício da visão geral

Uma excelente maneira de promover uma transformação na sua vida é mudar suas atuais circunstâncias num script hipotético e interpretá-lo. Pergunte a si mesmo: se não houvesse considerações de tempo, dinheiro e lugar, o que eu *adoraria* fazer com meu tempo? Em seguida, passe às seguintes perguntas.

- Por quê?
- O que posso fazer para consegui-lo?
- O que me impede?
- É uma limitação real ou suposta?
- Como posso transformar esses obstáculos?
- Como posso mudar meu atual estilo de vida para favorecer isso e caminhar na direção dessa meta?

São perguntas simples, mas difíceis. Muitos de nós temos filhos, contas a pagar, pais idosos, empregos de tempo integral e outras obrigações que de fato nos impedem de tomar uma atitude e deixar para trás o mundo em que vivemos, e é assim mesmo. Muitos de nós passamos tanto tempo nos habituando a pensar em função dos compromissos e limitações da vida que achamos que estamos acabados. Nem lembramos como é sonhar sem limitações. Este exercício vai mudar isto.

## *Pare de fugir!*

O Monge Urbano é um chefe de família. Vivemos numa sociedade e levamos a vida pela qual trabalhamos. Como é então que podemos, agora, adequar a maneira como gastamos tempo, dinheiro e energia para fazer com que nossa vida trabalhe a nosso favor? Uma vez liberada sua energia graças às práticas aprendidas neste livro, é possível reinvesti-las na otimização do fluxo da sua vida cotidiana. Com maior disponibilidade de tempo e dinheiro para investir nos seus sonhos, você pode começar a fazer planos e concretizá-los. Comece a programar uma vida divertida e diariamente cheia de boas coisas. Dessa maneira, não precisará fantasiar constantemente sobre fugas. Digamos, por exemplo, que sempre tenha desejado ver as pirâmides do Egito. Muito bem, é uma semana de férias. Não é necessário largar toda a sua vida para fazer uma viagem, ainda que pareça tão longe e difícil de imaginar, pois *a sua vida está carregada* de responsabilidades. Leveza é o contrário de gravidade. Trazer mais leveza para sua vida cotidiana vai ajudá-lo a traçar um plano, separar o tempo necessário, economizar dinheiro e fazer a sua viagem. Você terá histórias a contar e fotos a compartilhar, e agora já está de volta. De preferência, para uma vida que não deteste. É a moral da história. O divertido é que, quando já for capaz de levar uma vida plena em casa, você terá mais energia, tempo e dinheiro para se dedicar também a todas as aventuras que quer na vida. Saberá que chegou lá quando a vida em casa e os períodos de férias derem mais ou menos a mesma sensação. Para o Monge Urbano, a vida é um maravilhoso fluxo de experiências, lições, aventuras e oportunidades para espalhar o bem, onde quer que você esteja.

## Períodos sabáticos

Como é então que o Monge Urbano encara o descanso? Trate suas férias como um pequeno período sabático. Não desperdice seu valioso tempo de rejuvenescimento em excursões de ônibus em mais uma cidade turística. Encontre um lugar onde se sinta à vontade e escolha um livro, uma prática ou algum trabalho pessoal, ou simplesmente ponha o sono em dia. Pergunte a si mesmo do que está precisando e permita-se beber nessa fonte. Para a maioria das pessoas, uma semana deve bastar, o que não é tão difícil assim no mundo de hoje. Se tiver filhos pequenos, alterne com seu cônjuge ou um amigo no cuidado deles para passar algum tempo rejuvenescendo. Faça pequenas viagens sempre que puder e trace um plano para uma ausência mais prolongada quando for viável. A espera de uma viagem mais longa sem recorrer a pausas menores pode mantê-lo constantemente na corrida e sem fôlego durante anos. Fique sabendo que essas pequenas viagens realmente podem ajudá-lo a se reconectar com a Fonte e representam a pista de decolagem de que você precisa na vida cotidiana para se manter lúcido e equilibrado.

Num nível bem básico, eu encaro os domingos como um microperíodo sabático regular. Faço apenas o que parecer natural, de preferência sem plano algum, o que pelo menos me dá espaço para relaxar e permitir que o dia siga por si mesmo. Como tenho filhos, o domingo de alguma forma sempre envolve providências, mas pelo menos eles também podem desfrutar de tempo livre para brincar e explorar. Faça-o no contexto da família e saboreie. Você não terá como recuperar esses anos depois, e a sensação de paz que será capaz de infundir em sua vida não tem preço.

### A meditação essencial de Ramana Maharshi

> "O pensamento 'Quem sou eu?' acabará com todos os outros
> pensamentos e, como uma vareta usada para atiçar
> o fogo na pira, acabará também por se destruir.
> Virá então a Autorrealização."
>
> – RAMANA MAHARSHI,
> em *The Spiritual Teaching of Ramana Maharshi*

Um dos grandes santos indianos da nossa época foi Sri Ramana Maharshi. Era um homem objetivo que não se preocupava em ter seguidores, mas o fato é que vinha gente de terras muito distantes para encontrá-lo. Sua abordagem simples e elegante da compreensão da realidade não envolvia muito de respiração, desintoxicação, posturas de ioga ou doações a algum templo. Ele simplesmente nos ensinava a fazer perguntas muito provocativas para nos ajudar a chegar à essência do nosso ser. Essas perguntas funcionam como um constante escaneamento da nossa consciência, investigando a natureza da tagarelice mental e dando-nos a oportunidade de perceber a natureza "daquele que pergunta". É uma maneira extraordinariamente eficaz de ir direto ao assunto e aprofundar-nos naquilo que realmente somos. Aqui vai um exemplo de sua prática, com o qual o exorto enfaticamente a brincar:

o Sente-se tranquilamente e ouça seus pensamentos.

o Uma vez tendo isolado um pensamento que chamou sua atenção, faça a seguinte pergunta: "Quem acaba de ter este pensamento?"

o A resposta que costumamos dar é "fui eu" ou "eu". Começa então a brincadeira.

o Pergunte a si mesmo: "Quem sou eu?"

o Em seguida, pode perguntar também: "Quem acaba de fazer *esta* pergunta?"

o E então: "E quem foi que perguntou isto?"

Essa poderosa prática permite-nos penetrar profundamente na nossa identidade para liberar as camadas da fachada que providenciamos como uma máscara. Ao começar a nos aprofundar na investigação de quem somos, vamos encontrando várias das fachadas ou histórias que criamos a respeito dessa identidade. Quanto mais cavamos, mais óbvio fica que o circo todo foi erguido como uma favela brasileira, com alicerces incertos e tudo mais. A verdade a respeito de quem somos é extraordinariamente profunda e fortalecedora, mas eis a ironia: você nunca encontrará a resposta, apenas mais perguntas. Por quê? Porque a investigação de algo infinito leva a uma busca infinita. Quando começamos a explorar nossa natureza infinita, damo-nos conta de que há apenas mais perguntas, e está tudo bem. Bem-vindo ao Grande Mistério da vida!

## Meditação taoista do *dantian*

Uma das mais poderosas práticas taoistas que cultivei durante anos destina-se a acender a Essência Vital na área chamada *dantian* inferior. Já recomendamos a respiração nessa área em várias práticas ao longo deste livro, e agora, no último capítulo, vamos intensificá-la. Esta prática usa a manipulação física do centro do corpo para condensar *qi* no *dantian* e ativar nossa força pessoal. Você também pode usá-la para melhorar seu desempenho atlético em todos os níveis. Ajudei com esta técnica muitos atletas profissionais, que assim melhoraram seu desempenho.

Quando sentir que está começando a funcionar, você verá que a energia vital se torna abundante para você e estará cheio de entusiasmo, novas ideias e energia para fazer coisas incríveis na vida. Aqui vamos nós:

o Sente-se confortavelmente com a coluna ereta ou fique de pé na posição *Wu Chi* (com os pés afastados na largura dos ombros).

o Comece a respirar na direção do *dantian* inferior, três dedos abaixo do umbigo e bem fundo no centro do seu corpo.

o Infle a região ao inspirar e esvazie ao expirar.

o Faça isto durante algumas respirações para ancorar a mente e se acalmar. Se o que se segue for muito difícil para você, volte à respiração regular no *dantian* e relaxe. Esta prática tende a conduzir o *qi* à cabeça, e inicialmente você pode sentir um pouco de tonteira, então é melhor não forçar!

o Na próxima inspiração, você fará quatro coisas simultaneamente:

- Lentamente force o ar bem fundo na direção da parte inferior do abdômen.

- Simultaneamente, puxe para cima o seu músculo pubococcígeo. É um dos chamados exercícios Kegel, que trabalham o músculo entre os genitais e o ânus. Com a prática, você será capaz de retesar esse músculo para fortalecer o assoalho pélvico.

- Uma vez tendo contraído esse músculo (tudo na mesma respiração), pressione o umbigo na direção da coluna vertebral.

- Por fim, visualize sua coluna sendo pressionada na direção do umbigo.

Muita coisa está acontecendo neste exercício, mas, basicamente, você está cercando a respiração e a comprimindo em quatro direções, como se fossem quatro paredes se aproximando. O alto da caixa torácica é controlado pela respiração, e você passa a modular o tempo em que pode sustentar até expirar (sim, tudo isso era durante a inspiração). Com o tempo, começará a sentir o *qi* dessa região ficando mais robusto, e ondas de energia se elevarão por sua coluna até a cabeça.

À medida que aprender a refinar e transformar essa energia em *Shen* (experimente a meditação taoista da vela no Capítulo 2), conquistará excepcional clareza e percepção.

## Morrer para encontrar seu verdadeiro ser

Esta meditação *shaivita* indiana é forte e inquietante. Realmente nos ajuda a nos dissociar do corpo e do ego, para maior clareza sobre quem de fato somos. A tradição tibetana do *Bon* também emprega ativamente esse tipo de prática. A prática básica consiste em visualizar seu corpo morto (sim, isso mesmo). Veja seu próprio cadáver se decompondo. Veja os vermes, as larvas, as moscas, talvez cães e abutres, todos empenhados em comer sua carne. Veja-se entregando seu corpo de volta ao ciclo da vida. Veja-o decompor-se e se acomodar na terra, onde pode nutrir flores e plantas. Não resista, simplesmente deixe-o ir. O que você imagina vai acontecer agora? Enfrentar a morte é uma prática poderosa que nos liberta do medo e nos permite viver plenamente a vida.

Veja as flores brotando e as borboletas adejando ao redor da vida que deriva da sua contribuição ao grande ciclo da natureza. Entregue-se diariamente a esta prática e sinta a perda e a agonia do ego, com sua necessidade de se sustentar. Veja os entes queridos chorando a sua perda. Sinta-o.

Para quê? Porque vai ajudá-lo a dar um passo atrás para o tempo real e viver plenamente a sua vida *agora*. Vai liberar o apego do ego e permitir-lhe aprender, explorar e não se levar tão a sério. Livrá-lo do medo da morte e trazê-lo de volta ao fluxo da vida. Significado e propósito estão ao alcance daqueles que param de fingir e compreendem seu papel no milagre da vida. A morte acontece. É o oposto do nascimento. Está na hora de aceitá-lo.

## Meditação do terceiro olho

Como prometemos no Capítulo 4, aqui vai uma prática destinada a ajudá-lo a abrir seu "olho espiritual" e desenvolver sua intuição. Deixei-a para o último capítulo para permitir que você desenvolvesse por algum tempo o seu *dantian* inferior, na esperança de que tenha cultivado algumas das práticas ensinadas no livro à medida que o lia. Elas devem ajudá-lo a lançar as bases que vão assentar sua energia e contribuir para que se mantenha equilibrado em sua prática. Muitos ocidentais cometem o erro de buscar inicialmente os grandes efeitos espirituais. Confundem essas experiências com a verdadeira percepção interna e se perdem. O desenvolvimento de uma consciência mediúnica e a visão de efeitos de energia são efeitos colaterais da abertura do terceiro olho, mas fazê-lo antes de ancorar o corpo energético no *dantian* inferior leva à dispersão da mente. Lance os alicerces de uma boa e sólida prática e de um estilo de vida saudável e então todas essas coisas haverão de se manifestar no lugar apropriado.

Eis a prática:

- o Sente-se numa posição confortável e passe alguns minutos respirando na direção do *dantian* inferior.

- o Em seguida, inspire com as mãos à sua frente, as palmas voltadas para a frente e os dedos apontando para o alto.

- o Volte então os punhos para dentro, de modo que as mãos formem um arco entre as pontas dos dedos e o *alto* da linha desse arco fique na altura do terceiro olho (no meio da testa).

- o Suavize o olhar e olhe para o espaço entre os dedos ao mesmo tempo em que a ponta da sua língua toca o céu da boca e você inspira e expira pelo nariz.

- o Fique assim enquanto for confortável e simplesmente observe o espaço à sua frente.

o Quando estiver pronto para concluir, expire pela boca e leve as mãos a descansar no colo.

o Respire algumas vezes na direção do *dantian* antes de se levantar.

Com alguma prática, você começará a ter percepções mais profundas e talvez alguma premonição ou consciência extrassensorial. Trata-se de um estado natural de despertar. Sua intuição aumentará e você poderá buscar inspiração nessa orientação interna para tomar decisões melhores na vida. Na verdade, haverá de se abrir para você todo um novo mundo que estava bem à sua frente e não era percebido. Incluí na seção de Recursos um link sobre isso.

# FERRAMENTAS MODERNAS

## Manter um diário

Uma das melhores maneiras de investigar nossa psique e entender melhor como funcionamos é manter um diário. Isso nos dá espaço para percorrer o que vai pela mente e também expressar nossos sentimentos e frustrações de um jeito que quase nunca fazemos verbalmente. Nosso senso de significado e propósito acaba soterrado sob todo esse ruído. São tantas as pessoas que andam por aí cheias de ressentimento e raiva e descontam nos outros porque guardam tudo isso bem debaixo da superfície. Se não soubermos o que nos incomoda, como poderemos nos comunicar direito com os outros? Estaremos apenas sendo amargurados e mal-humorados.

Manter um diário ajuda a criar uma válvula de escape para as pressões, pois nos faculta um diálogo com nós mesmos. Ajuda o eu e a mente subconsciente a conciliar divergências, e também a direcionar nossa atenção para temas que se repetem. Nosso mundo é tão barulhento, e raramente nos damos ao trabalho de parar para checar como vão as coisas no nosso íntimo. Esta prática nos força nesse sentido e em geral rende resultados interessantes. No início, você poderá resistir e reclamar, sentindo como se não tivesse nada para escrever. Tudo bem; simplesmente comece. Pode levar uma semana para que a coisa comece a fluir, e você terá apenas de ser paciente e continuar anotando o que vem à mente. Com o tempo, vai acabar cedendo e nunca mais olhará para trás. Esse processo é tão terapêutico que você poderá se espantar ao ver como se sentirá melhor depois de uns dois meses mais ou menos. Logo identificará temas recorrentes, que não raro se alinham com os sonhos e aspirações da infância. Você pode tê-los deixado de lado, mas à medida que for sentindo clareza, o caminho à sua frente também ficará mais nítido. Você começa a caminhar nessa direção, e tem início a aventura da vida. Significado e propósito emanam de dentro uma vez que você tenha tido acesso a isso.

### JORNADAS PESSOAIS

Fui criado por um pai rigoroso para quem nota 10 nunca era o suficiente. Eu movia mundos e fundos para deixá-lo orgulhoso, mas raramente era o bastante. Feito o dever de casa, eu tinha de estudar outra coisa; nunca podia ficar à toa. Logo desenvolvi o hábito de parecer muito ocupado o tempo todo para me livrar das críticas. Tornou-se uma defesa fácil contra as reprimendas do meu pai, mas a consequência involuntária foi que acabou ficando. Quando comecei a me conhecer melhor e me aprofundar nas coisas que me moviam, encontrei esse interessante vírus na minha programação e vi como afetava diferentes aspectos da minha vida. Aprendi a reprogramar o pai em mim e a abrir espaço para que o menino voltasse a brincar. Sentia culpa nesse processo, e por isso mesmo sabia que era particularmente importante para mim. Permitir-me vagabundear um pouco e fazer algo diferente de trabalhar foi muito libertador. Ajudou-me a me entender, à minha família e a toda a energia desperdiçada numa fachada que não precisava existir.

## Diário de sonhos

Manter um diário com os sonhos que temos também é uma excelente maneira de captar mensagens que vêm do subconsciente e possivelmente do inconsciente coletivo. Coisas muito boas podem ser acessadas assim. O principal é manter o caderno de anotações na mesa de cabeceira e abri-lo imediatamente depois de despertar. Se esperar um minuto que seja, boa parte do melhor pode se perder. Com o tempo, você começará a receber mensagens que lhe chegam desse estado onírico, podendo aprender a seu próprio respeito e sobre sua jornada.

Seja um diário que você escreve diariamente (ou "noturnamente"), um diário de sonhos anotado ao acordar, ou uma combinação dos dois, uma parte importante do quebra-cabeça é *voltar a abri-lo para ler*. Muitas pessoas deixam de fazê-lo, perdendo um verdadeiro tesouro de informações valiosas capazes de ajudá-las. Retorne periodicamente e veja no que andou tropeçando. Veja onde estava preso e o que o irritava. Esse nível de percepção da sua própria psique não tem preço, representando uma fundamental porta de entrada nos reinos do significado e do propósito. Como já sabemos, o significado não é algo abstrato que um belo dia você vem a encontrar. São camadas de sentimento e conhecimento do seu verdadeiro ser associadas a uma compreensão mais profunda da natureza e do funcionamento do universo. Juntando-as, descobrimos onde nos situamos atualmente nessa teia da vida e temos um vislumbre do nosso caminho. São muito poucas as pessoas que têm alguma noção sobre o que significa tudo isso e aonde nos levará. Mas não é essa a questão, e, francamente, acabaria com o lado divertido da coisa. O mistério e a aventura proporcionados pela vida quando estamos no nosso caminho e desfrutando da jornada é de fato a parte divertida. Ninguém precisa saber para onde está indo, desde que *sinta* que está no seu caminho. O diário pode ajudar.

## Reprogramação parental

Aprender a entrar em diálogo com a criança interna é uma excelente maneira de acessar sua alegria íntima. Muitos de nós recalcamos essa voz no processo de individuação para nos tornar os adultos sérios que somos hoje. Paramos de ouvir nossa criança interna para evidenciar autocontrole e passar nos testes. É o que temos feito anos após ano, e aonde foi que chegamos com isto? Exaustão e tristeza para todo lado. A chama infantil vacila em sua exuberância e entusiasmo, aparentemente perdida. Aprender a restabelecer a conexão com a criança interna é uma excelente maneira de trazer isto de volta. O primeiro passo é se conectar profunda e amorosamente com ela, o que significa recapitular. Sua criança interna provavelmente não se sente segura. Você provavelmente a arrastou para várias situações desconfortáveis, sem se preocupar em proteger seu frágil coração. Terá agora de estender a mão e garantir à sua criança interna que está aqui para estabelecer contato e fazer amizade. Pergunte-lhe como se sente e o que a aflige. Pode levar algum tempo para se criar um clima de confiança, mas continue trabalhando nesse sentido. Visualize-se literalmente de pé ao lado da sua criança interna e estabelecendo esse diálogo. O que ela quer fazer? Tomar um sorvete? Ótimo, vá comprar um sorvete e o ofereça à sua criança interna. Habituar-se a ouvir a criança interna nos ajuda a fazer coisas que trazem a alegria de volta à nossa vida. Ao fazê-lo, nossa criança interna não se rebela e não nos leva a comer um balde inteiro de sorvete. Uma casquinha e um passeio agradável ou uma tarde no parque de diversões serão suficientes.

A energia acumulada que contemos ao reprimir os impulsos da criança interna leva a uma sufocante tristeza na vida. Ao começar a dialogar e a cuidar da criança interna, você sentirá na vida a retomada de um senso de liberdade e júbilo. Com isso, propósito e significado se tornam óbvios. Não são algo a ser buscado, mas o que surge da nossa alegria e realização na pureza e beleza da vida.

## Aventuras pelo interior

Voltando por um momento ao Capítulo 7, façamos uma outra incursão pela natureza. Voltar às raízes e beber da fonte do significado e propósito são coisas que acontecem com mais simplicidade. Vivemos num mundo de complexidade. Achamos que mais é melhor e que, como a nossa mente é complexa e superestressada, a solução precisa ser algum esquema complicado imaginado por uma equipe especializada e perfeitamente adequada a nós. E assim saímos em campo para comprar a pessoa, o programa, a dieta, o livro, o parceiro ou o guru que finalmente será a aposta certa.

E se as respostas estivessem na outra direção? Talvez nos tenhamos deixado levar demasiadamente pelo pensamento abstrato e o raciocínio complicado. Talvez a beleza de uma borboleta pousando numa flor à luz do sol seja exatamente aquilo de que precisamos. Talvez a volta aos elementos básicos da alimentação, da água, do abrigo e do calor nos ajude a simplificar e ver o que temos em comum com aquela borboleta. Entender que nosso cadáver muito em breve estará contribuindo para fazer brotar aquelas flores dá o que pensar, mas talvez seja uma dose de um bom remédio. Claro que podemos erguer monumentos e construir grandes bibliotecas para que nossos nomes durem por gerações e gerações, mas e depois? De qualquer maneira, vamos morrer, e será que aproveitamos a jornada? Encontramos paz e felicidade na nossa breve vida e fomos capazes de caminhar com um sorriso no rosto? A partir daí, podemos mover montanhas e mudar economias, e em todo o mundo há Monges Urbanos fazendo exatamente isto, mas a parada número um nessa jornada é uma volta para casa. Encontre a sua alegria na natureza e vá em busca do seu eu essencial. Aprenda a apreciar o mundo natural do qual viemos e que compartilhamos com todas as formas de vida ao nosso redor e use isso como um contexto ativo de tudo aquilo que fizer.

O Monge Urbano se inspira na natureza e com frequência retorna a ela para rejuvenescer e se reconectar. Permita-se fazer isso e faça longas viagens nas quais possa percorrer o mundo selvagem e caminhar pelos campos. Tendo desenvolvido esta prática, você entenderá seu significado e ela passará a fazer parte dos seus rituais pelo resto da vida. Vai lembrar-lhe daquilo pelo qual realmente vale a pena lutar.

Somos parte integrante da vida que vibra ao nosso redor. Está na hora de voltar à festa.

## O PLANO DE AÇÃO DE VERONICA

Veronica passara a vida inteira buscando coisas fora de si mesma. Tem o poder pessoal e os recursos necessários para isso, mas repetidas vezes ela se dava conta, ao alcançar a linha de chegada, de que estava na corrida errada. Começamos criando para ela o hábito de manter um diário e conseguimos que passasse a trabalhar em casa dois dias por semana. Isso lhe deu mais tempo para passar com os filhos, livrando-a do sentimento materno de culpa que começava a se manifestar. Em seguida, ensinei-lhe um pouco de *qigong* e ela adotou para valer as meditações de autoanálise de Ramana Maharshi. Por algum motivo suas preferências realmente gravitavam na direção dessa linha de investigação, e funcionou muito bem para ela. Ela começou a derivar dessa prática certas experiências místicas que a ajudaram a suavizar sua personalidade. Afinal, passara tantos anos construindo o edifício daquela "pessoa" que queria ser, e o resultado não era nada bom. Derrubá-lo foi divertido para Veronica.

Ela não gostou da visualização da morte, mas continuou a fazê-la a meu pedido. Por fim, acabou se entregando, e a prática realmente abriu uma porta para ela. Há tanto tempo ela se levava tão a sério que parecia um caminhão blindado. Jamais se permitia pensar na própria mortalidade ou em qualquer coisa que a tirasse dos trilhos. Ver-se morrer e se perguntar se tudo aquilo valia realmente a pena tornou-se um forte elemento catalisador para Veronica. Levou-a a repensar o emprego do tempo no trabalho, em casa e com os entes queridos.

Veronica gostava de pintar, mas praticamente desistiu com a sobrecarga de trabalho depois do nascimento do segundo filho. Não pintava há oito anos e, ao se dar conta dessa perda, desmoronou, caindo no choro. Era algo importantíssimo em sua vida, e no entanto tinha sido relegado por outras coisas. Claro que conseguimos fazer com que Veronica voltasse a pintar à noite e nos fins de semana. Ela pintava paisagens na reserva natural próxima de onde morava. O filho menor a acompanhava às vezes, o que representava uma excelente maneira de se conectar com ele e compartilhar algo que tanto a apaixonava.

Com o tempo, ela conseguia melhores resultados no trabalho apesar de lhe dedicar menos tempo. Era evidente que estava feliz. Mais clientes apareceram e ela conseguiu excelentes contratos. A empresa estava feliz pelo simples fato de tê-la por perto, pois boas coisas aconteciam ao seu redor. O fato de passar mais tempo com os filhos tornou melhor a vida em família, e a pintura realmente a deixava animada. Ela voltou a ler e fez vários cursos de design doméstico e ambiental. Saiu do clube que frequentava e economizou um bocado de dinheiro.

No momento, cultiva uma refinada mistura de arte e urbanismo, com plantas em abundância. As pessoas adoram seu trabalho, e ela ganhou grande notoriedade. Viaja, faz apresentações e palestras e estuda novidades para inspirar seu trabalho.

Será que sabe aonde tudo isso está levando e qual o significado de tudo? Não, mas está feliz e apreciando a jornada o tempo todo.

# PRÓXIMOS PASSOS

Agora vamos arregaçar as mangas e pôr mãos à obra. Tomara que você tenha experimentado algumas das práticas à medida que lia o livro, tendo já liberado alguma energia. Este livro foi concebido para tratar das principais questões que enfrentamos em nosso frenético mundo urbanizado e para ajudá-lo a se libertar. Mas o problema é que não basta ler. Você precisa passar à ação e cultivar as práticas.

## TRABALHO DURO

Como vimos, a tradução literal da expressão *kung fu* é "trabalho duro" ou "comida amarga". Assim, quando um colega de artes marciais me pergunta como vai meu kung fu, não está necessariamente querendo saber do meu chute circular. É uma metáfora da vida. O pressuposto é que a maneira como você faz alguma coisa é a maneira como faz tudo. A vida é trabalho duro, e quando nos empenhamos em adquirir o *domínio* das coisas com que nos envolvemos, fazemos o necessário para nos sair bem. Seja você um mecânico de automóveis, um especialista em impostos, ou um atleta, cabe a você decidir se realmente vai se dedicar e adquirir o domínio do seu ofício. É um referencial, *uma atitude*. Uma vez adotada, essa atitude tem a ver com tudo mais que você faz. Somos capazes de fazer algo bem porque nos mantemos conscientes, alertas e presentes. A atenção dividida nos fraciona, nos deixa ansiosos e desperdiça nossa energia. Um Monge Urbano se compromete integralmente com o que faz e se empenha plenamente. Concluída a tarefa, passa à seguinte. Ao se cansar, repousa realmente e dorme profundamente. Na hora de brincar, aproveita a festa. Está sempre ligado e vibrantemente vivo.

Encare a coisa da seguinte maneira: Seja de que maneira for, a vida será trabalho duro. Ou bem você está no comando e vivendo intencionalmente, ou permite que as circunstâncias, as fraquezas, o drama e as decisões equivocadas o derrubem. Acho que todos já vimos e temos exemplos suficientes de como a vida pode ser um horror. Vamos tentar fazer melhor. Vamos tomar a vida nas mãos e fazer as mudanças necessárias para aumentar nossa energia, largar os pesos mortos e deixar de ser um obstáculo para nós mesmos.

## TRAÇANDO UM PLANO

A maioria das pessoas se sente impotente diante do pesado fardo de seus problemas. Não existe a menor possibilidade de enfrentar tudo isso de uma só vez. É absurdo até conceber essa ideia, e tem impedido milhões de pessoas de sequer começar a percorrer o caminho certo. Leva tempo, algo com que não estamos acostumados a lidar em nossa cultura. Cedemos à mentalidade da "pílula que cura", da solução rápida, que nos foi vendida e, imagine só... não faz o menor sentido. A vida é kung fu, e dá trabalho botar as coisas nos trilhos de novo. Os que o fazem chegam lá. Os que não fazem, bem... basta olhar ao redor.

O fundamental para fazer acontecer e promover mudanças positivas e duradouras na vida é escolher uma ou duas coisas nas quais sua energia esteja presa e trabalhar primeiro para melhorá-las. Com a energia assim liberada, você terá mais recursos e força pessoal para seguir em frente. Depois de algumas iniciativas nesse sentido, vai ganhar impulso e um histórico de conquistas para promover maior crescimento e desenvolvimento pessoal.

A prática que recomendo para isso chama-se *Gong*. Significa um conjunto de tarefas com as quais você se compromete por determinado período. Um *Gong* costuma durar 100 dias. Sim, é bastante tempo, mas os estudos mostram que leva cerca de 90 dias para realmente reprogramar um hábito. O fato de se empenhar em algo por 100 dias seguidos integra essa atividade à sua vida como um novo hábito e serve para quebrar padrões. Ensino esta prática há anos e tenho milhares de alunos que mudaram fundamentalmente suas vidas com ela. Funciona.

Que se faz num *Gong*? Bem, cabe a você decidir. Terá de avaliar onde lhe falta clareza, vitalidade e força pessoal e traçar um plano pessoal. Não cabe a mim dizer-lhe o que fazer; será você assumindo as rédeas da sua vida e fazendo o melhor para si mesmo. Percorra cada um dos capítulos deste livro e determine onde é que precisa de ajuda. Talvez seu sono ande péssimo. Talvez esteja muito estressado. Ou talvez sua carreira esteja em frangalhos. Faça uma lista das coisas em que considera estar mais amarrado e escolha uma ou duas providências que possa tomar agora mesmo para enfrentar a questão. Pode escolher entre as ferramentas no fim de cada capítulo e também verificar as sugestões adicionais que incluí para você na seção de Recursos. A questão é identificar no que mais sente que precisa de ajuda e escolher *coisas viáveis* que possa fazer diariamente para ajudá-lo a se mover na boa direção.

Um bom exemplo seriam os maus hábitos alimentares. O seu *Gong* pode ser um desjejum com pelo menos 20 gramas de proteínas toda manhã, durante 100 dias. Se perder um só dia, começa de novo. Outro exemplo seria integrar uma das muitas meditações que aprendeu aqui neste livro à sua rotina diária. Um típico *Gong* incluiria uma série de *qigong* e quinze minutos de meditação diariamente durante 100 dias. É um bom começo para fazer o seu *qi* fluir e obter certa clareza mental. Você pode acrescentar o que mais considerar que precisa, mas cuidado para não exagerar. O trato (consigo mesmo) é cumprir diariamente sem falhar cada um dos itens com os quais se comprometer, ao longo dos 100 dias seguidos. Tive ao longo dos anos vários tipos de alunos, mas um tipo tende a exagerar, fracassando, e outro começa demasiado timidamente e precisa elevar o nível no *Gong* seguinte. O fundamental é alcançar o equilíbrio. Verifique como serão seus próximos 100 dias e se certifique de se comprometer com algo realista. Eu viajo muito, de modo que um *Gong* no qual seja necessário nadar diariamente não rola. Já as flexões são uma outra questão. Posso fazê-las em qualquer lugar.

Elevar o nível e sair em busca do nosso poder pessoal é o primeiro passo na jornada para se tornar um Monge Urbano. Em seguida, transformamo-nos em faróis da nossa comunidade e nos esforçamos para fazer diferença em nosso mundo. O Monge Urbano é calmo, presente, amigável, prestimoso, abundante e cheio de vida. Dá livremente de si porque foi capaz de beber da Fonte da Infinitude.

Veja no que precisa de mais ajuda e dê início imediatamente à sua prática pessoal. Para desenvolver melhores hábitos, são necessárias prática e disciplina. Meditar na fila do supermercado não funciona tão bem se você não cultivar uma prática em casa. Precisará saber como sintonizar, pois será muito mais difícil quando estiver lá de saco cheio, esperando.

Na qualidade de Monges Urbanos, precisamos remodelar nossa vida para nos tornar mais eficientes e integrar novos hábitos e práticas que nos ajudem a liberar nossa energia, diminuir o estresse e parar de ser um obstáculo para nós mesmos. A vida melhora. Melhoramos com o tempo, e as coisas se tornam mais fáceis à medida que nos tornamos mais capazes de adaptação e resistência. Sinto-me honrado pelo fato de você ter reservado seu precioso tempo para ler este livro, e espero que tenha despertado algo em você, mas *isto é apenas o início*. Agora você precisa fazer a sua parte consigo mesmo e na sua vida. Ninguém poderá fazê-lo por você.

Que isto possa liberá-lo e fazê-lo encontrar paz no seu corpo e na sua casa. Leve esta paz consigo e a espalhe pelo planeta. Não precisamos mais que as pessoas bem-intencionadas fujam da sociedade para se proteger no isolamento. Precisamos que estejam aqui, que estejam presentes. É o que os filhos de nossos filhos precisam de nós. Nosso planeta precisa. Todas as formas de vida ao nosso redor precisam que voltemos ao lado certo dessa equação.

O que começa com cada um de nós e com todos nós, e começa agora.

Inclino-me respeitosamente diante do Monge Urbano em *você*.

Mãos à obra!

# RECURSOS

## CAPÍTULO 1

### Vídeo sobre botar pra fora

É importante assistir a esse vídeo, que pode ser encontrado em:
theurbanmonk.com/resources/ch1

### Melhorar o sistema imunológico e a vitalidade

São muitas as boas ervas e substâncias tonificantes que podem ajudá-lo a fortalecer o sistema imunológico e a combater o estresse. Aqui vão algumas de que gosto.

*Reishi (cogumelo* Ganoderma lucidum*)*

Ajuda a modular a imunidade e é adaptogênico

*Ginseng siberiano*

Aumenta a energia e ajuda a se adaptar ao estresse

*Ginseng asiático*

Um pouco mais quente e tonificante que a variedade siberiana

*Ginseng americano*

Mais frio e mais sedativo que os outros ginsengs, tem no entanto forte efeito no aumento da imunidade

*Astrágalo*

Ajuda a aumentar o *qi* e alonga os telômeros, aumentando a longevidade

As ervas e tonificantes acima mencionados podem ser cozidos com as receitas de Sopas do Monge Urbano mencionadas nos Capítulos 3 e 6. Incluí algumas delas aqui, nos Recursos do Capítulo 6.

## Onde obter fórmulas chinesas clássicas

As fórmulas chinesas são remédios fantásticos, mas é necessário adquiri-las em lugares respeitáveis. Muitas plantas cultivadas na Ásia carecem de qualquer regulamentação, sendo contaminadas com substâncias químicas prejudiciais e metais pesados. Como se trata de um campo em constante mutação, incluí aqui uma lista de lugares de que gosto e me comprometo a atualizá-la à medida que novas empresas forem surgindo e outras desaparecerem. Verifique em:
theurbanmonk.com/resources/ch1

## Exercícios de tai chi

Aqui vão alguns vídeos de *qigong* tai chi para você:
theurbanmonk.com/resources/ch1/taichi

## Substitutos da cafeína

*Água com limão*
Muitas vezes um simples copo de água morna com uma fatia de limão serve para cumprir o ritual da xícara de café, contribuindo para desintoxicar o corpo.

*Água gaseificada*
Não engorda e é uma ótima bebida a qualquer hora do dia.

*Sidra quente*
Saborosa e sem cafeína, ajuda a satisfazer as papilas gustativas e nos dá o prazer do doce.

*Chá de hortelã*
Ajuda a movimentar o *qi* do fígado e estimula naturalmente nosso fluxo energético, sem a sensação estranha provocada pela cafeína.

## Variação dos batimentos cardíacos

É um índice usado já há algum tempo, e há pessoas inteligentes que o levam a sério. O Heart Math Institute (Instituto de Matemática do Coração)

vem pesquisando muito a respeito, e muitas organizações aceitaram a variação dos batimentos cardíacos como marcador de estresse e resistência. Você pode descobrir mais a respeito em:
 heartmath.com/

# CAPÍTULO 2

### Meditação da respiração em quatro etapas

Incluí uma meditação bônus para ajudar na prática ensinada neste capítulo. Esta gravação foi feita num estúdio profissional com excelentes engenheiros. Aproveite!
 theurbanmonk.com/resources/ch2

### Prática *qigong* de dilatação do tempo em vídeo

Outra prática que provavelmente você terá interesse em ver. Eis aqui um vídeo no qual me entrego a ela, para que tenha uma noção de velocidade, cadência e profundidade das posturas.
 theurbanmonk.com/resources/ch2

### Demonstração em vídeo da meditação da vela

Mais uma vez cabe lembrar que muitas dessas práticas têm sido transmitidas diretamente há milênios. Eis aqui um vídeo no qual demonstro a prática. Quero que preste bastante atenção, para que sua prática seja eficiente.
 theurbanmonk.com/resources/ch2

### Aplicativos de agenda e produtividade

Diariamente surgem novas ferramentas dessas, então resolvi criar uma página com listas atualizadas de aplicativos de que gosto para gestão do tempo e da produtividade. Com a proliferação de dispositivos para medir no próprio corpo o que absorvemos, nossos estados e nosso desempenho, é importante estar atualizado com as novidades.

 Verifique esse tipo de recurso em:
 theurbanmonk.com/resources/ch2

## Meditação das ondas cerebrais

As duas empresas que têm realizado excelente trabalho nesse campo existem há muito tempo. Em contraste, muitas *startups* não resistiram ao teste do tempo e também se encontram muitos impostores por aí. Aqui vão as duas de que gosto:

### The Monroe Institute

Pode-se dizer que foram eles que deram início a essa história, e estão realizando um incrível trabalho há muito tempo. Com experiências de imersão e um poderoso acervo de dados, esses caras são demais.
    monroeinstitute.org/

### Centerpointe Research

Esta empresa também foi fundada há anos. Usei pessoalmente esse material e o recomendei a pacientes. Realmente funciona, sendo capaz de acalmar o estresse e desenvolver resistência.
    centerpointe.com/

Aqui vão algumas trilhas que gravei para você:
    theurbanmonk.com/resources/ch2/braintracks

# CAPÍTULO 3

## Recursos sobre fungos

bulletproofexec.com/moldy-movie-toxic-mold-exposure-documentary/

## Práticas de *qigong* do Monge Urbano (Níveis 1 e 2)

São poderosos exercícios para revitalizar o seu *qi*, potencializar sua Essência e revigorar o seu *Shen*... de verdade! Mas com uma condição: Você precisa fazê-los! Produzi esses vídeos exclusivamente para meus leitores (vocês!) e espero que possam aproveitá-los. Faça o Nível 1 pela manhã e o

Nível 2 à noite, para obter os melhores resultados. Isto vai equilibrar o yin e o yang e ajudar a estabelecer o tom do seu ritmo circadiano.

Aqui vai o link para acessá-los:
theurbanmonk.com/resources/ch3

## Herbalismo tonificante

As substâncias tonificantes ajudaram milhões de pessoas a recuperar sua magia, e certamente podem ajudá-lo. No Capítulo 3, relacionei as ervas tonificantes de que gosto. Você poderá encontrar uma relação das empresas que recomendo para obter tonificantes de boa qualidade em:
theurbanmonk.com/resources/ch3

Para as receitas de sopas, ver página 279.

## Guia de desintoxicação

A Well.org criou um abrangente guia de desintoxicação que eu gostaria de compartilhar com você. Muitas coisas devem ser levadas em conta antes de se entrar numa rotina de limpeza ou desintoxicação, e esse guia o ajudará nesse sentido.

theurbanmonk.com/resources/ch3

## Reprogramação das glândulas suprarrenais: dr. Alan Christianson

O dr. Alan Christianson fez um trabalho incrível, e pode ser considerado um herói. É um fantástico especialista em medicina natural, excelente quando se trata de toxicidade e questões suprarrenais. Você pode visitar o seu site em: drchristianson.com/

Para outros especialistas qualificados, consultar o Institute for Functional Medicine: funcionalmedicine.org

## Preparo físico funcional

Conheço alguns heróis que vêm fazendo um excelente trabalho nesse terreno, e acho que você devia tentar conhecê-los.

O dr. Tim Brown é realmente incrível. Trabalha há anos com atletas de elite e está na vanguarda da medicina dos esportes. Eis o seu site: intelliskin.net/

O dr. Eric Goodman também tem tido grande repercussão com seu trabalho, e o seu Foundation Training é excelente. Verifique aqui: foundationtraining.com/

Por fim, um trabalho maravilhoso vem sendo realizado por Pavel Kolar em Praga. Você precisa conferir em: rehabps.com/REHABILITATION/Home.html

## CAPÍTULO 4

### Substitutos para o café

Nos recursos relativos ao Capítulo 1, compartilhei alguns substitutos da cafeína, e aqui gostaria de recomendar algumas formas de substituir o café.

Se você quiser beber café, recomendo Bulletproof: bulletproofexec.com

É um produto limpo e excelente, e Dave Asprey é o máximo. A maioria das pessoas se sai muito bem com café, mas esta seção é para aqueles que não conseguem dormir e precisam baixar a bola em matéria de cafeína.

Aqui vão algumas sugestões de substitutos para o café, se você precisar fazer uma pausa:

Chá verde: Apresenta um bom equilíbrio entre cafeína e L-teanina, que ajuda a mantê-lo calmo e estimulado.

Erva-mate: naturalmente estimulante, esta planta dá uma sensação boa e resolve o caso.

Chá de *rooibos*: Este chá vermelho africano é rico e saboroso, além de levemente estimulante.

### Recursos de força eletromotiva

Toneladas de recursos sobre o tema podem ser encontrados online, mas em matéria de produtos relacionados, é um verdadeiro Velho Oeste, de modo que não vou sugerir aqui nenhum link, pois a ciência ainda engatinha na matéria e estão sendo vendidos vários produtos questionáveis. Confira minha página de recursos a respeito das mais recentes informações sobre o tema:

theurbanmonk.com/resources/ch4

Trata-se de uma questão com a qual teremos de continuar lidando em nossa cultura, mas existem por aí muitas empresas que alimentam o medo vendendo artigos que alegam representar um "salto quântico", sem verdadeira base científica. Vou encarregar minha equipe de fazer o trabalho de casa e atualizar os artigos e recursos mais razoáveis sobre o tema.

## Calafetação

lessemf.com/wiring.html/emfsafetystore.com

## Meditação calmante para dormir

Aqui vai um link para uma gravação que fiz com tecnologia Holosync como pano de fundo, para ajudá-lo a dormir:

theurbanmonk.com/resources/ch4

Ponha fones de ouvido e deixe a gravação guiá-lo suavemente para estados cerebrais mais profundos e relaxados.

## Gaiolas de Faraday

Bloqueiam campos estáticos e magnéticos lentos, criando internamente uma zona sem eletricidade. Usadas para experiências científicas e levando o nome de Michael Faraday, que as inventou em 1836, essas ideais gaiolas ocas têm sido usadas recentemente por pessoas que tentam evitar exposição à força eletromotiva. Dormi certa vez num compartimento isolado que tinha sido "faradayado" e tive uma das melhores noites de sono em muitos anos. Vale a pena dar uma olhada.

Aqui vai um blog sobre como construir a sua própria gaiola:

thesurvivalistblog.net/build-your-own-faraday-cage-heres-now/

# CAPÍTULO 5

## Rastejar e engatinhar

Estamos aprendendo que percorremos certos arcos de desenvolvimento à medida que passamos da condição de recém-nascido para a de bebê. Na época moderna, alguns desses passos de desenvolvimento estão sendo pulados, pois os pais põem os filhos em "saltadores" e outros apoios que os impedem de andar a esmo. Já assistimos a certos distúrbios de desenvolvimento em crianças (e adultos) que deixaram de rastejar e passaram diretamente a engatinhar, ou simplesmente passaram direto do engatinhar à caminhada cedo demais. Algumas excelentes instituições estão enfrentando a questão e obtendo notáveis resultados com distúrbios de aprendizado, questões de equilíbrio e outras de ordem comportamental. Os pais também obtêm benefícios ao voltar ao "3D" e precisar usar o corpo a partir do chão novamente. Aqui vai um excelente recurso a respeito:

rehabps.com/REHABILITATION/Home.html

Você também pode encontrar outras instituições de que gosto na seguinte página de recursos:

theurbanmonk.com/resources/ch5

## Postura *Sei Ping Ma* do kung fu

A principal postura no kung fu chinês chama-se *Sei Ping Ma*, constituindo a base de boa parte da prática. É uma excelente postura para se permanecer, pois fortalece as pernas e os glúteos, melhora o equilíbrio, tira a pressão da região lombar e ajuda a gerar mais energia para o corpo.

Para assumir a postura, comece com os pés juntos e vá abrindo a partir dos calcanhares o quanto puder, e então faça o mesmo com as almofadas dos arcos dianteiros dos pés. Faça-o mais uma vez, abrindo a partir dos calcanhares e em seguida levando as almofadas dianteiras dos pés até apontar os dedos para a frente. É a distância apropriada para a sua postura. Agora, firme-se nela, abaixando a bacia. Seu peso deve ser equilibrado entre o centro dos pés e os calcanhares, mantendo-se a pélvis em posição neutra – o que significa que as nádegas não estão empinadas nem "engavetadas". Firme-se e abaixe ao mesmo tempo respirando na direção do *dantian* inferior. Eis uma imagem da postura:

Para mais informações, verifique:
theurbanmonk.com/resources/ch5

## Consequências do sedentarismo na saúde

Amount of time spent in sedentary behavior in the US, 2003-2004 [Tempo passado em comportamentos sedentários nos EUA em 2003-2004], *American Journal of Epidemiology*, Volume 167, Número 4, 2008. Online: http://aje.oxfordjournals.org/content/167/7/875.full.pdf+html

Leisure time spent sitting in relation to total mortality in prospective cohort of US Adults [Tempo de lazer passado sentado em relação à mortalidade total em estudos prospectivos de coorte de adultos norte-americanos], *American Journal of Epidemiology*, Volume 172, Número 4, 2010. Online: http://aje.oxfordjournals.org/content/172/4/419.full.pdf+html?sid=89f676d6-cad1-4552-9a16-efb73ae68137

Pennington Biomedical Research Center (citação de Is Sitting a Letal Activity?, *New York Times*, 14 de abril de 2011). Online: http://www.nytimes.com/2011/04/17/magazine/mag-17sittingt.html

Interindividual variation in posture allocation: possible role in human obesity [Variação interindividual em posturas assumidas: possível papel na obesidade humana], *Science*, Volume 307, Número 5709, janeiro de 2005. Online: www.sciencemag.org/content/307/5709/584.abstract?sid=b27f80a3-1e62-4759-b104-b5171391c8f7

Calories Burned Standing vs Sitting [Gasto calórico de pé *versus* sentado], Livestrong Foundation, agosto de 2011. Online: www.livestrong.com/article/73916-calories-burned-standing-vs.-sitting/

Exercise physiology versus inactivity physiology: an essential concept for understanding lipoprotein lipase regulation [Fisiologia do exercício *versus* fisiologia da inatividade: um conceito essencial para entender a regulação da lipase lipoproteica], *Exercise and Sports Science Reviews*, Volume 32, Número 4, outubro de 2004. Online: http://journals.lww.com/acsm-essr/Abstract/2004/10000/Exercise_Physiology_versus_Inactivity_Physiology_.7.aspx

## Posturas de kung fu no trabalho

Uma vez dominado o *Sei Ping Ma*, você pode iniciar uma série de outras posturas para trabalhar diferentes músculos das pernas, desenvolver o *qi* e adquirir maior estabilidade. Desenvolvi uma sequência básica que ensino em muitas empresas com as quais trabalhamos. Firme-se em cada uma delas por até cinco minutos nos seus intervalos, e simplesmente respire na direção do *dantian* inferior. Aqui vão algumas para começar, e você também pode ver o vídeo que realizei em:

theurbanmonk.com/resources/ch5

## Exercícios de escritório

Você encontrará em Well.org uma ótima série de exercícios que criamos para nossos clientes corporativos. Ela ajuda a manter o dia movimentado e divertido, animando-o. Aqui vai um link para o vídeo a respeito:

theurbanmonk.com/resources/ch5

## Almofadas de assentamento

Clint Ober e o dr. Stephen Sinatra criaram uma almofada que pode ser ligada ao cabo de aterramento do seu equipamento elétrico, contribuindo para assentar os seus elétrons na terra. Você pode usá-la embaixo da sua mesa de trabalho, da cama ou em qualquer outro lugar onde permaneça muito tempo. Verifique aqui:

earthing.com/

## Design ambiental

Preparar seu ambiente para se adequar idealmente a suas necessidades de movimentação é fundamental. Prepare-o para fazer com que você precise levantar-se e se movimentar. Sente-se no chão e disponha ao redor brinquedos úteis que o façam sentir-se melhor. Cerque-se de bons alimentos de alto valor nutritivo e baixo teor de calorias vazias. Guarde na geladeira apenas bons alimentos. Use luz natural e ar fresco. O Monge Urbano cuida de cada aspecto do seu ambiente e toma iniciativas para otimizá-lo. Como tornar seu carro mais calmo? O que você pode fazer para impedir o colapso dos músculos posturais durante um voo?

Não esqueça nenhum detalhe. Separe um tempo para examinar a relação de todos os lugares que frequenta e seu emprego do tempo durante a semana e veja como pode otimizar as coisas em matéria de estado de espírito, desempenho, postura e agilidade.

## Exercício de olhos fechados com a bola Bosu

Este pode ser difícil de visualizar, por isso incluí um vídeo de demonstração aqui:

theurbanmonk.com/resources/ch5

## CAPÍTULO 6

### Receita saudável de chucrute

>1 repolho, cortado em tiras de textura regular
>1 cebola, picada (excelente fonte de probióticos em forma de inulina)
>Endro fresco, cortado bem fino
>1 colher de sopa de sementes de cominho
>2 colheres de sopa de sal não iodado

Junte o repolho e a cebola numa tigela grande. Acrescente o endro, as sementes de cominho e o sal e misture bem. Comprima bem num vidro hermeticamente fechado (ou vários, conforme a quantidade), certificando-se de não deixar entrarem bolhas de ar. Deixe aproximadamente três centímetros vazios no alto do(s) recipiente(s). (Um repolho é suficiente para um vidro hermético grande.)

Deixe o vidro ligeiramente aberto durante uma semana para permitir a fermentação e feche-o. Você poderá comer o chucrute dentro de uma semana, mas ele melhora com o tempo. O ideal são três semanas.

Aqui vai um vídeo que fiz com Summer Bock sobre este tema: www.theurbanmonk.com/resources/ch6

### Sopas

O Monge Urbano usa sopas para restaurar o *qi* e nutrir o corpo. Nos velhos tempos, preparávamos sopas medicinais em potes de argila, mas hoje em dia temos panelas para cozimento lento, que são incríveis. Nas receitas a seguir, simplesmente misture os ingredientes numa dessas panelas e deixe cozer por pelo menos seis horas. Se adicionar ossos, eu cozeria por pelo menos 24 horas, acrescentando um pouco de vinagre para ajudar a decompô-los.

Quanto às ervas, aqui vai uma lista de fornecedores de ervas culinárias e medicinais de qualidade:
theurbanmonk.com/resources/ch6

### Receita de Sopa Taoista Tonificante

Deixe legumes da sua escolha de molho durante a noite numa tigela com água. No dia seguinte, seque os legumes e deixe-os de lado.

Leve um corte de lagarto redondo de boi criado em pasto ou de pernil de carneiro a uma panela elétrica. As qualidades estimulantes da carne vão aumentar o seu *qi* yang, portanto acrescente mais se necessário. Se não estiver precisando dessa energia, corte uma galinha em pedaços grandes, com os ossos, e leve-a à panela elétrica de cozimento lento. Se for vegetariano, simplesmente adicione feijão.

Selecione uma variedade de legumes e verduras frescos da estação (como aipo, brócolis, pimentão, cenoura e ervilhas) e corte em pedaços uniformes. É bom adicionar batata-doce, para intensificar o sabor. Leve os legumes e verduras à panela elétrica junto com os legumes deixados de molho de véspera e misture.

Em seguida, misture as seguintes ervas:

6 tâmaras (Ajudam a engrossar o sangue.)

6 gramas de astrágalo (Não são comestíveis, mas fortalecem a sopa e ajudam a potencializar o seu *qi*. Pode deixá-los na sopa, mas sem comer.)

6 gramas de ginseng (Outro poderoso tonificante do *qi*. Se deixá-los cozer por bastante tempo, pode comê-los.)

Por fim, gosto de adicionar uma xícara de arroz glutinoso, transformando a sopa numa espécie de mingau.

Cozinhe em fogo alto durante seis horas. Deixe esfriar um pouco e coma quente.

### Tonificante Sexual Taoista

Use um pernil de carneiro com os ossos, mais uma vez acompanhado de legumes e verduras da estação. Leve à panela com as seguintes ervas:

6 gramas de *He Shou Wu* (*Polygoni Multiflori Radix*) (Excelente tonificante herbóreo que aumenta a vitalidade.)

3 gramas de *Chen Pi* (Casca seca de tangerina [*Citri Leiocarpae Exoparpium*], que ajuda a mover o *qi*.)

1 punhado de *gojiberry* (Goji do Himalaia, *Lycii Fructus*)

Se precisar de mais energia yang, você pode adicionar 3 a 6 gramas de *Du Zhong* (*Eucommiae Cortex*) para potencializar a vitalidade.

Deixe cozinhar por oito horas (mais, se tiver adicionado ossos grandes) e beba quente.

## Guia de jardinagem em casa

A Well.org produziu um fantástico guia de jardinagem para iniciantes. Verifique em:

well.org/homegardening

## Jejum na medida certa

A Well.org também tem um excelente guia de jejum que pode ajudá-lo a decidir qual o melhor tipo para você. Veja só:

well.org/fasting

## MUFAs

Nem todas as gorduras são prejudiciais à saúde. Os ácidos graxos monoinsaturados (MUFAs, na sigla inglesa) são um tipo saudável de gordura. Uma excelente medida é substituir as gorduras menos saudáveis, como as saturadas e trans, pelas gorduras insaturadas, como os MUFAs e as gorduras poli-insaturadas.

O seu consumo pode ajudar a diminuir os riscos de doenças cardíacas, melhorando seus fatores de risco. Os MUFAs podem diminuir os seus níveis totais de colesterol e o colesterol LDL (lipoproteína de baixa densidade), mas mantendo seu nível de colesterol HDL (lipoproteína de alta densidade).

Aqui vai uma lista de alimentos ricos em MUFAs:

Azeite de oliva

Amêndoas, castanhas-de-caju, nozes-pecã e macadâmia

Óleo de canola

Abacate

Pastas de nozes, castanhas ou amêndoas

Azeitonas

Óleo de amendoim

## Enzimas digestivas

São diferentes as enzimas que decompõem cada tipo de alimento. Você pode ter problemas com alguma delas, ou então todo o seu sistema pode estar comprometido. Poderá então experimentar com a enzima adequada para o tipo de alimento que mais o incomode. Aqui vai uma lista dos diferentes tipos e dos alimentos que decompõem:

> **As proteases e peptidases** decompõem proteínas em pequenos peptídeos e aminoácidos.
>
> **As lipases** decompõem a gordura em três ácidos gordurosos e numa molécula de glicerol.
>
> **As amilases** decompõem carboidratos como amido e açúcar em açúcares simples como a glicose.

Você pode obter uma pílula com os três tipos principais ou obtê-los separadamente e ver como ajudam com diferentes alimentos. Passar a conhecer melhor o seu corpo leva à grande sabedoria.

# CAPÍTULO 7

## Vídeo sobre caminhada em silêncio

É meio estranho, por isso vou mostrar-lhe como é:
theurbanmonk.com/resources/ch7/naturewalk

## Curso de habilidades primitivas

Aprender a sobreviver no mundo selvagem com nossa tecnologia mais primitiva é algo belo e que dá uma sensação de poder. Cliff Hodges é a pessoa

certa para isto. Dedica-se à questão há muito tempo e não é nenhum fanático, como outros nesse terreno. Aqui vai um link para sua escola:
adventureout.com/

Existem outros especialistas com muitos adeptos, mas mandei muita gente para o Cliff, e ele sempre proporciona boa educação na matéria e uma experiência global.

### Escolas de aventura ao ar livre

Algumas escolas atendem crianças há anos. Na qualidade de pai, você quer que seus filhos tenham esse tipo de experiência, e os dois grupos a seguir apresentam um excelente histórico.
The National Outdoor Leadership School: nols.edu/
Outward Bound: outwardbound.org/
E aqui vai uma excelente relação de outras escolas: outdoored.com/

## CAPÍTULO 8

### Meditação centrada no coração

Também, aqui, vale a pena mostrar-lhe como é:
theurbanmonk.com/resources/ch8

### Vídeo dos cinco animais

Bastante estranho, de modo que é melhor ver. Aqui vai um vídeo que o apresenta a cada um deles e à maneira como "representar" os animais:
theurbanmonk.com/resources/ch8

### Professor Carl Totton

Meu principal mestre. Um gênio, uma verdadeira arca do tesouro viva.
taoinstitute.com

## Sentir-se desconfortável

Existem excelentes maneiras de sair da casca, fazer amigos e enfrentar certos medos. Pessoalmente, gosto de falar em público e improvisar apresentações de comédia.

A Toastmasters vem orientando neste tipo de ação há muito tempo, e tem clubes espalhados pelo país. Ajuda pessoas comuns a enfrentar seu medo de falar em público, fazendo-as praticar muito. O que muda a vida de uma pessoa.

Aqui vai seu link: toastmasters.org/

No caso da improvisação, você terá de encontrar uma escola em sua região. Pessoalmente, tenho a vantagem de morar em Los Angeles, onde são infinitas as ofertas nesse terreno. Mas vários lugares têm clubes de comédia, que serão sempre um excelente lugar para começar. Descubra se oferecem ou têm conhecimento de algum tipo de treinamento formal. Você poderá entrar para um grupo e praticar nele. Será divertido e o ajudará a não se levar muito a sério.

# CAPÍTULO 9

## Orientação com dívidas

Endividar-se não é nada engraçado, e muitas pessoas carregam este peso na vida. Você precisa de um plano para sair dessa e nunca mais ficar preso de novo a essa carga. É necessária uma certa disciplina, mas vale a pena. Aqui vai um recurso para você começar:

nfcc.org/

## Academia de mídia

A Well.org ajuda pequenas empresas a dar o passo da implantação de negócios online e estratégias de mídia, com grande sucesso. A maioria dos empresários e pequenas empresas sabe que precisa estar online e marcar presença, mas sem saber muito bem por onde começar e o que fazer. A Well.org criou um curso abrangente que vem ajudando nesse sentido. Verifique:

media.well.org/

## B Corporations

As Benefit Corporations, ou empresas com fins lucrativos que levam em conta o interesse público e da sociedade em matéria ambiental, em relação aos trabalhadores e à comunidade, são o caminho do futuro. As empresas bem-intencionadas caminham nessa direção, e se fala muito do assunto hoje em dia. Se você tem um negócio, recomendo enfaticamente que considere a hipótese de se tornar uma Benefit Corporation, passando pelo processo de credenciamento.

bcorporation.net/

## Game Changers 500

Esta empresa foi fundada por meu amigo Andrew Hewitt, e está mudando o panorama. Basicamente, quais são as 500 principais empresas que se importam e vêm fazendo diferença? Como reconfigurar a questão do valor para uma empresa e que critérios usar? É um grande contraste com a lista das 500 empresas da *Fortune*, interessada apenas no lucro, sem preocupação com a sustentabilidade.

Verifique este incrível recurso:
gamechangers500.com/

## Fundos sustentáveis

Um grande movimento tem sido empreendido em torno do capital consciente, e o tenho acompanhado de perto. Criamos um recurso com informações atualizadas sobre fundos que se alinham com práticas sustentáveis e investem com consciência. A relação será sempre posta em dia, então faça uma visita:

theurbanmonk.com/resources/ch9

Precisamos votar com nosso dinheiro e de fato promover a mudança que queremos ver no mundo.

# CAPÍTULO 10

## Vídeo da meditação taoista do *dantian*

Deixe-me mostrar-lhe como é quando a faço:
   theurbanmonk.com/resources/ch10

## Meditação do terceiro olho

Também aqui será bom certificar-se de que suas mãos estejam na posição certa. Este vídeo vai mostrar-lhe como se faz a prática:
   theurbanmonk.com/resources/ch10

## Companhias pelo interior

A REI é uma grande empresa, capaz de ajudá-lo a se equipar e entrar em ação. Você vai precisar de um aquecedor, de um abrigo, dependendo de onde estiver, de um filtro d'água e outros equipamentos. Não precisam custar uma fortuna. Pode alugar certas peças e ir ampliando a partir daí. Comece com uma maleta e depois expanda. Encontrará caminhadas organizadas no quadro de avisos da REI, podendo conhecer as pessoas mais interessantes.
   Verifique: rei.com/. Eles são uma cooperativa e um excelente exemplo das muitas maneiras como uma empresa sustentável pode contribuir para a comunidade.
   Vá para o ar livre e divirta-se!

# AGRADECIMENTOS

Quero começar agradecendo à minha amada esposa. Ela tem aguentado muita coisa ao longo dos anos, enquanto eu faço filmes e viajo pelo mundo. É uma rocha na minha vida e sempre está presente com amor, estímulo e apoio. Um anjo.

Meus filhos são a luz da minha vida e estou fazendo isto por eles e seus filhos.

A meus pais, que trabalharam duro para começar uma vida nova e nos dar as oportunidades para nos tornarmos quem somos... obrigado.

E mais agradecimentos a:

Minha irmã, que tem sido companheira em tudo isto e acreditou em mim o tempo todo.

Minha família – primos, tias, tios, avós, cunhados, cunhadas e toda a tribo. Eles me tornaram aquele que sou e me apoiaram com amor.

Meus amigos, que sempre acreditaram em mim e se juntaram a mim em tantas loucas aventuras na vida. Amo todos vocês.

E um agradecimento especialmente profundo ao dr. Carl Totton, que apoiou minha formação e meu treinamento o tempo todo, e também à minha incrível equipe na Well.org, que trabalha tanto para tornar o mundo melhor.

Este livro foi impresso na Intergraf Ind. Gráfica Eireli.
para a Editora Rocco Ltda.